蓝湖战略

简祯富 ———○ 著

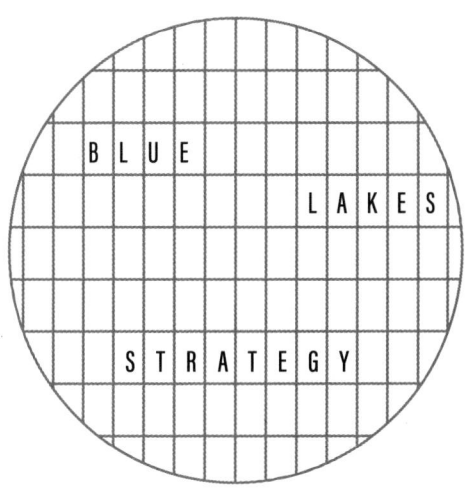

中信出版集团 | 北京

图书在版编目（CIP）数据

蓝湖战略 / 简祯富著. -- 北京：中信出版社，2024.1
ISBN 978-7-5217-6000-2

Ⅰ. ①蓝… Ⅱ. ①简… Ⅲ. ①半导体工业－工业企业管理－经验－台湾 Ⅳ. ① F426.63

中国国家版本馆 CIP 数据核字（2023）第 168118 号

版权所有 © 本书版权由天下杂志股份有限公司正式授权中信出版集团股份有限公司
中国大陆中文简体字版权，非经书面同意，不得以任何形式重制、转发。

蓝湖战略
著者：简祯富
特约审校：傅文翰
出版发行：中信出版集团股份有限公司
（北京市朝阳区东三环北路 27 号嘉铭中心　邮编　100020）
承印者：北京盛通印刷股份有限公司

开本：787mm×1092mm　1/16　　印张：19　　字数：300 千字
版次：2024 年 1 月第 1 版　　　　　印次：2024 年 1 月第 1 次印刷
书号：ISBN 978-7-5217-6000-2
定价：69.00 元

版权所有·侵权必究
如有印刷、装订问题，本公司负责调换。
服务热线：400-600-8099
投稿邮箱：author@citicpub.com

目 录

推荐序*

一　启动数字领航 开辟属于企业的新蓝湖　沈庆芳　001

二　呼群保义 同行致远　史建军　005

三　厚德载物 行胜于言　史钦泰　009

四　人才是最重要的资产：挑对人 相信他　曾繁城　011

五　企业应加快布局智能生产与数字化转型　曾子章　013

六　中小制造企业如何在全球竞争中赢得优势　郑力　017

---

* 排名不分先后，按姓氏字母排序。

自　序　蓝湖永续 *019*

前　言　器识为先 无问西东 *023*

第 1 章　产业大势 分久必合 合久必分
突破垂直整合和封闭系统，系统白牌化促成台湾 ICT 产业兴起

产业结构与驱动力量　／ 003
半导体产业结构与案例　／ 009
产业结构的挑战与机遇　／ 014

第 2 章　技术演进驱动的产业价值
活用摩尔定律的经济内涵和演进节奏，创造更大的产业价值

摩尔定律的意义与演进　／ 021
摩尔定律的经济意义与改善　／ 024
半导体产业的消长与转型　／ 031

第 3 章　半导体产业水平分工与硅知识产权模块化
ARM 为何能称霸数字经济时代，发展硅知识产权未来机会何在

电子设计自动化与半导体产业模块化　／ 049
硅知识产权与安谋公司　／ 053
云端时代与人工智能驱动改变　／ 064

第4章　商业生态系统与产业共生

探讨商业生态系统的共同演化，创造产业共生共荣的平台

商业生态系统的兴衰与挑战　/ 073
IC 设计服务产业生态系统案例　/ 078
商业生态系统的共生与演化　/ 088

第5章　产业生态系统的中立者和互补者

生态系统需要各种角色才能健全发展，利基型的商业模式是什么

半导体产业链的中立者和互补者　/ 099
数据价值链与半导体产业的成长　/ 107
精准测试与先进质量控制　/ 109

第6章　产品生命周期的切入时机与破坏性创新

如何布局建设生态系统平台，整合厂商用破坏性创新技术，抓住5G成长商机

产品生命周期　/ 117
后发先至，提供更好的产品及服务　/ 125
联发科的竞争战略　/ 131

第7章　量产速度与学习曲线

市场快速成长，学习曲线和良率爬坡量产速度快慢，决定公司排名和胜败

PDCCCR 制造策略架构　/ 141
加快学习曲线与量产速度　/ 146
学习曲线与竞争策略　/ 152

第 8 章　治病于未发 制胜于无形
工业革命和智能制造的关键，必须先改变解决问题的心态和时间点

先进质量、过程、设备控制　/ 161
大数据分析与先进智能控制　/ 166
智能精准制造与数字化转型　/ 181

第 9 章　产业数字化转型与决策型组织
建立决策型组织与数字化转型，是公司由人治迈向法治的契机

产业维新与数字化转型　/ 189
决策型组织与台积电案例　/ 193
友达光电与宏远兴业案例　/ 202

第 10 章　高筑墙 广积粮 缓称王
通过工业 3.5 解决方案和蓝湖战略，台湾成为全球弹性制造中心，开创千湖之蓝

蓝海战略与蓝湖战略的异同　/ 213
蓝湖战略的三大方针　/ 216
韧性永续的蓝湖生态系统　/ 222

结　语　念念不忘 必有回响　233
歌　诀　器识为先 千湖之蓝　239
参考文献　241

推荐序一

启动数字领航
开辟属于企业的新蓝湖

> 在任何比赛中,成功都源自更努力的训练和更快的奔跑速度,而不是寄希望于你的挑战者会失败摔倒。
>
> ——麻省理工学院前校长利欧·拉斐尔·赖夫

简祯富教授是少数能够将学术理论基础与产业实务结合,不断创新,横跨产学研三界,进行扎实研究的教授。我与简教授同样来自台湾大溪农村,有幸提前拜读这本书,有着相当深刻的感受。

鹏鼎集团自1999年成立以来,秉持着"发展PCB(印制电路板)相关产业,成为业界的领导者"的经营愿景,不断向前迈进。从一家默默无闻的小公司起步,有幸自2017年开始,连续5年位居PCB产业的世界第一。多年来的实践心得与这本书有异曲同工之处,分享如下。

洞悉产业趋势,掌握进出时机,构建生态系统

PCB产业为完全竞争产业,鹏鼎集团虽为全球PCB龙头,但在2021年全球市场占比仅为6.8%。因了解到还有相当大的发展空间,鹏鼎集团在2005年采取"多点过河、一步到位"的策略,扎根大陆、布局两岸、面向全球,构建鹏鼎控股的"一站式"购物生态系统。

PCB虽为高度竞争产业,但若将产业链进行细分,也能够找出

许多值得开发的蓝湖市场。这本书介绍了半导体产业的发展史，详述了产业结构的水平分工和开放性创新，有助于经营者思考企业在产业价值链中的角色和发展战略。

运用尖端设备与智能制造平台提升竞争力

除进行智能物流整合、智能检测外，鹏鼎集团还利用大数据分析发展智能制造系统，导入"5M"，即 HRM（人力资源管理）、SCM（供应链管理）、PLM（产品生命周期管理）、EAM（企业资产管理）及 CIM（计算机集成制造管理）等数字化管理平台，一步一个脚印地实现鹏鼎智能工厂的目标。

管理人才和技术，无法外求，更须自强不息、行胜于言。2020年，母集团臻鼎科技控股股份有限公司与台湾清华大学携手合作，成立"臻鼎清华联合研究中心"，致力于推动 PCB 产业智能制造发展以及先进制程与先进材料研发，并设立"臻鼎科技讲堂"，共同培育智能制造人才。

建立学习型组织，激活数字领航

学习型组织的本质在于公司管理知识的共享与有效传承，同时运用网络与大数据，降低市场的不确定性，提升决策质量及决策效率。

鹏鼎集团以弹性制造、快速反应、与客户及供货商发展伙伴关系为核心。随着公司规模扩大，鹏鼎集团将人、机、料、法、环等相关决策数据数字化，设置战情中心，使其成为弹性且快速决策的重要平台。此外，公司持续不断地进行决策流程优化与组织再造，借助大数据和现代管理科技方法，逐步发展成为决策型组织。

描绘的是过去，却能预见未来

这本书介绍了科技产业发展史，半导体产业结构变迁仿佛历历在目。摩尔定律不断微缩，半导体技术快速变迁，负责连接沟通的PCB将越来越重要。随着技术演进，驱动产业价值链重构，PCB产业势将跟随半导体产业的节奏持续精进。这本书对于经营者思考公司在产业生态系统中的角色和发展战略，有着相当大的启发。

点一盏灯，有灯就有人。我深刻地感受到简祯富教授对于华人制造业数字转型和竞争战略的思考、热忱与关怀，并乐见更多的经营者受到这本书启发，带领企业转型升级成功。

沈庆芳
鹏鼎控股（深圳）股份有限公司董事长

推荐序二

呼群保义 同行致远

多年来，我从事工业大数据、智能制造、质量科学和工业工程的研究教学，并与工业界有着紧密合作的关系，特别是在汽车组装、飞机制造、钢铁冶炼等领域。当今的制造业已经不仅是制造产品，更是全生命周期的服务。在此背景下，对产业与专业领域学术知识的需求会越来越高。我深深地意识到，在当今形势下"饱学致用育桃李"的重要性。简祯富教授和我在华人工业工程学术团体常有交流，我们都很关心产业发展，希望解决实际产业痛点以创造具体价值。简教授结合30多年积累的研究与产业实践经验，根据华人企业特性和产业大历史，汇集成这本书并获得热烈反响。同样身为工业大数据与工业工程领域的学者，我非常荣幸地推荐这本兼具制造实务的洞察与学术贡献的《蓝湖战略》，这本书将有助于促进智能制造领域的学术研究和产业实践之间融会贯通、相互促进、良性发展，激发读者的兴趣，普及传播产业升级的理念。

《蓝湖战略》介绍了半导体产业生态系统中上下游企业共同演进的过程，融合了简教授深入的产学合作研究和实证观察，有兴趣的读者可以深入精读这本书的参考文献。蓝湖的定义、战略思考和推动方针深深地吸引了我。蓝湖战略是指把利基市场做精做深，"图难于其易，为大于其细"。蓝湖战略通常应用于特殊零部件、具有知识产权或价值链的产品模块或服务，而且蓝湖战略不会很快吸引具有竞争优势的大企业杀入市场，因此蓝湖并不会很快转为激烈竞争的红海，让中小企业有机会成为"隐形冠军"或中坚企业。蓝湖战略通过"高筑墙""广积粮""缓称王"三大方针循序渐进，专注于高毛利且规模适中的蓝湖市场，特别值得中小企业和高科技创新企业借鉴。

大数据和人工智能的发展导致制造业转型升级。今天的生产制造还是可以用"多、快、好、省"这四个字来要求。多，就是生产能力；快，就是生产效率；好，就是产品质量；省，就是制造成本。大数据是方法，不是目的。如何以卖"产品＋服务＋维护"为主，对生产制造的每一个环节建模，如何把从材料到设计到生产加工到使用再到回收的信息都收集起来、管理起来，然后更好地服务客户，是当今全球产业最重要的课题。蓝湖战略是通过PDCCCR（Pricing-Demand-Capacity-CapEx-Cost-Return）制造策略架构，即整合"定价—需求—产能—资本投资—成本结构"以提升营收报酬，从而定义市场的竞争优势。由于制造业离不开现实世界，其领域知识与信息准备非常重要，分析技术和优化模型必须与现场实地结合，才能达到弹性决策和智能生产的愿景，导入"先进质量、过程、设备控制以及数字决策等智能科技，发展分析服务产业和软件产业，提供企业智能生产与智能制造的完整解决方案"，以适应"治病于未发、制胜于无形"的决策模式，达到数智化转型的目标。

《蓝湖战略》一书中最吸引我的，不仅是简教授对于蓝湖独到的见解，还有面对大国重回制造业而提出的"蓝湖战略"。简教授还融合此书精髓与中华文化，提出了"蓝湖战略歌诀"。简教授深入剖析了台积电、联发科与创意电子等商业案例，整合了跨产业的经验，介绍了IC产业因高科技产品生命周期短而需要持续扩散创新的情况。简教授通过深度学习有效预测不同类型的需求并整合生命周期管理，提出组合优化策略，以工业3.5和破坏性创新来建构具体可行的解决方案，让企业成为产业生态系统的关键者或利基者。这本书中的商业案例皆来自简教授深耕产学合作多年的经验，相当精彩，相信每位读者皆会获益良多。

  国家发展与人民生活水平提升都离不开质量。在过去的主题报告中，我常提到"如何确定一个好的研究课题"，其中包含了新的应用、新的工具、新的方法论或算法。要找到好的研究课题，则需要解决来自产业界的实际问题，并关注有长期和持续影响力的问题，跟进新的方法论进展等。工业社会的数智化转型是重要趋势，数字技术的快速发展和应用为工业工程带来了新的机遇和挑战。为推动数智化转型和智能化发展奠定了坚实的基础，蓝湖战略和工业3.5都是实践性很强的概念，其通过跨学科、跨领域的合作，探索新的研究方向和应用路径，同时从华人产业的角度，通过理论联系实际的方法来解决产业中的重大问题，帮助企业跳脱蓝海与红海的循环宿命，为学科发展迈上新台阶打下坚实的基础。

史建军

美国工程院院士

美国佐治亚理工学院工业与系统工程学院 Carolyn J. Stewart 讲座教授

推荐序三

厚德载物 行胜于言

我从2004年开始担任台湾清华大学科技管理学院院长，负责推动与哈佛大学合作撰写商业案例以及大学"产学研究商品化与创业研究"创新创业等计划。其间，简祯富教授积极参与共同撰写台积电、联发科、创意电子等商业案例，并担任台湾清华大学首任产学合作执行长，协助建立友善产学环境相关制度。金融危机期间，他参与推动了"科学园区固本精进计划"。简教授现在担任AIMS中心（人工智能制造系统研究中心）主任，他还邀请我担任AIMS中心理事会主席，我们有许多合作和交流，他也一直在实践清华大学"行胜于言"的校风。

简教授撰写本书作为《工业3.5：台湾企业迈向智慧制造与数字决策的策略》（以下简称《工业3.5》）的前传，回顾产业大历史，以半导体产业的演化过程为轴线，分析了上下游不同公司的兴衰案例，整合了重要相关理论和作者本人产学合作实证研究。这本书可以帮助各个企业引入更多科学管理的做法，借鉴高科技产业快速变迁的节奏和产业结构、生态系统演进的轨迹，让更多企业掌握先机，并为商业模式和策略规划提供参考。

中国台湾半导体产业从无到有，再到今天站上世界舞台，成果来之不易。这源于40多年前，孙运璿先生、李国鼎先生积极制定高科技政策；源于中国台湾工业技术研究院（以下简称"工研院"）一群年轻工程师的无私奉献；更源于不少企业家、创业家锲而不舍的努力。半导体产业经历无数企业创新与转型的过程，才从劳动力密集型的产业转为技术密集型的高科技产业。

创新的目的是解决问题，只有创新才能创造价值，才是前进的力量。但在创新之前，抛开成功的包袱，是所有组织或企业迈向组织转型的必经之路。过去的成功都将成为现今的包袱，就连客户可能也是一种包袱。面对产业升级与数字化转型的需求和挑战，企业应该抛弃一些旧思维，跳脱既有产业的架构，参考不同产业生态系统的演进经验和全球布局。

历经不同产业从无到有，放眼全球产业之间的激烈竞争与兴衰变化，企业应重视人才延揽与长期培育，培养其创新与跨领域协作的能力。在当今商业模式迅速变化的社会，最需要的就是能够定义和整合问题的跨领域人才，这类人才不仅能专精单一专业领域，练就扎实的基本功，还能对其他领域有广泛了解。正向的产学合作关系，将产生长期正面的影响。国际上的高水平教授，通常也是和企业互动最好的教授。因此，我鼓励大家，特别是年轻的读者，通过这本书理解和掌握产业大局趋势。

史钦泰
台湾清华大学张忠谋讲座教授

推荐序四
人才是最重要的资产：挑对人 相信他

很高兴看到《蓝湖战略》这本书的出版。这本书有利于高科技产业的演进和国际管理理论的接轨，成一家之言。台湾清华大学讲座教授简祯富曾于2005—2008年借调至台湾积体电路制造股份有限公司（以下简称"台积电"）三年，也持续与创意电子和台积电有产学合作研究计划，具备丰富的产业经验。当时，他在台湾清华大学科技管理学院史钦泰院长的领导下，撰写关于创意电子、台积电等企业的哈佛商学院案例，以发扬智能制造管理典范，并和哈佛大学商学院史兆威教授一起跟我做了访谈，进行了深入的对话。

阅读这本书也让我回想起1987年台积电草创时，大家一起辛苦打拼的日子。当时，在主管部门的支持下，创办人张忠谋先生和我从工研院带了117个同人出来，抱着为科技产业奉献的理想，创立台积电，希望建立一家真正好的大公司。

然而，台积电创立的最初几年可以说是状况百出、遍尝酸甜苦辣，我几乎从设计、研发到工厂管理都要负责，每天晚上都忙到半夜。当时的经验不够，技术与生产能力也不稳定，因为担心货到底出不出得来，质量能否符合客户需求，只好在工厂盯着，甚至要动手一起做。一旦出现问题，大家就一起努力彻底搞清楚原因所在。我告诉大家要达成五个目标：产出要高、良率要高、客户服务要好、交货期要准、生产周期要短。因此，大家都很有革命感情，设备、制程与线上技术人员成立了质量管理小组，工程部建立了机器预先维修的制度，大家同心协力，一点一滴慢慢地磨，一步步把生产做好做稳。就这样，制程站点的管制也逐渐成熟，逐步建立了完整的制度。而在技术方面，我们一开始就强调培养自主技术的能力。

台积电的某些原则在持续演进，而有些原则一直维持不变，这与人才有绝对的关系。第一是技术，一定要努力领先；第二是生产的效率；第三就是客户服务的质量。这些都是台积电能够保持领先优势的原因。

人才一直是台积电最重要的资产。我认为要"挑对人，相信他"，提拔人才后你必须信任他，再进一步授权。只有通过分层负责，高级主管才能把重心放在规划公司的未来上。简教授这本书以其积累的产学合作计划和案例研究为基础，分析产业演进的趋势、公司发展的策略和升级转型的挑战，并对创意电子与台积电的演进做了案例研究。除可以为不同产业的高管提供参考外，这本书也是培养产业领导人才的重要教材。这本书介绍的产业趋势与转型需求，也可以用来思考未来大学的人才培育、产学合作和大学与企业的社会责任。

曾繁城

创意电子董事长、财团法人，台积电文教基金会董事长

推荐序五
企业应加快布局智能生产与数字化转型

自第二次世界大战结束以来,人类文明史上继第一次工业革命及第二次工业革命之后又一次发生重大的科技飞跃,这次科技飞跃以半导体、集成电路、计算机、电力、通信、自动化、核能发电、太空技术、新材料、新能源、生物工程等领域内的发明与突破为代表。上述科技飞跃带来人类有史以来最繁荣的社会,被称为第三次工业革命。第三次工业革命给人类带来了繁荣和进步,也带来了许多的负面冲击,如农业、工业用地扩大,导致许多物种濒危或已灭绝;过度消耗资源,除石油、煤、金属矿产储存量大幅减少外,也造成二氧化碳及甲烷的过度排放,导致极端气候尤为严重,给人类居住的地球带来了莫大危机。各国领袖大声疾呼要重视节能、减废、减碳,各行各业的企业对此也很重视,将此议题和社会责任、公司治理并重。

德国政府于2013年提出面向未来的高科技战略计划,希望使智能汽车、新能源、化工和材料等产业工厂的设备、仓储和生产设施于2030年达到电子化、数字化和智能化,称为工业4.0。工业4.0着重将现有的工业生产技术、产品质量、库存、销售、售后服务等进行整合,通过人工智能适应市场、客户的需求或供应链的需求变化,迅速精准生产、减少浪费,以提供完善、有竞争力的服务。在德国提出工业4.0之后,工业4.0在全球蔚然成风。

简教授以其在高科技产业近30年的实践经验为基础,整合相关理论,以半导体产业、高科技案例为鉴,继2019年出版《工业3.5》

一书，近期又撰写了"《工业3.5》前传"——《蓝湖战略》。我有幸先睹为快，这本书使我收获颇丰，笔者不揣鄙陋，有几点心得仅供参考。

台积电、友达光电和宏远兴业的数字化转型

数字化转型也称智慧转型，这本书中的内容丰富、精彩，是值得一读再读的范例。这些公司成功实现智慧转型的原因有以下共同点。

一是高级主管的重视和参与。

二是工业3.5、工业4.0智慧转型是产业革新，依托于持续创新的学习型组织。

三是利用智慧转型，重新定义对客户的服务，实现客户利益和价值的最大化。

四是成立决策型小组，按价值规划组织架构，做最重要的决策。

五是精益，即合理化、标准化。

六是数字化和流程整合。

七是自动化与智慧化。

从蓝海到蓝湖再到蓝池塘

每家公司的股本大小不一，技术、服务水平的优劣亦不同，因此在相同产业的市场，各家公司的运营策略、运营目标也存在差异，若市场已成为红海，应尽快跳脱红海市场。简教授提供的寻找蓝湖或蓝池塘的原则，极具参考性。若能将公司资源快速集中于新发现的蓝湖或蓝池塘，通过高级主管强力支持、鼓励，协助此专业小组快速强化人才、设备、工具、制程、制造和客户服务，公司成功率将会大大提高。

良率

有很多产业的良率极高，几乎达100%，但也有些产业的良率不高，甚至低于50%，这些良率不高的产业公司的主管、干部应好好阅读这本书的第六、七、八章，相信会获益良多。良率的改善至关重要，除了要将不良现象分类、排行，追查其原因，优先聚焦最重要的不良项目，还需成立改善小组、重视现场和数据，谨慎调查人员、机器、物料、方法、环境等，提出改善措施，必定会有成果。在流程冗长、制程技术多样化的复杂生产情况下，若导入数字化设备、仪器、工具、人工智能和大数据分析，将可以很快找出异常，以及造成异常的上、下流程中可能的关键因素，缩短找出问题真正原因的时间以加速改善良率，业界已有很多此类案例。此外，导入大数据在设备、设施、工具、仪器的维护保养和预防保养，原材料购入的进货检验、储存，以及半成品、成品的管理等方面，也可获得很多效益。

近几年，每当笔者和业界朋友、客户聊到5G（第五代通信技术）、人工智能、高性能计算、物联网、自动驾驶汽车、智慧工厂、智慧城市时，大家总会话匣一开，滔滔不绝，有谈不完的话，互相交流点子与商机，非常兴奋、热络。智能生产和转型的确有很多商机和挑战，早做早赢。但也面对以下挑战与困难。

第一，智能生产（转型）的产业链仍未臻完善，特别是数字感应器价格昂贵且未能普及，设备、仪器供应商能力良莠不齐、数字化转型的ICT（信息与通信技术）人才质与量皆不足。

第二，新工厂全面开展数字化转型虽耗费资源颇多，但历经两三年可有成果，老旧工厂的数字化转型则困难重重。

第三，智能生产（转型）在红海市场面临投入资金庞大，回收慢且不易转型成功的困境。

第四，规模小、资源不足、利润微薄、现金拮据的企业，可能面临不易数字化转型的窘境。

第五，安全问题。

第六，未来缺人、缺电、缺水、缺土地，不利于智慧工厂的设立。

简教授以毕生的精华新撰此书，对智慧转型、智慧工厂的影响想必会很大、很深远，想必会广为产、学、研人士购买参阅研究。此书和《工业3.5》将成为推动智慧转型与智慧工厂建设的重要参考书籍，引领制造业一起升级转型，嘉惠企业及社会。

曾子章

欣兴电子董事长

推荐序六
中小制造企业如何在全球竞争中赢得优势

一口气读完简祯富教授的《蓝湖战略》，这是一本通俗易懂又不失理论严谨的书，简教授在数十年深入观察和研究台湾电子制造业的基础上，发现了制造企业分分合合、制造产业生态演化的秘密，提出了蓝湖战略，即一个中小制造企业和华人企业在全球竞争中赢得优势的战略。1986年，德国著名的管理学思想家赫尔曼·西蒙针对德国经济的持续发展主要得益于中小制造企业的情况，提出"隐形冠军"理论，而简教授则从宏观机理层面揭示中小制造企业演变的规律，因应工业4.0的发展提出"工业3.5"混合策略，并针对中小制造企业的特点提出微观操作层面的建议。

2019年，工信部提出"培育一批主营业务突出、竞争力强、成长性好的专精特新'小巨人'企业"决策部署，支持制造业门类垂直细分产品市场中的佼佼者。2022年，大国竞争日趋激烈，制造业成为竞争的焦点。一方面守成大国想尽办法促进制造业回流，另一方面新兴大国强化创新，抢占制造业高地。这本书中的蓝湖战略与蓝海战略相对应。蓝海战略强调的是在大型市场中赢得竞争，但难以逃脱蓝海、红海的循环宿命；而蓝湖战略则强调主动细分市场，从中赢得利基，其中蓝湖不是单数而是复数，这就意味着蓝湖有很多个。我相信这本书中的蓝湖战略可以为广大的中小制造企业提升竞争力，以及成为细分市场的领导者提供参考和新的视角。

简教授现任台湾清华大学执行副校长和工业工程与工程管理系的

讲席教授，是工业工程领域全球前2%的知名学者，清华大学出版社亦出版了其《决策分析与管理》和《大数据分析与数据挖掘》两本教科书。简教授不仅在理论方面有着很深的造诣，而且不空谈理论，注重将理论与实践紧密结合。从这本书中能看出简教授跟产业链上下游每个合作企业都保持着长期的合作研究关系，为了能更深入地了解企业实务，将理论与实践统一起来，他甚至在企业全职工作了几年，这些做法值得工业工程学者学习。

工业工程起源于100多年前的工业（制造业）革命，就像工业工程这个词的字面意思一样，工业工程是一个研究工业规律的学科。过去100多年的工业工程理论和方法对制造业影响深远，从福特的流水线到丰田的精益生产都根植于工业工程的理论。在今天，工业工程理论和方法不只应用于制造业，在服务业中也有诸多应用。对于工业工程从业者来说，这本书是一本有启发性的读物，书中内容涵盖了产业分析：垂直整合与水平分工；制造生态分析：中立者与互补者；产品全生命周期分析：切入时机与破坏性创新；生产全生命周期分析：全面资源管理、量产速度与学习曲线、先进质量控制等。上述内容从系统层面对传统工业工程理论进行了创新，并用大量的实例来印证所提出的理论观点，以健全产业生态系统，实现"千湖之蓝"的愿景。

高质量发展离不开制造业，在百年未有之大变局中，中国制造业的发展需要"人才链""创新链"和"产业链"深度融合，我相信这本书会对中小制造企业领导者，工业工程专业的同学、老师和从业者有所启发和帮助。

郑力

清华大学副校长

自　序

蓝湖永续

W. 钱·金和勒妮·莫博涅的《蓝海战略》一书中将传统的抢夺市场占有率、大量倾销、增加规模报酬、压低成本、削价竞争等商业竞争模式称为"红海战略"，并提出应通过创新差异化、创造独特价值，开创竞争少而获利高的蓝海市场。《蓝海战略》提出了分析架构、工具和执行流程，以解释创造蓝海的赢家，如苹果公司，为何获得成功。然而，《蓝海战略》可解释性高，再现性低。换言之，很少有公司能真正运用书中的工具和方法创造新的蓝海。

蓝海不是稳态，而且企业未必能找到蓝海，若新市场规模大且利润高，虽然刚开始竞争对手较少，但如果没有专利或特许权保障，势必吸引跨国大企业竞逐和后进者模仿，并杀价竞争，最后仍会因为竞争者众多而瓜分获利，随着创新趋缓，差异化价值减少而沦为微利的红海。蓝海市场的关键者亦将变成支配者，转而压榨供应链的大宗商品和劳动力提供者来降低成本，以维持获利。

相较于先进的工业化国家，新兴经济体的产业生态系统中有蓬勃发展的中小企业，但基础工业建设尚未完备。因此，针对产业特性，我提出了工业 3.5 作为目前工业 3.0 和未来工业 4.0 之间的混合策略，还提出了蓝湖战略以建立完整的产业生态系统。

德国推动工业 4.0，将工业革命分为四个阶段。革命通常是推翻旧有体制以重新分配资源，但四次工业革命的本质并不相同，工业 1.0 和工业 3.0 都有从无到有的驱动技术支撑。工业 1.0 是由蒸汽机的发明带来的，是一场改良驱动的动力机械革命；工业 3.0 则是 1947 年晶体管和 1958 年集成电路等科技发明驱动的数字革命。工业 2.0 和正在进行的工业 4.0 则是在技术突破的基础上持续优化的过程。工业 2.0 从 19 世纪 40 年代至第一次世界大战结束，历经近 80 年的持续变革以提高生产力。工业 2.0 正值清末民初，先进工业化国家形成帝国主义，争夺全球资源和殖民地，最终导致世界大战爆发。面对列强入侵，中国早期尝试"西学中用"以救亡图存。然而，"巴黎和会"上列强将德国在山东的权益转让给日本，中国因此以 1919 年"五四运动"开启了漫漫复兴之路。百年之后，先进大国重回制造业赛局，面对高科技制造技术和设备的限制，产业更须自强不息，通过"操之在我"的产业维新和数字转型，提升决策的质量、弹性和效能，推动"企业新五四运动"。"德先生"是公司治理和决策，"赛先生"是科学管理与分析。工业 4.0 想要取代人，开发虚实整合系统和机器人；工业 3.5 则主张强化人的机能，打造人机协作且搭配数字决策大脑的"钢铁人"。引入更多无人系统，只会加大贫富差距并扩大冲突，不符合联合国可持续发展目标。

《蓝湖战略》作为《工业 3.5》的前传，以半导体产业快速演进的经验为基础，主张先建立健全的产业生态系统以支持工业革命，防止先进国家重回制造业。"蓝湖"是指市场规模小的市场区块，其容易被大企业所忽略，竞争程度不像蓝海和红海市场那样激烈，还可以维持高毛利率。蓝湖市场包括关键零部件、利基产品、定制服务或特殊应用，企业应通过持续创新提高价值，吸引其他尚未被满足的顾客逐渐扩大蓝湖规模。蓝湖战略强化价值定位，主动将市场零碎化、利基化，划分大小不同的蓝湖或蓝池塘，把市场做精做深，细分产品等级、价格、质量、批量、服务模式以及进行差别定价，以满足各个小型市场的需求，并将消费者剩余尽量转换成自己的利润，抢占先进者优势和经济剩余，从而成为各个蓝湖市场的隐形冠军。

工业 3.5 中的蓝湖战略并非画地自限，而是更务实、进可攻退可守的战略，可以用明太祖朱元璋的开国策略："高筑墙，广积粮，缓称王"来说明。蓝湖战略中的"高筑墙"是指提高竞争门槛，成为此市场区隔的"地头蛇"，专注小众市场，提高定制服务水平，并持续创新以创造差异化，提升企业在特定领域的相对竞争优势，并提防潜在的新进竞争者。蓝湖战略中的"广积粮"是指通过企业数字决策和全面资源管理，推动企业创新，提升管理效能，进而吸引其他顾客逐步扩大蓝湖的规模。换言之，由于差异化、定制化和差别定价，消费者难以在价格上做比较，也没有太多别的选择，企业可以使定价高出成本许多，获得较高毛利，抢尽经济剩余，减少其他新进竞争者的机会，细水长流，赚更多。蓝湖战略中的"缓称王"是指避免直接挑战产业生态系统的关键者和支配者，而是要成为其供应链里获利最高的伙伴。蓝海战略强调成为苹果公司的好处，但能够真正称王的企业有几家？蓝湖战略中的蓝湖是复数，蓝湖是整个生态系统的一部分。企业可以"农村包围城市"，站稳某个蓝湖之后，通过管理技术和核心竞争力，将成功复制到其他市场区隔，以开拓其他蓝湖。在全球供应链迈向短链或碎链的趋势下，企业可以与数字决策平台或提供分析服务业的"产业医生"等第三方企业进行虚拟垂直整合。就像水利系统连接更多蓝湖，企业可以以此迈向"千湖之蓝"，实现可持续发展。

工业 3.5 中的蓝湖战略是根据比较优势决定优先级，并根据最小阻力原则，先摘容易摘的果实，有耐心地逐步推进，而不好大喜功，先推动产业生态系统普遍升级至工业 3.5，厚植实力面对全球制造业赛局。工业 3.5 中的蓝湖战略更能维持产业生态系统的健康发展，并且能提供更多高价值和多元的工作机会。蓝湖战略是一种进可攻退可守的战略，工业大数据和管理经验是我们赖以发展的知识资本和主场优势，应把握工业革命和全球产业结构转换的空档，与其将蓝海市场做大做强，不如将其碎片化，形成更多的蓝湖，然后做深做精，让每一项产业都能有更多的时间在快速变化、竞争激烈的全球制造业赛局中发展为蓝湖市场的隐形冠军。同时，将制造业的数字化和智能化发展为各个产业蓝湖市场的工业 3.5 解决方案，并外溢到新兴市场。通过工业 3.5 解决方案和蓝湖战略，卡位全球产业价值链的利基，提高先进工业化国家推动工业 4.0、重回制造业的进入成本和竞争门槛。器识为先，厚德载物，一起改变未来。

前 言
器识为先 无问西东

人皆知我所以胜之形,而莫知吾所以制胜之形。

——《孙子兵法·虚实篇》

管理大师彼得·德鲁克说过:"管理最重要的创新都来自实证。"1985—1990年,我在台湾清华大学攻读工业工程与电机工程双学位,为日后研究半导体产业的分析方法和领域知识奠定了扎实的基础,而这段时间正是台湾社会解严开放、风起云涌的时期,这一代年轻人的视野逐渐开阔,对社会的关心不断增强。在参加校内外各种活动,担任工业工程与工程管理学系会长及第一届台湾清华大学学生议会常务代议长的献身与领导过程中,我始终在思考如何用专长所学和符合自己志趣的方式来贡献社会,本书也是自强不息、厚德载物和持续努力的成果之一。

1996年,我学成归来回到母校台湾清华大学任教,其间受到彼得·德鲁克回忆录《旁观者》的启发,虽然面对助理教授6年条款的考核压力,但我不希望仅在发表的论文上继续做文章或套用既有理论,而是想效法彼得·德鲁克去各个领域历练,亲炙不同领袖的风采并了解产业的实际问题,以得到第一手的实证和研究资料。我以麻省理工学院媒体实验室和剑桥大学制造中心为标杆,创立了"决策分析研究室"并设计了服务标准,该研究室以"提升卓越决策"为愿景,开启了勇敢逐梦的奇幻航程。

从产业出发，追寻管理大师的学习之路

决策分析研究室关心产业的痛点，定义和架构每个需要解决的问题，长期深耕决策分析、大数据和资源调度优化的核心专长，并以产学合作厂商为"实验室"，检验实证效果。这种跨产业多方印证得出的分析技术和决策模型，也为更深一层的理论研究打下了坚实基础。虽是初生之犊，仍坚持在每个产业领域只和一家厂商深度合作研究的诚信原则，也因此得到产业界的肯定和信任，并逐步开展更深入的长期合作，特别是获得机会跟各领域代表厂商密切合作，得以深耕相关问题。

随着半导体产业遵循摩尔定律快速演进，不断面临新的挑战和各种极限，我及决策分析研究室如同夯土一般，一遍又一遍地打下了扎实的基础。随着产学合作伙伴在其公司内部的晋升，研究室所需要解决的研究议题也从生产作业、分析技术、经营管理扩大到战略规划，因此更了解从企业战略、运营到生产管理的层级对应和上下关联。因为任务需要，亦跨越上下游以从源头解决问题，形成对供应链系统动态的理解，以及从不同企业的角度看同样问题的对照，并逐渐将经验外溢到其他产业。我也因此得以实践从学生时期就立定的"学以致用、贡献社会"理想，希望通过本书给更多中国企业分享自己的心得体会。

20世纪90年代半导体产业群雄并起时，我有幸刚任教就能和旺宏电子合作第一个产学合作计划——"决策分析与半导体制造之改善研究"，并创造了具体效益，还取得了发明专利[1,2]，之后更荣获2001年台湾教育事务主管部门"产学合作研究奖"，并维持合作至今。旺宏是台湾少数坚持自主研发的整合组件制造商，我与旺宏高级主管整理产学合作成果和各种相关技术，编辑成《半导体制造技术与管理》一书[3]，该书是少数完整介绍各种制程技术与各个管理功能方

法的专业读物,因此成为新竹科学园区工程师必备的参考书之一,也让我从中获得了更扎实的技术基础和领域知识。

学习领导者的战略思考,培养对产业演进趋势的洞察

领导和决策是高级主管最重要的工作,也是较少被深入探讨的管理领域,因为外人通常只能看到决策的结果和成败,未必能了解其中的过程和挑战,领导者的战略思考和利害权衡大多内隐为管理智慧。

2005年我借调台积电时,创办人张忠谋专任董事长,每个月都与高级主管讨论战略议题。每次开会前,副总经理们先讨论可能的议题和观察,再初拟可能的主题。我倾听各种想法并在重要会议中观察,再整合相关理论与其他部门提供的信息汇总成战略提案,作为与高层对话的基础,就好像金庸小说笔下的洪七公和欧阳锋高手过招,彼此将招式和破解之法告诉杨过来比试。那段时间我几乎或多或少地讨论过半导体产业所有相关议题,我也从中得到宝贵的指导和反馈意见,因此更了解其中复杂的关联,理出了可以分析的架构及模式,提出"PDCCCR制造策略架构"与企业规划组织功能建议,并推动"IE(工业工程)十大建设"等创新计划。[4] 通过产业提供的"教授后研究"的借调机会和完整的配套机制,鼓励不同领域的学者到台湾各个产业进行实证研究,协助产业创造研究价值。我先后担任台积电、联发科、台达电、友达光电、盟立自动化的顾问,以及同泰、先丰、臻鼎的独立董事,并执行了各种产业领域的产学合作研究计划,有幸得到各个领域产业领袖的指点,锻炼了自己的功夫,也增长了器度见识,逐渐形成了对产业演进趋势的洞察,并对各个管理理论在产业的应用进行了比较。

以形塑产业典范为己任,协助各产业加速数字化转型

2007年,台湾教育事务主管部门的顾问室推荐我参加哈佛大学商学院案例撰写与教学训练。为了不负所托，我积极撰写台湾产业案例，发表关于台积电、联发科、创意电子、安谋公司、力晶、欣铨、晶元光电等企业的哈佛商学院案例和教案。通过撰写产学合作厂商的管理案例和深度访谈，我也对原本为解决各个企业痛点而研发的分析技术和解决方案有了更深刻的体会。因此，我结合量化与质性研究的方法，进一步扩大产业研究的广度。

目前全球生产管理教科书级的产业典范依旧是日本的"丰田式生产管理"，亨利·福特的汽车产业组装线则是工业2.0的代表之一，"合理化改善"和"精益管理"等生产管理典范至今仍然重要。

我将借调台积电三年的实证研究和观察撰写为哈佛商学院案例《台积电之道：台湾半导体制造企业如何满足客户需求》[5]，并整合其他案例研究和相关管理理论撰为本书。此外，引用了决策分析研究室团队在大数据分析、AI（人工智能）产学合作研究成果的学术论文，加上我和团队共创的智能制造发明专利作为参考文献，以补充说明案例演进历程中的管理技术及其背景。

本书希望引领企业规划商业模式、竞争策略、技术研发方面的器识格局以及全球竞合下的战略定位。一方面，给不同产业拟定数字化转型和技术蓝图提供参考；另一方面，希望持续发扬制造优势，如"台积电之道"，成为工业3.5和工业4.0时代的全球教科书级的典范。

为"《工业3.5》前传"建立理论基础，思考全球竞合的制造战略

随着跨产业的历练，我发现产业领袖大多有着超越管理理论既有解释的见识和体会，但社会上也有不少人只是沿用管理流行语，未必深究相关理论基础，更难以一窥堂奥。产业环境变化越来越快，好的理论可以解释产业现状和案例，并预测产业未来应该做什么以及为什么需要这样做。

《工业 3.5》[6]受到各界支持而成为畅销书，并荣获台湾科技事务主管部门"最具影响力研究专书奖"和台湾经济事务主管部门"金书奖"的肯定。我有时会遇到只从字面意思理解，囫囵吞枣、想当然的人，但更有不少企业家告诉我，他们认真地看了好几遍，不仅大力推荐，还买书送给很多员工和上下游伙伴。因此《工业 3.5》已发挥了一定作用。

其实，产业实务问题是一个面，而不是一个点，需要完整的解决方案和配套架构，也没有万用的特效药。因此，在介绍更多工业 3.5 的实践方法和成功案例之前，我以积累近 30 年的高科技产业实证和本土公司案例为基础，从解决各种"问题点"的研究，到产业上下游"线"的垂直整合，再到产业生态"系统面"的洞察，撰写本书作为《工业 3.5》前传，以快速演变的半导体产业和高科技公司案例为鉴，引领其他产业洞察先机，提前掌握产业转型与兴衰趋势。

掌握产业大历史，加速企业稳健转型

本书回顾了半导体产业大历史。首先，以天下分合之大势探讨垂直整合与水平分工两种形态的双螺旋结构循环，以及个人计算机和半导体产业快速演进过程中的各种驱动力量和策略挑战。以 IBM（国际商业机器公司）、英特尔、AMD（美国超微公司）、美光、台积电等企业的发展作为先导的案例供其他产业参考。其次，借由摩尔定律及其技术与经济含义，探讨技术演进驱动产业价值链的重新分配以及存储器产业的发展与兴衰，包括世界先进、旺宏电子、力晶、华邦等公司的发展策略。

台湾产业大多为水平分工，因此我探讨了模块化推动产业水平分工和开放创新的情况，并以硅知识产权为例，探讨安谋公司与力旺电子等公司的商业模式。再次，介绍产业生态系统的生命周期和不同角色的共同演化，以创意电子等芯片设计服务产业的发展和商业模式的演进探讨产业共生，并介绍晶元光电案例的专利地图和发展策略。还特别从产业生态系统的中立者和互补者两方面，介绍专注于产品测试的利基型企业，如欣铨科技、旺矽、中华精测和闳康科技等公司，并探讨了其对健全产业生态系统所作的贡献。

从时间轴来看，本书探讨了产品生命周期 S 曲线的切入时机，介绍了联发科的破坏性创新和产品策略，以及台达电如何抓住产业成长的切入时机快速满足技术和市场的缺口。本书还介绍了半导体产业导入新制程、新产品的生产良率爬坡到量产阶段的情况；如何增加累积的生产量，加速学习曲线，降低成本并提升动态规模经济；先进质量、制程、设备控制等智能制造技术与产业实例；建立决策型组织以推动数字化转型的实施步骤和台积电、友达光电、宏远兴业等案例。最后，针对以水平分工为主的产业结构以及以中小企业为主的产业生态系统，以工具机和机械设备产业为例，提出蓝湖战略和具体策略行动。

器识为先的人才是最珍贵的人力资源

管理类书籍为了成一家之言，大多偏重某一个立论角度，同时以许多成功企业和案例作为佐证，尽可能扩大其理论的解释范围。然而，管理类书籍所列举的企业以欧美发达国家的公司为主，未必符合国内产业需求。比较许多畅销书可以发现，许多成功企业同时被不同理论引作其成功案例，也有不少被广泛引用为成功案例的公司没过几年就黯淡无光。

畅销的管理类书籍所提出的某些理论或概念只是一时的商业流行语，某些理论言之成理可以解释许多现象，却又难以复制，知易行难，缺乏可以操作的执行步骤。也有一些立论严谨且有实证支持的管理理论，但需要企业持续精进，而非一蹴可及，一味地跟着流行只会让企业很快被耗竭。

企业经营与管理的领域总是不断有新的学说、管理思潮和畅销书成为流行，但这也容易使重要或不重要的议题一起被耗竭，从而不再流行。

随着一些人才培育创新条例的通过，台湾大学、台湾清华大学、阳明交通大学、成功大学都引进企业资源，成立半导体相关领域的产业学院。例如，台湾清华大学成立"半导体学院"，其包括"组件技术、材料与物理""集成电路设计与应用""电子材料与化学""先进制程设备与封装"等专业，以培养硕士和博士研究人才。

器识为先的创新与领导人才是最珍贵的人力资本。因此，本书也希望通过产业智慧的"数据挖掘"和"产业工程"，让"官产学研"联合培养的重点科技领域人才和其他有志投入高科技产业的人才，除扎实的科学理论和产业技术外，亦具备对高科技产业的洞察。希望能够借助本书介绍的理论和案例，分析除半导体产业外的其他产业，思考"两兆双星"计划的面板和存储器产业为什么未能成功以及其他产业有没有机会取得成功。鉴往知来，以培养更多未来的产业领导人才。

本书作为"《工业3.5》前传"，以半导体和电子制造产业链的演进为轴线，以产业上下游公司的发展脉络为实例，整合重要相关理论和我在产学合作领域的实证研究，整理出可以"学而知之"的方法，希望帮助国内企业有效导入更多管理科学，理解"制胜之形"，以提升公司治理与决策，发展蓝湖战略，再乘势而起。

越来越多的产业正依循高科技产业快速变迁的节奏以及产业结构、生态系统演进的轨迹。例如，自动驾驶汽车、电动汽车、摩托车、自行车等智能移动载具产业；开放架构的5G通信产业；模块化的工具机产业；平台化的面板产业；等等。因此本书希望帮助更多国内企业掌握先机，参考本书介绍的案例、公司和各家的兴衰，了解相关理论，获得加速或改变演进方向的驱动力量。

美国前总统罗斯福说："功劳属于真正在竞技场上的人。"产业的挑战和机会必定来自第一线，本书有价值的内容并不是我的独创，而是更多来自对彼得·德鲁克《旁观者》的体会，也来自台湾清华大学决策分析研究室和我在产业实证研究的过程中当"战地记者"的见学经历。因此，谨以本书向带领产业继续前进的同人和仍在竞技场上打拼的战友致敬，也希望更多未来领袖，拼凑拙作中的藏宝图碎片，开启产业伟大航道的探险。

第1章
产业大势 分久必合 合久必分

话说天下大势，分久必合，合久必分。

——《三国演义》

台积电创办人张忠谋指出："谈管理不能够忽视科技，科技创造新的产业，也给所有产业一个机会来重新创造它们自己，我始终觉得管理学应该是以经济、政治及历史为经，以科技为纬的一种学问。"[1]

我的朋友，麻省理工学院教授查尔斯·法恩长期研究通信等产业发展的脉络，提出不同产业上下游各有其演化的"脉动速度"。[2] 在供应链中越靠近消费端，脉动速度就越快，产品生命周期、生产模式以及供应链都会随之震荡波动。观察脉动速度快的产业，如通信产业，就像生物医学领域以"果蝇"作为研究对象，可以帮助其他产业了解产业兴衰的演化趋势，并提前准备应对可能面临的问题。

产业结构与驱动力量

垂直整合与水平分工两种产业结构

产业在垂直整合与水平分工两种结构形态之间循环，就好像DNA（脱氧核糖核酸）的双螺旋结构[3]，如图1.1所示。左侧显示了垂直整合的企业建立封闭式平台以提供整合度高的产品与服务，右侧显示了水平分工的企业通过开放平台分别专注于不同产品模块或服务。某些内在与外在的因素，会使大型垂直企业日益式微，以致新的竞争者从某个模块切入，造成旧系统瓦解，并促使水平分工的供应链逐渐形成。水平分工的产业结构中，某些模块或区块的强者积累实力之后，会巩固其领导者的角色，向其上下游扩充以扩大规模报酬，维持获利成长，并把产业结构推向垂直整合，正如历史上的分合之变。

垂直整合与水平分工之间的演变受到不同驱动力量的影响，节奏可能忽快忽慢，也可能有不连续的跃进或停滞。为了降低成本，台商擅长灵活地在不同区域转移，以利用当地资源并掌握新机会，而全球化和国际贸易也在开放市场全球分工和保护主义关税壁垒之间摆荡，影响企业在不同贸易阵营的布局和站位。

企业向水平分工与模块化演变的驱动力量

垂直整合结构（如图 1.1 左侧所示）一开始是以少数企业开发的产品为主，产品整合度高。少数企业开发软件，建立封闭平台。随着产业成长，会吸引一些小而专精的利基者分食某个市场区隔，所以国际大企业常会通过并购新创企业或成立新的事业部来消灭潜在的竞争者，但这样做也会使垂直整合的公司和大型企业集团日益庞杂，无法快速回应和满足各种顾客的需求，减弱其核心竞争力。

当市场改变时，大企业的反应速度通常比较慢，不如小而专精的公司敏捷。随着公司发展，大型的垂直整合企业渐渐会出现组织僵化的问题，难以用一套制度管理所有事业部，企业也难以出台让新旧事业部都觉得公平的绩效考核制度。因此，会出现一些解构的内外部力量，使企业向水平分工与模块化的方向转变。促使这种转变发生的力量包括以下五点。

第一，拥有专门技术的新竞争对手加入，想要取代既有的产品功能或服务，以抢夺产业价值链的某一环节作为目标市场，并建立其利基。

第二，企业成长并增设各种组织部门。大企业为了接班或铺排高层人事以维持和谐或因人设事，形成组织单位（郡县制）和子公司（封建制）并行的组织设计（郡国并行制），组织结构日益复杂。

第三，企业成长，规模变大且历史也变久了，随着制度的日益复杂和不成文惯例的形成，组织日益官僚化与僵化。

第四，垂直整合的企业集团面临外部的挑战，不能持续兼顾在多个技术、市场和产业领域保持领先地位，必须有所取舍，导致企业内部不同事业部之间的斗争增加。

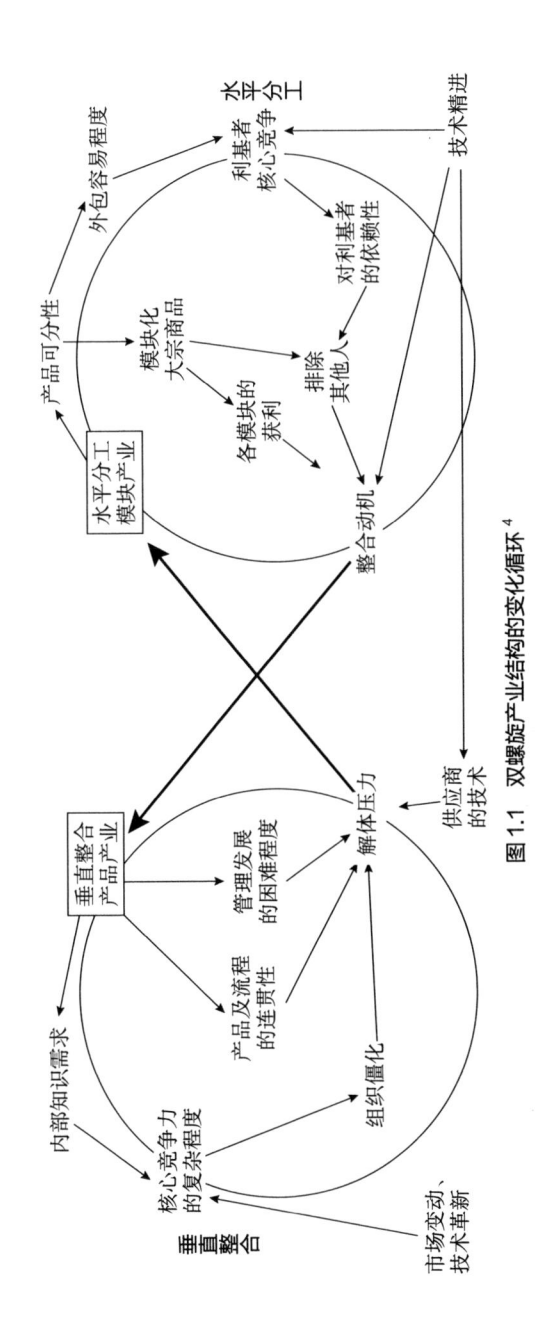

图 1.1 双螺旋产业结构的变化循环[4]

第 1 章 产业大势 分久必合 合久必分

第五，当企业体系日益庞杂、组织僵化后，一定会有越来越多不同部门的员工觉得组织内资源分配与奖励升迁等不均或不公。《论语·季氏篇》中有"不患寡而患不均，不患贫而患不安"的说法，"均"不是结果平等，而是"各得其分"。受"现成偏误"影响，让所有人都觉得得到自己应得的是很不容易的，所以薪资一向都是公司机密。一旦经营获利减少，则是患寡且患不均，更会加剧内部分裂。

乔布斯也靠水平分工东山再起

上述各种力量会推动垂直整合的企业成长为大型企业，而后其成长速度逐渐趋缓或停在某个阶段，甚至被拆分成从事不同事业的小企业，其中有些继续成长，有些则被其他新进者逐渐取而代之。例如，20世纪80年代，苹果个人计算机及其麦金塔操作系统是封闭平台，IBM受到苹果公司新机型的强力挑战，其个人计算机部门决定舍弃垂直整合的产品架构，改用模块化的水平分工架构，把微处理器外包给英特尔，把操作系统外包给微软。

IBM的这项变革使整个产业结构发生了重大改变，使个人计算机产业从垂直整合迈向水平分工。一方面，IBM通过开放创新，更快推出产品和应用软件打败苹果公司；另一方面，抢下市场的不仅是IBM电脑，IBM兼容的个人计算机和"白牌"计算机亦攻占大量的市场。

反观20世纪80年代的苹果公司，虽然有领先的技术和软件操作系统，但其整合软硬件的封闭系统，被其较不擅长的硬件制造所拖累，也不利于与其他应用软件的配合，因而痛失个人计算机的江山，1985年，史蒂夫·乔布斯也黯然离开其参与创办的苹果公司。1996年，乔布斯重回已濒临破产的苹果公司，在维持其简约便利美学、用户友好的操作系统和整合封闭产品设计的基础上，从失败中吸取教训，硬件借助英特尔微处理器、台积电晶圆代工与富士康和鹏鼎的电子制造服务；软件则以 iTunes（苹果公司开发的免费数字媒体播放应用程序）、App Store（苹果应用程序商店）为开放创新平台，从而推出了 iPod（苹果播放器）、iPhone（苹果手机）、iPad（苹果平板电脑）和 Apple Watch（苹果手表）等追求极致的产品与一系列线上服务，并持续在产品上附加更多功能和价值，以提高客户依赖度和品牌忠诚度，从而继续维持成长。

企业向垂直整合演变的驱动力量

水平分工结构（如图 1.1 右侧所示）一开始是由新进者针对产业链的某个水平环节或次系统推出模块化的利基型产品或服务，发展其核心竞争力，而垂直整合制造商则是将业务外包给水平模块化厂商。随着技术精进与服务效能的提升，水平模块化厂商成长为该产业区块的龙头，从而日益成为强势供应商，成为我们所说的"蓝湖企业"。蓝湖企业除了扩大该水平模块应用的版图，也开始向水平分工架构的上下游扩展其业务范畴，逐渐往垂直整合的方向演进。驱动垂直整合的力量包括以下四点。

第一，在某一类系统、零部件或产品模块中发展出领先的技术和知识，且其在整个产业链中属于不可或缺的技术，因而成为利基型的蓝湖厂商。

第二，精进技术形成核心竞争力，提升在产业价值链的比重，并借此提高市场占有率与市场力量。

第三，实行蓝湖战略，逐渐取得产业链环节中某个市场的主导权，成长为蓝湖的"老大"和强势供应商。

第四，取得某一次系统的控制权，并积累足够的资源，再涉足其他次系统或上下游中可以和其专长系统整合的领域，研发出具有专利保护的专有技术。

上述力量会使专注于水平分工的次系统、零部件或产品的企业，随着市场区隔出现而吸引更多厂商，这些厂商之间的竞争使市场留强汰弱。一方面，领先者若能善用"先发优势"持续精进技术，将提高市场占有率并成为某个蓝湖市场的"老大"；另一方面，客户也会培养其他供应商，以增强对供应商的控制。

形成核心竞争力，进可攻，退可守

形成核心竞争力，获得更多外包的订单而慢慢成为强势供应商，然后开始向上下游垂直方向寻找拓展的机会和其专长可以整合的领域。如果成功，就能继续维持营收和获利；如果失败，则退回其原本专长的领域或被其他新进者逐渐取而代之。例如，微软从IBM兼容个人计算机的操作系统起步，取得几乎垄断的地位，成为强势供应商，其凭借掌握操作系统的优势，逐渐涉足应用软件、网络服务、网页、多媒体、服务器操作系统和云端等多个领域。微软除了在整个软件产业的业务范畴越来越大，近年也推出Surface电脑、笔记本电脑、变形平板电脑等硬件产品。

华硕从1989年创立初期起，就凭借高效能的个人计算机主板从中胜出，蝉联全球主板领导品牌，逐渐成长为全球最大的计算机委托设计及代工制造商。另外，华硕也陆续推出笔记本电脑、平板电脑、移动电话、工作站、服务器等自有品牌的产品，以及主板、显卡、显示器、储存装置、网络通信装置等零部件。

2007年，掌握移动上网趋势，首先推出低价的小型笔记本电脑EeePC，成为市场黑马。在英特尔专为移动装置设计的Atom处理器（凌动处理器）量产后，个人计算机大厂亦纷纷推出低价的小型笔记本电脑，华硕笔记本电脑因具备先驱优势，全球知名度快速蹿升。

然而，受个人计算机模块化的产业结构的影响，2008年，华硕集团被分割成不同品牌：华硕专注品牌业务；和硕负责电脑产品代工业务；永硕则负责机壳、宽频等非电脑代工业务，以维持成长并分别专注于不同业务。分家后的华硕在2017年组织改革，划分成不同的业务部门，并成立华硕AI研发中心与智慧物联网等新业务部门。

半导体产业结构与案例

半导体产业结构的演进

1947年，贝尔实验室的巴丁、布拉顿和肖克利共同发明晶体管以取代真空管，进入数字时代；1958年，杰克·基尔比发明全球第一个集成电路，获得2000年诺贝尔物理学奖。

1965年，戈登·摩尔在《电子学杂志》发表了"让集成电路填满更多的组件"的论文[5]，预言半导体晶圆上单位面积的晶体管数目每年将增加一倍，其被称为"摩尔定律"。每颗晶粒上的晶体管数目成为衡量其计算能力的重要指标。半导体产业遵循摩尔定律，不断提高制程技术以挑战尺寸微缩的物理限制，产业结构也因此快速变化，更可以作为"果蝇"供其他产业研究借鉴。

20世纪70年代，半导体产业由德州仪器、英特尔、摩托罗拉等IDM公司（垂直整合制造商）主导，这些公司包办了IC（集成电路）设计、制程技术研发、晶圆制造及封装测试等所有生产环节，甚至自行开发设计辅助工具及制造设备。由此可见，半导体产业是一个高度整合和资本密集型的产业。

英特尔从电脑的微处理器起家，随着集成电路中的晶体管数目等比级数增加，运算能力也不断提升，亦在推出的每代微处理器中增加更多功能以整合原本用软件处理的功能。英特尔也开始设计并生产主板等，逐渐成为电脑系统业的强势供应商，消费者纷纷指名要购买搭载英特尔微处理器的产品。

台积电于1987年成立，首创半导体"专业晶圆代工"的创新商业模式，该商业模式定义了公司独特的价值主张和竞争策略，台积电是以"客户是谁"来决定其商业模式的。ASIC（专用集成电路）技术的发展，带动了前端的无晶圆厂IC设计公司，如英伟达、联发科等公司的蓬勃成长，以及后端的封装、测试公司，如日月光半导体等产业上下游企业及第三方厂商的发展。

AMD携手台积电代工，六年股价上涨近30倍

在专业晶圆代工的商业模式出现之前，少数IC设计公司必须通过整合组件制造商协助晶圆制造。但由于大部分整合组件制造商以满足自有产品为先，IC设计公司往往只能在IDM公司有剩余产能时，才能获得晶圆代工服务。AMD创办人杰里·桑德斯曾说过一句名言："真男人就要拥有晶圆厂。"当时，垂直整合制造商多少是有些瞧不起IC设计公司的，也不相信晶圆代工厂有能力研发如此复杂的制程技术。

然而，AMD后来一直输给英特尔，一度负债超过20亿美元，已然岌岌可危。AMD于2009年从自家公司拆分出晶圆厂格罗方德，成为无晶圆厂半导体公司，2012年，AMD邀请苏姿丰担任其资深副总裁暨全球业务部总经理，负责推动AMD产品和解决方案端到端的业务。

2014年，苏姿丰接任AMD首席执行官，其上任后的关键决策之一就是改找台积电代工。2020年，AMD公司市值首度突破千亿美元，创下历史新高，六年来AMD股价亦上涨近30倍。作为专业晶圆代工厂，台积电具备三种核心竞争力：一是明确宣示其作为全球逻辑积体电路产业中长期且值得信赖的技术及产能提供者的企业愿景和战略定位，二是积极培养实现企业愿景的技术领导者与制造领导者，三是以服务为导向和客户最大整体利益的提供者。[6]

半导体产业结构由垂直整合向水平分工演进

半导体产业结构开始由以垂直整合制造商为主的垂直整合向模块化的水平分工结构演进，主要分为IC设计、晶圆制造、芯片封装与测试等几个部分和周边支持产业。

上游IC设计主要为IC设计公司，也被称为无晶圆厂半导体公司，主要负责集成电路产品的电路设计与研发。随着半导体制程线宽的持续微缩，单一芯片可以摆进的晶体管越来越多，这促进了超大型集成电路及系统级芯片的发展，使IC设计越来越复杂，仅用ASIC方式已不再能够满足快速变化、产品生命周期短的产业需求。

IC设计向更加专业化分工的方向发展，衍生出了开发知识产权组件模块的硅知识产权供应商，如ARM（安谋公司）[①]、eMemory（力旺电子）等公司；为IC设计行业从业者提供提高设计效率和排除错误工具的EDA（电子设计自动化）软件公司，以及擅长硅知识产权整合与设计流程相关服务的IC设计服务等新兴产业。

硅知识产权的模块化，让IC设计可以直接使用已经定义好、经过制程验证且可以重复使用的硅知识产权，而无须从最基本的电子电路组件开始设计。中游晶圆制造包括晶圆制造厂及支援其的半导体设备制造业、光罩制作、量测、材料及化学品产业。下游封装测试产业包括IC封装厂、IC封测设备、导线架、基板及IC测试、探针卡、印制电路板等周边产业。在早期，都是晶圆制造厂兼做封装与测试的工作，后来基于投资报酬的考虑，才外包给专业的封装与测试厂。半导体产业分工越精细，产业范畴也越广，图1.2为半导体产业结构的演进示意图。

---

① 由于"ARM"具有多种含义，为避免混淆，在表示公司名时使用"安谋公司"。——编者注

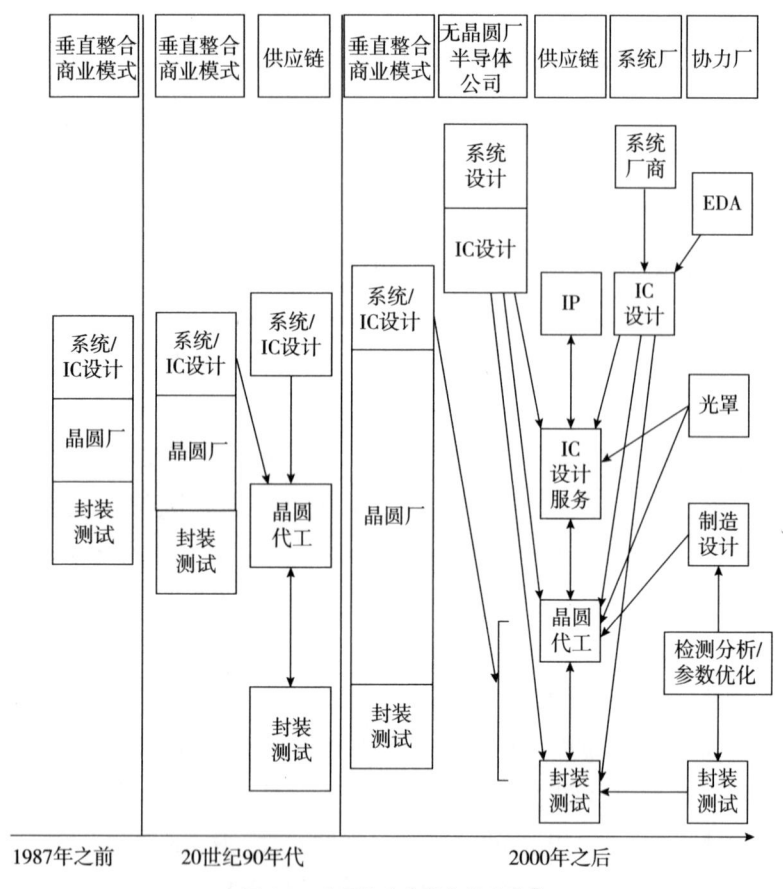

图1.2 半导体产业结构的演进[7]

台积电成为全球最先进、最大的集成电路技术及制造服务业从业者之路

台积电强化制程技术领先与产能调度弹性、制造良率、交货准确性等卓越制造能力，并通过信息科技加强客户服务、与客户的伙伴关系等，发展成为客户的"虚拟晶圆厂"，让IC设计公司、整合组件制造商、系统厂商等不同客户把台积电视为最信任的制造服务伙伴。半

导体制造业为高度资本密集与技术密集的产业，一座12英寸[①]晶圆厂约需要新台币2 000亿元的投资，其中60%左右为五年折旧的尖端设备。晶圆制造的制程主要分为黄光、蚀刻、薄膜、扩散这四个模块，需经几百道到上千道步骤。随着集成电路不断微缩，光罩微影制程的层数越来越多，复杂度也越来越高，生产周期也就越长。[8]

台积电不断提升管理与技术，善于利用规模优势，弹性、独特的模块化设计，以及先进制程管理和高良率，以动态产能分配的灵活反应能力，及时协助客户进行订单配置与需求规划，满足客户产品快速量产、及时上市与争取获利的需求。原本的IDM公司开始减少建设自有晶圆厂，转变成轻资产晶圆厂甚至无晶圆厂的公司。

台积电因而得以持续享受高获利的成长，并将代工的产品范畴与服务内容不断扩大：一方面，入主上游IC设计公司创意电子，直接接受系统厂商的客户订单；另一方面，随着先进封装测试技术的价值越来越高，台积电也扩大其先进封装制程的研发力度和产能，切入利基领域，发挥垂直整合的优势。

例如，台积电子公司VisEra（采钰科技）主要从事CIS（CMOS图像传感器）等半导体光学组件的后段制程，包括彩色滤光膜制造、晶圆级光学薄膜制造与晶圆级测试服务等。我曾执行产学合作计划，协助其提高自动光学检测设备使用率与大数据分析能力。台积电的另一家子公司Xintec（精材科技）深耕三维堆叠的晶圆级封装技术，也是一家晶圆级封装测试厂。

台积电与其上下游子公司和合作伙伴共同提供虚拟垂直整合的统包服务，成为全球最先进、最大的集成电路技术及制造服务企业，并且与IC设计公司、整合组件制造商及系统厂商共同演化，促进半导体产业生态系统的健全发展和共生共荣。

[①] 1英寸=2.54厘米。——编者注

产业结构的挑战与机遇

垂直整合与水平分工的策略与挑战

　　垂直整合与水平分工的产业结构受不同力量的驱动而演进。除脉动速度快慢不一外，产业也不一定固定往一个方向演进，公司可能停在某个阶段很久，也可能回到上一阶段，或被其他产业、其他竞争者取代。因此，在产业结构消长的过程中可能同时存在垂直整合和水平分工的公司。如图 1.3 所示，虚线箭头代表朝向水平分工的力量；实线箭头代表朝向垂直整合的力量。图 1.3 展示了影响产业结构走向的不同力量。表 1.1 整理了垂直整合与水平分工的驱动力量，以及在演进过程中的策略与挑战。

　　随着数字经济的发展与智能科技的不断演进，产业脉动速度将越来越快，企业所面临的竞争环境也将越来越复杂，个别企业更难维持长期优势。产业链上下游的伙伴厂商就好像在双螺旋循环赛道中的不同赛道上一起竞速的车队。随着产业脉动速度的加快，供应链面临"断链危机"和"短链革命"，某些企业因跟不上而掉队，存活的企业因此获得更多市场份额，但可能只是暂时性的。可持续发展的企业必须长期专注企业的定位和策略规划，并持续精进以提升相对竞争优势。

　　产业结构分合演进中的落差，为创新创业提供了机遇和市场的利基。举例而言，台湾错失了发展传统汽车产业的机会，但在汽车装配和汽车零部件产业中仍有一席之地。随着汽车产业由传统迈向电动汽车和自动驾驶汽车，传统汽车业亦面临研发投资太高、开发周期太长和资源有限的窘境。富士康集团提出电动汽车硬件开放平台 MIH（Mobility in Harmony，"和谐出行"）联盟，以强大的自动驾驶技术和电子电气架构为框架，通过开放技术规格，让模块化的水平分工厂商得以加入。此外，Gogoro 公司和光阳集团都提出了各自的电动摩托车解决方案，以整合相关产业，在未来智能移动的大商机中占据一席之地。

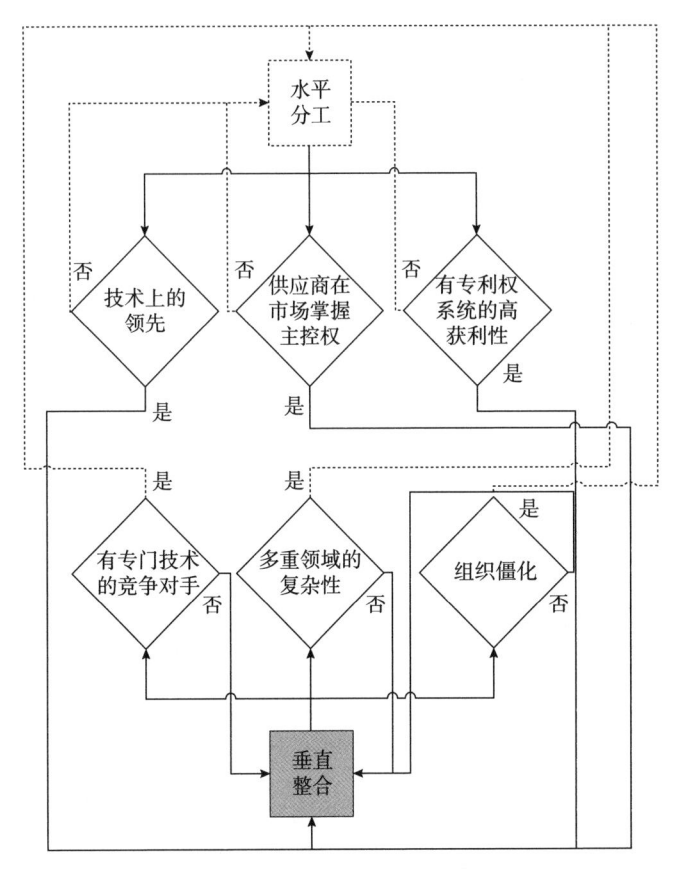

图1.3 垂直整合与水平分工架构的演进

富士康集团主要建构电动汽车、汽车软件系统与汽车零部件的生态系统，并根据客户需求，弹性化地提出不同的解决方案，包括协助新的电动汽车制造厂迅速扩大电动汽车套件和软硬件工具的生产规模，使电动汽车开发周期从 4 年缩短为 2 年，并降低 1/3 或 1/2 的开发成本，这势必挑战既有的汽车产业，使其成为另一个因为产业结构改变而更有机会切入的产业。此外，富士康集团于2021年买下旺宏电子6英寸厂的厂房及设备，将其转为生产第三代半导体的碳化硅零部件的厂房，研发电动汽车的关键零部件。

表1.1 垂直整合与水平分工的驱动力量、挑战与策略

垂直整合向水平分工演进的驱动力量	挑战	策略
专门技术的新竞争对手	专门技术的新竞争者发展快速，研发出创新技术，甚至创造爆款应用	并购以提前消灭潜在竞争对手或创立新业务部门与其竞争，对新业务部门进行投资，设立项目管理、绩效评估与退场机制
多重领域的复杂性	企业过于依赖人治，高级主管因人设事，组织庞杂，反而让年轻员工看不到升迁机会，陷入办公室政治、拉帮结派，造成跨组织的冲突和斗争	建立企业规划组织与企业数字大脑，以PDCCCR制造策略架构整合公司决策，强化公司治理与科学管理。甚至可以重新聚焦，专注有竞争力和高价值的业务，分割或卖掉其他事业，再重新出发
组织僵化	组织和人事制度未能根据任务需要与时俱进地定期梳理，难以面对快速变迁的不确定性挑战，以致组织效率日益低落。因新问题而建立的新制度、各种委员会，反而陷于繁文缛节	结合AI大数据与决策科学，建立决策型组织，并应用智慧科技与数字决策工具，推动企业决策流程再造与信息汇流以提升组织效率
技术上的领先	新创者因"本梦比"（目前梦想的股价除以每股盈余，从"本益比"一词衍生而来）高而过度膨胀，内部争夺权力或外部市场"老大"利诱并购，让新创者提前出局；大客户要求共享技术，并分享给其他竞争者，难以积累足够养分成长到下一阶段	"高筑墙"，持续精进技术，早日成为该市场区隔的第一，打造自己的蓝湖，并从技术、制造、运营、管理与服务等各个层面扩大领先的基础，避免成为"一代拳王"

续表

垂直整合向水平分工演进的驱动力量	挑战	策略
供应商在市场掌握主控权	大客户要求很高以致无力开发其他领域的客户；大客户培养第二供应商，以增强对供应商的掌控力和议价能力	"广积粮"，形成核心竞争力，积累更多客户，形成"操之在我"的实力，避免过度依赖某个客户而受制于人，逐渐在某个市场掌握主控权，成为有话语权的供应链伙伴
有专利权系统的高获利性	大客户要求专用技术或享有专利，客户或其他竞争者发动专利诉讼，大国利用关税等贸易壁垒或反倾销法律等妨碍占领市场	"缓称王"，横向扩充应用领域或其他产业客户，消除潜在竞争者的威胁，建立更大范围的专利保护，逐步整合上下游相近的产品和服务，扩大供应链某一层级的范围

开放式模块化架构，国内产业切入的新契机

工业 4.0 推动虚实整合的制造平台化，结合大数据、物联网和智能科技，满足大量定制化的智能生产和弹性决策需求。新冠肺炎疫情已经改变大国和国际大厂对供应链的控制与本地化的要求，因而推动"短链革命"。然而，水平分工的模块化供应链是新兴经济体企业最容易切入的产业结构。随着工业革命的演进，企业利用量产的规模效应降低生产成本的运营模式势必受到供应链"去中间化"和产业价值链重构的冲击。

越来越多的产业开始利用水平分工能够快速协同研发的特性，从垂直整合迈向开放架构。举例而言，电信产业曾经以垂直整合和封闭系统为主，由少数国际通信设备大厂掌握规格、设备。然而，5G 具有高速传输、超低延迟、巨量连接等特性，已不再局限于传统电信服务，而是扩展到智慧工厂、自动驾驶汽车、智慧医疗、数字内容产业

和智慧城市，以及元宇宙等更多元的应用。5G更带动了AI算法、AI计算能力、AI芯片、AR（增强现实）、VR（虚拟现实）、SR（替代现实）、MR（混合现实）、大数据管理、边缘计算、物联网和RFID（射频识别技术）电子标签等的发展。

因此，跨国通信公司推动O-RAN（开放式无线接入网络）技术，并希望通过建立O-RAN开放规格，降低对国际通信设备大厂的依赖，加速各种创新的应用。通过开放式无线接入网络，电信运营商在进行基础设施建设时将不需要再从垂直整合的通信设备大厂采购规格一致的全套通信设备，这使得基地台可以弹性整合更多科技及供应商，购买符合规范的各种设备再组合串接。

5G从封闭式架构走向开放式架构，推动了CSP（通信服务供应商）运营模式的创新，这将带来系统白牌化的可能性，也是目前切入水平分工的信息与通信技术产业的机会。通过走在前面和脉动速度快的"果蝇企业"，可以提前了解产业结构的演进，掌握产业发展的大趋势。

第 2 章
技术演进驱动的产业价值

故善战者,求之于势,

不责于人,故能择人而任势。

——《孙子兵法》

1947 年，贝尔实验室的巴丁、布拉顿和肖克利共同发明晶体管取代真空管，三人因此共同获得 1956 年诺贝尔物理学奖，由此开启了数字时代。1958 年，德州仪器工程师杰克·基尔比发明了第一块集成电路。第一块集成电路由两个晶体管构成，基尔比将晶体管、电阻、电容等组件手工焊接在一起，开启了集成电路的时代。集成电路上的晶体管数目成为其运算性能的重要指标。半导体产业随着技术演进创造出更多价值而蓬勃发展，包括在电脑、手机、消费电子、汽车、物联网、网络通信、智慧工厂、智慧医疗、智慧运输、智慧城市、军事国防等各种领域。

摩尔定律的意义与演进

摩尔定律：等比级数的成长模式

时任仙童半导体公司工程师、英特尔共同创办人之一的戈登·摩尔根据 1962 年与 1965 年的观察值和对 1970 年的预测，在其 1965 年发表的论文中，预言半导体芯片上单位面积的晶体管数目会以每年增加一倍的速度指数增长[1]。

后来，因为技术发展的限制无法维持高速等比级数的增长而做了修正。摩尔在 1975 年 IEEE（电气和电子工程师协会）国际电子元件会议上发表论文《数字集成电路的发展》，提到"未来十年，每两年增加一倍"，不再是每年增加一倍。

至于"每经过 18 个月效能增加一倍"的摩尔定律，其实是当时摩尔在英特尔的同事大卫·豪斯将摩尔在不同时间提出的"每年和每两年增加一倍"这两种版本的摩尔定律加以平均得出的。有趣的是，1997 年 9 月，摩尔在接受《科学美国人》采访时强调，他曾说过"每年增加一倍"和"每两年增加一倍"，但从来没有说过"每 18 个月增加一倍"。

事实上，摩尔在1997年接受《连线》杂志采访时，提到受物理极限和晶圆厂资本投资大幅增加的影响，未来摩尔定律可能失效的原因不一定在于制程技术无法跟进，而在于晶圆厂和半导体制造设备的资本支出将会非常高。因此，在有限的生命周期内，其产能创造的价值若无法回补制造设备的成本，或资本支出摊提导致芯片制造成本和价格太高，或高阶制程的需求减少导致制程技术停滞，将使半导体产业无法再遵循摩尔定律，可能拖到每隔三年才能加倍，也可能再过十年就整个慢下来。

换言之，摩尔定律持续制程微缩的物理极限并不是唯一的瓶颈，经济上的成本效益与供需法则才是关键。

互联网泡沫化促使"超越摩尔定律"

然而，摩尔在1997年做出这次的修正没有引起人们的太多重视，因为1997年的半导体厂，特别是存储器公司，正在拼命扩产，反而用更快的速度导入新制程，以追求更高的产出和效能。

1997年，亚洲金融危机和千禧年互联网泡沫化使产业生态系统又面临另一波冲击，存活下来的公司则开始重新思考如何持续创造更多元的价值，以维持获利，并开始探讨所谓的"超越摩尔定律"。纳米制程的投资成本和研发复杂程度呈指数增长，越来越多的晶圆厂因为掉队而放弃继续在微缩制程领域进行投资。为了延续半导体产业生态系统的发展，除少数大厂继续开发更微缩的新制程、系统级芯片设计与先进封装技术等各种不同形态的芯片和装置应用外，产业上下游纷纷不断提供更高性价比的整合解决方案，给IC载板等周边产业提供了新的成长契机。

摩尔定律：半导体产业演进速度的预言

摩尔定律是根据产业需要和技术发展趋势而勾勒的技术蓝图，即每隔一段时间，晶体管的数目就加倍，且呈等比级数增长。摩尔定律是自我实现的产业预言，而不是结构化的数学或物理定律，因此不需要检验预测模型的精准度。

对于半导体产品而言，晶体管等组件数量越多，芯片的功能就越强。半导体产业发展60多年来，一颗芯片上的晶体管数目现在可以达到数十亿个以上，技术精进和芯片功能提升刺激了更多创新技术的应用以及更多其他应用端的需求，成为许多产业的关键零部件和战略物资，促进了整个产业生态系统的蓬勃发展，也大幅改善并影响着各种产业和我们的生活。

摩尔定律不仅是对集成电路技术发展的预测，更重要的是，它逐渐成为半导体产业发展的行业规范。此后半导体的发展步调和技术蓝图几乎就按照摩尔定律预示的速度稳定前进，这需要半导体产业上下游及设备、材料和周边产业分头研发又齐头并进。同业之间也遵循摩尔定律，既竞争又合作，不断进行技术迭代，如IC的线宽从次微米制程的0.65微米、0.50微米、0.35微米、0.25微米、0.18微米、0.15微米缩减到0.13微米，再到纳米制程的90纳米和65纳米。到了2008年则有45纳米的技术世代和40纳米次世代之分。然而，既然是齐头并进，为什么会有次世代？

根据ITRS（半导体国际技术蓝图），2007—2008年应该是45纳米技术世代。因此，设备及相关产业事先也配合这样的需求而开发，以具备所需的技术条件。2007年底起，英特尔等半导体公司陆续推出45纳米的产品和技术，IBM、英飞凌、三星和特许半导体则推出共同制程技术平台以分摊研发成本，并将技术转移给中芯国际半导体公司，吸引飞思卡尔、意法半导体、日本东芝陆续加盟。

台积电打破摩尔定律架构的创新

台积电为半导体产业上下游及设备厂商制造45纳米技术世代的

晶圆提供了条件。台积电还在 2008 年抢先推出 40 纳米制程，并以其卓越制造的能力保证良率。这相当于在同样的良率水准下，每片晶圆的产出率可以增加约 26%，其他公司也纷纷跟进，推出 40 纳米制程。所以，2008 年成为 45 纳米和 40 纳米并存的技术世代，这也说明摩尔定律并不是一成不变的。

2020 年，台积电总裁魏哲家在台积电技术论坛表示，为了延续台积电先进制程的领导地位，在其领先全球的 5 纳米制程技术的基础上研发与 5 纳米制程有 100% 兼容性的 4 纳米制程，因此客户既能沿用 5 纳米制程的设计加速产品的上市，又能在运算速度、功耗及逻辑方面有所提升。这也是一次跳出摩尔定律的创新。进入 3 纳米制程后，随着潜在客户越来越少而投资力度越来越大，更需要事先跟主要客户合作，确定更先进制程节点的技术路径和相关规格，甚至签约预订产能，以分担风险。

摩尔定律的经济意义与改善

摩尔定律的经济意义和比较收益

摩尔定律除提出半导体技术发展的路径和节奏外，其更重要的经济意义是使半导体的平均单价越来越低，整体功能越来越强，也就是更具"便宜又大碗"的性价比。根据摩尔定律，不仅单位晶圆面积的晶体管数目每年增加一倍，而且每单位芯片面积生产的成本也不断下降，如图 2.1 所示。[2] 换言之，每单位芯片面积组件数量每隔一个世代就加倍，功能也几乎增加一倍。由于研发和生产成本增加的幅度不到一倍，因此对客户而言，新制程的性价比比较高，且产品的整体功能也比较强，他们更愿意转换，并采用新制程。

随着摩尔定律的技术演进，半导体产品的应用范围从早期的电脑、手机等电子产品扩大到大型通信设备，甚至汽车等产业领域，取代了其原有产品的零部件和线路。半导体技术演进带来的成本效益，吸引各种产业和产品在兼顾创新价值与成本效益的前提下使用越来越多的半导体零部件[3]，因此半导体产品的市场规模在不断扩大。

经济学家大卫·李嘉图提出"比较优势法则"[4]，他认为即使某个先进国家在生产两种产品上皆比另一个国家具备优势，仍有可能因个别国家在生产不同产品时的机会成本差异而产生贸易，进而使两个国家都受益。换言之，由于生产率的差异造成了比较优势，先进国家可以专门生产对自己相对利益大的产品，比较优势决定了生产模式。

其实，人也具备"天生我材必有用"的相对优势，所以"一人之所需，百工斯为备"。从资源分配的角度来看，若两种生产方式同样需要一种特定的原料，而其中一种生产方式使用该原料的机会成本较高，则该生产方式将会被另一种生产方式所取代。

新兴产业需求使旧晶圆厂"大复活"

以半导体组件在汽车上的应用为例，虽然集成电路尺寸微小，对于庞大的车体而言根本不是重点，但自动驾驶汽车和电动汽车新增了许多精密的控制功能，对半导体芯片的需求也有所增加。不过车用芯片并不需要最先进的纳米制程，8英寸晶圆厂和成熟制程的旧设备即可满足。而现有的旧制程设备有限且大多已经折旧完毕，所以制造成本低、产能供给有限，厂商获得了很高的利润。

有些提供成熟制程的半导体制造商也开始想要建新厂以增加产能。虽然某些客户签约预定了新增产能，但建新厂和采购新设备的资本支出和折旧成本，势必影响成本结构和获利能力。若定价不够高或新产能利用率太低，甚至要等到设备折旧摊提完毕，账面上才能转亏为盈。比起投资新厂和新设备，旧设备的成本要低很多，这也是晶圆厂中的旧设备可以吸引越来越多的厂商竞标的原因之一。

传统汽车零部件装置和线路使用的金属材料的成本随着地球资源减少、国际原材料价格的不断上涨而增加，而体积更小的半导体零部件则降低了如物流、储存、电力消耗等的成本。

基于类似的比较收益，半导体组件对其他系统组件的替代性不断提高，也开拓了追求摩尔定律的制程技术发展以外的更多用途开发和扩散的可能性，即所谓的"超越摩尔定律"。这些新兴且多元的应用不一定会用到最微缩的制程技术，因此旧的设备和晶圆厂找到了生机。半导体产业原本仅遵循摩尔定律不断地进行技术演进，因为技术创新的根本目标仍是创造经济利益和产业价值。

此外，第三代半导体——SiC（碳化硅）、GaN（氮化镓）等化合物半导体，具备耐高温、耐高电压、高功率、高频、高电流密度等更好的物理和化学特性，可以满足5G及电动汽车对高功率转换和高频组件的需求，也使材料科技的发展成为驱动半导体产业发展的另一种力量。

影响资源使用效率和成本效益的关键

如图2.1所示，一方面，从横轴来看，1962—1970年，集成电路单位面积的晶体管组件数以等比级数不断增长；另一方面，从纵轴来看，每个组件的相对制造成本以等比级数下降。特别是1962年、1965年和1970年这三个技术世代，不是用坐标上的一个点来分别代表，而是各由一条曲线代表。

换言之，每个制程技术世代都有其单位组件制造成本最低的最佳应用产品和最佳总组件数目，而比较三个世代的最佳点来看，新制程的成本效益仍然胜过旧制程。同时，每个技术世代的曲线也反映出并不是一定要使用该制程最适合的产品，只是如不使用最适合的制程资源使用效率和成本效益会变差，就好比"杀鸡用牛刀"或"杀牛用鸡刀"跟"杀鸡用鸡刀"和"杀牛用牛刀"的差别。

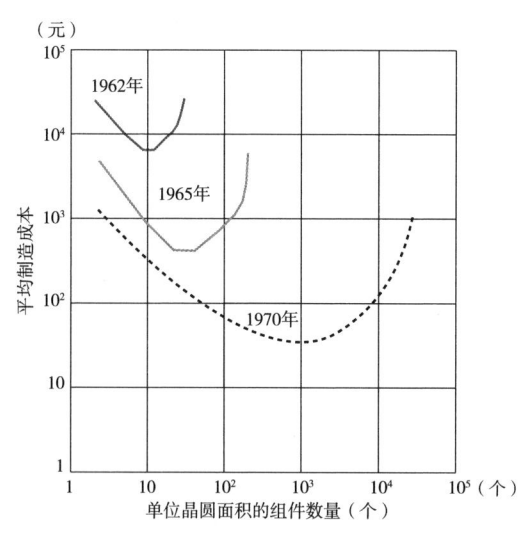

图 2.1　IC 上的组件数以及每单位组件的制造成本趋势

半导体产业共同演进的"默契勾结"

摩尔定律的意义是成为半导体产业的"默契勾结"（tacit collusion）。整个产业的生态系统包括上下游厂商和周边供应商，都可以根据摩尔定律预示的时间点和技术需求共同演进。[5]

各个参与者必须根据半导体国际技术蓝图，拟定各自的技术发展路径，既竞争又合作，同时也对包括半导体设备等供应商在内的所有厂商造成持续降低成本的压力，使供应商必须兼顾技术进步与成本降低。同时，因为半导体产品只有不断提高性价比，才能创造更多比较优势，所以半导体产品不断渗透、扩张至其他产业领域，并以前所未有的速度持续成长。

为了达到摩尔定律提出的"平均每个组件的相对制造成本随着世代演进呈等比级数下降"的经济目标，不仅要依靠制程技术进步，减少制造集成电路所花费的经济成本。半导体制造的硅晶圆尺寸也已经从 2 英寸扩大到 4 英寸、6 英寸、8 英寸、12 英寸，甚至是未来的 18

英寸，以提高生产力和规模效益从而降低每个晶粒的成本。因此在2000年以前，单位晶体管每年的CADR（成本降幅）维持在接近平均30%。[6]

全球半导体三大产业龙头共同推进18英寸晶圆制造

随着半导体制程技术挑战物理极限所需的研发投资金额越来越高，设备资本支出日益增加，为了维持产业成长所需的成本降幅，半导体产业三大龙头厂商英特尔、三星和台积电于2008年破天荒地发表共同声明，希望推动晶圆制造从12英寸演进到18英寸。[7]

我借调台积电期间在加利福尼亚州硅谷举办的2007年半导体制造国际研讨会上发表了18英寸晶圆经济分析的论文——《450毫米晶圆迁移的经济分析》。论文提出维持摩尔定律的成本降幅的方法，包括提升集成电路的微缩制程技术、良率和生产力；提升供应链效能；加强上下游合作以促进虚拟垂直整合；增加晶圆规模报酬，以及提升晶圆效率；等等。论文还提出若某些因素的贡献能力已经减弱，则更需要其他因素补足。[8]

后来因为在微影技术和设备上的突破，半导体制程微缩得以继续，但建得起18英寸晶圆厂的公司已经屈指可数了，设备厂商也怕研发投资难以回收，因此晶圆尺寸暂时不再继续变大。

综合晶圆效益是根本目标

为了提高成本效益，我提出"OWE"（综合晶圆效益）的指标架构[9]，成为半导体产业标准之一。综合晶圆效益即通过晶粒有效产出和创造客户总体价值来评估半导体制造的综合效益。

以往生产效益指标由设备厂商提供，大多从机台角度出发，却未考虑到生产需求与产品组合的不同，导致生产力未必能达到设备厂商的要求。同时，产业交易模式也逐渐从以晶圆片数计价的模式改为以晶粒计价的模式。

如图 2.2 所示，综合晶圆效益的指标包括每片晶圆的面积、可用面积、可用面积中的可曝光面积、可曝光面积中有曝光的完整晶粒面积，以及最后的良品晶粒面积，即有效使用晶圆面积。

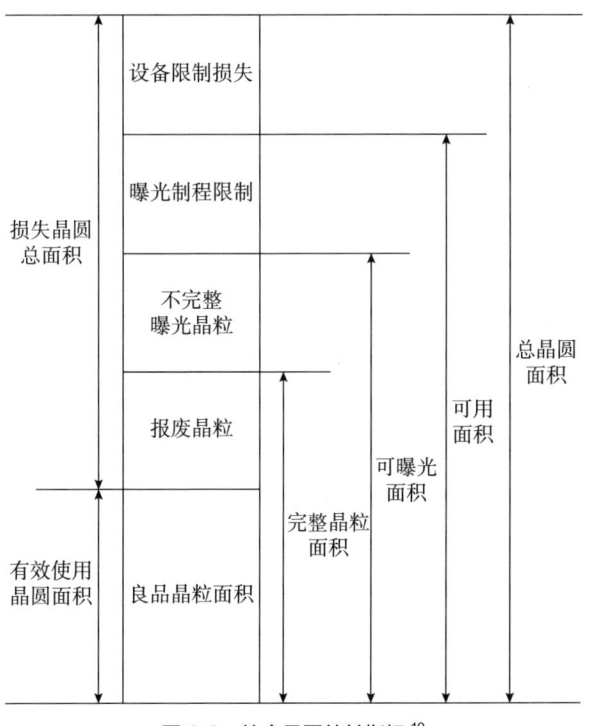

图 2.2 综合晶圆效益指标[10]

传统的良率分析聚焦在提高良品数与曝光晶粒数的比值，通过分析未能善用晶圆总面积的各种浪费因素，可以找到许多改进的方向。例如，旧的光刻机需要在晶圆中间留两个定位点，造成可使用面积的浪费。通过综合晶圆效益的分析与改善，设备厂商就把定位点移到晶圆边缘。因为无法曝光产出完整的晶粒，所以不会浪费面积。

摩尔定律的经济分析和综合晶圆效益改善方向

通过对摩尔定律的经济分析，如图2.3所示，我提出了具体的改善方向。除了发展大数据分析、APC（先进过程控制）、AEC（先进设备控制）、AQC（先进质量控制）等技术以提升制程良率，还研发了优化晶圆曝光样型，以使每片晶圆可以曝光的晶粒数目最大化，提高良品数[11,12]，并获得美国发明专利[13,14,15]。由于芯片的尺寸大小是由IC设计的线路布局决定的，所以主动建议客户改变晶粒排列和线路布局方式以调整尺寸，并以此提升晶圆良率和晶粒产出率。

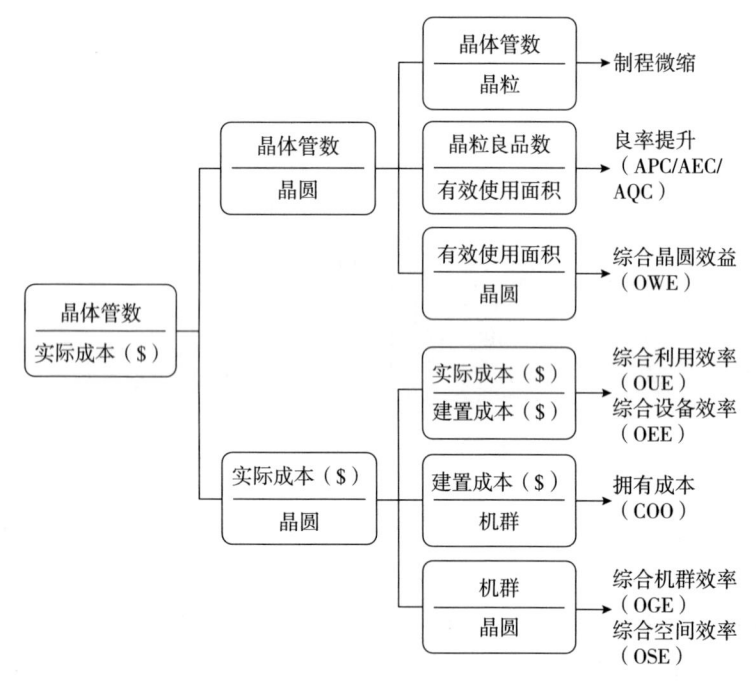

$$\frac{晶体管数}{实际成本(\$)} = \begin{cases} \dfrac{晶体管数}{晶圆} = \begin{cases} \dfrac{晶体管数}{晶粒} \rightarrow 制程微缩 \\ \dfrac{晶粒良品数}{有效使用面积} \rightarrow 良率提升（APC/AEC/AQC） \\ \dfrac{有效使用面积}{晶圆} \rightarrow 综合晶圆效益（OWE） \end{cases} \\ \dfrac{实际成本(\$)}{晶圆} = \begin{cases} \dfrac{实际成本(\$)}{建置成本(\$)} \rightarrow \begin{array}{l}综合利用效率（OUE）\\ 综合设备效率（OEE）\end{array} \\ \dfrac{建置成本(\$)}{机群} \rightarrow 拥有成本（COO） \\ \dfrac{机群}{晶圆} \rightarrow \begin{array}{l}综合机群效率（OGE）\\ 综合空间效率（OSE）\end{array} \end{cases} \end{cases}$$

图2.3 摩尔定律的经济分析[16]

利用制造大数据分析推导、归纳、优化晶圆产出的 IC 尺寸设计，使工程师不论经验多寡都可以迅速地决定晶圆曝光的最佳配置方式。大数据分析被证明可以有效增加晶粒产出、提升工作效率和设备效益，晶圆产出率和良率增加也有助于减少客户投诉。上述技术的平均效益估计每年可达新台币 4.25 亿元，已经导入台积电 8 英寸及 12 英寸厂，并作为 IC 设计布局的指引为其提供客户。

半导体产业的消长与转型

国际半导体产业的消长

从产业价值链和经济角度，亦可以看到不同半导体公司的消长。1968 年，戈登·摩尔和罗伯特·诺伊斯离开仙童半导体公司，共同创办英特尔，安德鲁·格罗夫也加入该公司，成为英特尔的第三位员工。

英特尔创业初期的产品主要是存储器，包括 SRAM（静态随机存取存储器）和 DRAM（动态随机存取存储器）等。1970 年，英特尔在其 3 英寸晶圆厂成功量产第一颗 DRAM 芯片 C1103。1974 年，英特尔在全球 DRAM 市场的市场占有率已经超过八成。

DRAM 是普遍应用在电脑和各类电子产品中的存储器组件，其容量大小和运算速度影响了电子系统的运作。DRAM 的主要原理是利用电容内储存的电荷多寡来代表一个二进制比特是 1 或 0。由于储存的电荷会漏电，必须周期性地重新充电以维持数据记录，且关机之后存储内容会随即消失，所以 DRAM 被称为"动态"随机存取存储器。

按照产品的应用范围，可分为用于电脑与周边产品的标准型 DRAM 和应用于手机、游戏机、导航系统、智慧家电等各种消费性电子商品的利基型 DRAM。利基型 DRAM 因适配的电子产品规格不一致，多为少量多样的产品。

日韩半导体产业发展的死亡交叉

1976 年，日本通产省成立 VLSI（超大规模集成电路）技术研究所，该研究所由日本政府和日本电气、东芝、日立、富士通、三菱电机等半导体相关企业共同出资。

1980 年，日本 VLSI 技术研究所宣告完成为期四年的计划，申请了上千项专利，成功研发了各种型号的电子束光刻机、光罩设备、蚀刻设备等。

随着电脑产业的兴起，日本 DRAM 产品因具备较高水平的技术、良率、质量和量产能力，很快在全球存储器市场取得霸主地位。日本半导体厂生产了大量高质量的 DRAM 产品，但供过于求，使价格暴跌，美国的存储器厂商因此陷入巨额亏损。

因此，1986 年和 1991 年两次签订《日美半导体协议》课征反倾销税，限制日本半导体产品对美国出口，并要求扩大美国半导体产品在日本市场的占有率，让美国半导体在日本市场占有率在 1992 年底前达到 20%。《日美半导体协议》的签署阻碍了日本半导体产业的发展，反而让韩国半导体产业乘隙迅速异军突起。

1981 年，IBM 推出个人计算机。为了迎头赶超其他品牌，IBM 开发个人计算机时决定使用开放架构，让其供应商生产规格兼容的电脑零部件和软件出售给 IBM，以减少自行研发的时间和投资成本。因此，IBM 很快就推出了个人计算机并大受欢迎，打败了当时的苹果电脑和王安电脑。个人计算机市场被 IBM 兼容电脑和白牌电脑瓜分。

随着摩尔定律驱动半导体以等比级数发展，个人计算机与工作站功能增强，IBM 的大型电脑销量日趋减少，逐渐陷入亏损困境。2004 年，IBM 将个人计算机部门卖给了联想公司，开始转型为技术与管理服务公司。2014年，IBM将晶圆制造业务与技术专利卖给了格罗方德。

英特尔的战略转折

1982年，英特尔推出用在IBM个人计算机上的微处理器，其又被称为CPU（中央处理器）。然而，IBM要求供应链必须有第二货源，芯片也要至少有两家供应商。因此英特尔与AMD签约授权AMD生产英特尔微处理器，使其成为IBM的第二货源供应商。由于CPU制造技术仍未成熟，常因为制造过程中的问题而降低产量或停产，影响了供货稳定性。为了降低对客户的影响，会将相同产品分散在不同晶圆厂制造，以分散风险。

1985年，第一家IBM兼容个人计算机制造商Compaq（康柏）推出搭载英特尔微处理器的电脑。1985年，英特尔宣布退出DRAM市场，把握微处理器的战略转折点，时任英特尔总裁安迪·格罗夫决定专注于CPU，因为高科技产业的高速演进和激烈竞争已经到了"只有偏执狂才能生存"[17]的地步。

1986年，随着IBM兼容电脑和白牌电脑的兴起，英特尔决心争取市场主控权，自己决定制造CPU的规格，而不是依照IBM的规格来设计，并且不再授权给其他制造厂，以维持技术的领先地位和专有信息保护。自此，英特尔开始独自生产微处理器。

为了避免客户担心断货或供不应求，英特尔在加利福尼亚州、亚利桑那州、俄勒冈州等地的不同晶圆厂都生产微处理器。随着个人计算机产业蓬勃且迅速的发展，英特尔成为其中最大的受益者。

为什么英特尔也设计并生产主板？

英特尔既然专注于微处理器，为什么也设计并生产主板？英特尔在1995年制定的ATX结构成为电脑系统预设的主板规格，其包括主板设计、电脑机壳、背板设定与电源供应器的规格。同时，英特尔还设计了扩充槽，以解决电脑生产组装时的难题。ATX 结构标准规范的模块界面有利于供应商的参与和产业分工的细化。ATX 结构设计了电脑的输出和输入背板，以容纳键盘插座、串行端口、并列端口、安装界面卡使用的扩充槽等。ATX 结构使上述部分整齐排列在主板后面一个特定的长方形区域内，同时，电脑输出和输入背板上的开孔与主板上的界面相对应。模块化设计使在不同的主板上替换、扩充或重复使用其中模块化的共通零部件成为可能，并巧妙地让 CPU 成为隐藏模块。

个人计算机模块化和水平分工的优势与挑战

个人计算机刚发展时，由于产能还不够充足，功能还不够好，大多采取垂直整合的产品结构，以改善产品整体性能。随着产品性能逐渐提升，个人计算机开始采取模块化的产品结构，并结合规格化外包策略。[18] 个人计算机的模块化有下列优点。[19]

第一，模块化确保了模块功能的独立性和界面的一致性，个别模块出现异常或故障，不会影响其他模块的正常工作，可以仅维修或替换故障零部件或子系统。这可以缩短系统整备的时间，提高系统的可靠度和可用性。

第二，模块化能够让使用者替换或扩充某些零部件，而不需要整台重置，极大地降低了客户和消费者的投资成本。

第三，模块化也会加快创新的速度，有利于供应链伙伴厂商和企业研发团队之间的分工。各个模块可以相对独立地设计、协同研发，平行试验、验证，加快上市的时间。

第四，不同模块的各种组合能满足终端客户的多样性需求。不同产品平台之间存在的共同模块，可以降低售后服务成本，亦可以满足制造商大量定制化的生产规划，降低生产和供应链管理成本。

第五，模块厂商也必须更专业化以及更投入积累模块的设计和研发知识，不断推出新产品自我升级来提高对产品整体效能的贡献和价值，以保持领先。

台湾ICT产业受惠于个人计算机开放架构和模块化的水平分工，得以进入各个领域，并随着电脑产业而发展。但制定ATX主板规格对英特尔有什么好处呢？模块化的规格可以降低新进者的进入门槛，因此也会增加各个模块竞争的激烈程度，使整个产业链不断汰弱留强。IBM兼容电脑和白牌电脑的效能越好、性价比越高，需求自然越大，因此模块化水平分工的产业模式在个人计算机产业兴起时能更快取得成功，也带动了对英特尔微处理器的需求。

个人计算机产业价值链的分配

个人计算机的消费者只关心产品的价格和价值，不关心供应链如何分工、如何分配价值。因此，当其他零部件由于开放架构的模块化只剩微利时，作为隐藏模块的微处理器成为关键零部件，并因此获取更多的剩余和更高的相对获利。一方面，英特尔成立系统部门制造个人计算机的主板，并内附其CPU及存储器，甚至将已组装完成的白牌系统提供给新创个人计算机公司和小型组装厂，协助小型制造厂快速采用最新的英特尔处理器与架构，让这些小型的新进者能够与大型制造商竞争。此举是为了加速普及英特尔不断推出的新型处理器，并维持模块厂商的竞争热度和降价压力。

另一方面，英特尔开始直接说服消费者使用英特尔系列的微处理器。通过在微处理器上贴"Intel Inside"（内置英特尔）标签，英特尔从B2B的零部件供应商变成家喻户晓的品牌。随着个人计算机产业的蓬勃发展，英特尔成为其中最大的受益者。图2.4展示了电脑产业价值链的分配模式，其中有些模块因为供需失衡杀价竞争，但其实只是"过路财神"，而不能留住利润。[20]

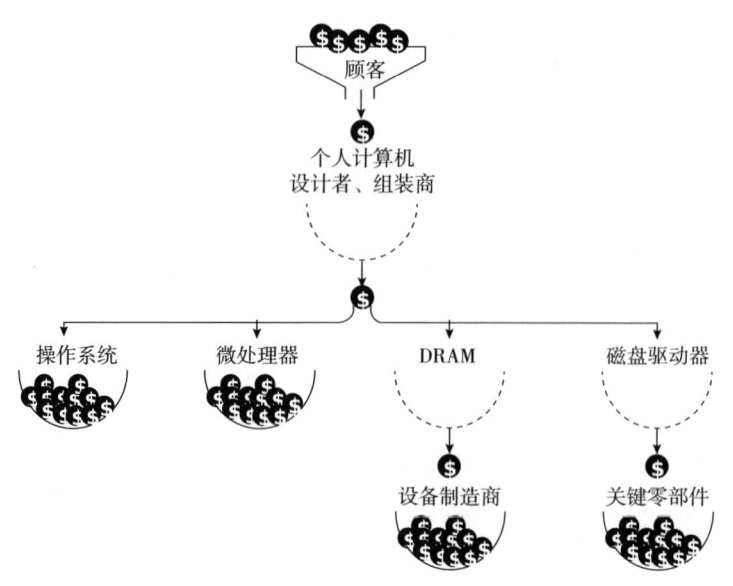

图 2.4　产业价值链的分配模式 [21]

存储器产业的兴衰与转型

　　DRAM 是电脑和电子产品模块化的重要组件。存储器产业为技术密集与资本密集型产业，制造商必须持续投资大量资本，以跟随摩尔定律，研发微缩制程技术，导入最新的精密设备。同时要提升产能规模报酬效益、维持成本竞争优势，才能扩大需求，提高市场占有率。存储器产业的进入门槛高，退出门槛也高，因此资本效率和经济规模也是竞争优势之一。随着电脑产业的蓬勃发展，存储器需求量大增。1989 年，宏碁电脑与美国德州仪器合资在新竹科学园区设立德碁半导体。该公司由德州仪器提供技术，成为中国台湾第一家专业 DRAM 制造厂。由于技术落后，又遇到经济不景气，虽然该厂一度获利，但到 1998 年累计亏损超过 50 亿元。1999 年，宏碁电脑将德碁半导体卖给台积电，并退出存储器产业。

旺宏电子最早引入统计和数据挖掘技术

1989 年，旺宏电子创办人吴敏求号召数十位专业人才带回先进的半导体技术开始创业。旺宏电子是中国台湾少数持续开发自有品牌产品、拥有研发技术、专注本业的厂商，是具有 IC 设计、晶圆制造、封装测试能力的整合组件制造商，也是最早引入统计和数据挖掘以建立工程数据分析系统，提升良率和产品质量的厂商。我在 1996 年回台湾省任教后就与旺宏电子开始了长期的产学合作研究，直至今日。

虽然也曾历尽艰辛，旺宏电子现已发展成为全球非挥发性存储器整合组件领导厂商，提供不同规格及容量的 ROM（只读存储器）、NOR 型闪存（或非型闪存），以及 NAND 型闪存（与非型闪存）解决方案，其在 ROM 和 NOR 型闪存领域全球产量第一，应用于电脑、消费电子、车用电子、5G、网络通信及其他各种领域。[22]

1994 年，工研院电子所卢志远博士领导的"次微米制程技术发展计划"提高了存储器芯片自主研发制造技术与 8 英寸晶圆 DRAM 次微米制程量产能力，培养出 300 多位本土 DRAM 研发人才，成功跨越次微米技术鸿沟，也让中国台湾跻身半导体产业链的重要生产聚落。"次微米制程技术发展计划"所衍生的世界先进公司、南亚科技公司、力晶科技公司（以下简称"力晶"）、华邦电子公司、茂德科技公司先后成立，中国台湾一度拥有 6 家 DRAM 厂，在全球市场举足轻重。[23]

"产业之米"为何总成为红海市场？

除在运营初期即获利新台币 22 亿元外，在 1996 年受到市场景气和亚洲金融危机的先后冲击后，世界先进公司也跟中国台湾其他 DRAM 公司一样产生巨额亏损。世界先进公司曾是中国台湾唯一拥有自主核心技术的 DRAM 厂商，经历几波市场景气起伏，世界先进公司在1999年挥别DRAM产业，引入台积电晶圆代工技术，转型为晶圆代工公司。然而，世界先进公司的转型，无疑宣告了中国台湾将在DRAM自主创新技术的国际竞赛中缺席，这也反映了存储器和类似特性的产业所面临的战略问题。

标准型DRAM被称为"产业之米"，具备大宗商品的特性。因此尽管英特尔早期以DRAM起家，但在1985年亦选择退出存储器市场，而专注于微处理器。高科技产品平均销售价格持续下降，必须推出功能更强的新产品才能把售价拉回。[24] DRAM供需波动受景气循环和产业脉动的影响非常明显。作为必需品与大宗商品，景气好时供不应求，价格应声上涨，让存储器制造厂和模块厂赚取暴利。当技术发展或产业需求带动长期景气时，往往吸引更多投资，但设备采购和产能扩充的前置时间长，使市场缺货信号激励更多投资。

随着新产能陆续落地，渠道因预期跌价更保守而减少存货。当景气反转，产能利用率下降时，却因折旧成本摊提造成巨额亏损，所以更会杀价竞争以维持产能利用率。每次循环都让一些厂商陷入停滞或被兼并而退出市场。

然而，高科技产业退出门槛高。即使陷入亏损的DRAM厂商无力再投资，在无人接手的情况下也不会立即退场。只能利用现有设备和技术改良以尽量延长存活的时间，陷入"苦撑待变"的困境。在DRAM产业"大到不能倒"的迷思下，政府和银行只能一再协助DRAM产业纾困，给予资金扶持，帮助其渡过难关。在供不应求的情形下，问题并不严重，但等到景气低迷时，问题自然一一浮现。

在发展初期，中国台湾的DRAM厂商高价引进境外大厂技术无可厚非。恰逢1993—1996年市场大繁荣，加上台湾当局奖励投资的补助和台湾资本市场对高科技产业的偏爱，DRAM厂商赢利和获利屡创新高，成为新一代台湾经济奇迹。

当时，DRAM厂商具备足够多的资源和人才，本应发展自己的技术并布局核心专利，然而多数厂商却选择"研发外包"，以速成方式购买境外大厂的技术授权。一旦技术母厂倒闭，就得寻找新的合作伙伴，再多花一大笔钱投资导入新制程所需的设备，才能持续存活。以茂德科技公司为例，为了生存，其先后从德国英飞凌、韩国海力士及日本尔必达等不同制程技术来源购买过技术授权。[25]

力晶半导体的转型

力晶在1994年设立之初即与日本三菱电机公司缔结技术、生产与销售联盟，以整厂方式转移最新的DRAM产品技术。尔必达是由NEC公司（日本电气股份有限公司）和日立公司的存储器部门在1999年合并而成。2003年，尔必达合并三菱电机的存储器业务部门，并接受全球最大的DRAM存储器模块独立生产商及供应商金士顿科技公司入股。力晶持续与尔必达和瑞萨电子合作，尔必达成为力晶的主要技术提供者，在2002—2006年DRAM市场景气时，一起赚取了高额利润。

2006年，力晶和尔必达各投资新台币250亿元，成立了生产标准型DRAM的瑞晶电子，双方各持其50%的股份，各享有50%的产能。如图2.5所示，一方面，力晶与瑞晶提供产能，从尔必达获得先进的制程技术，将资源集中投入在扩大产能和卓越制造上，寻求最大的规模经济效益；另一方面，尔必达专注于研发较先进的制程技术和利基型DRAM生产，靠力晶与瑞晶提供生产标准型DRAM产能，收取技术授权费。[26]

"力晶—尔必达—瑞晶"三者就像是"虚拟整合组件制造商"。三者结合各自的强项，与韩系DRAM制造商三星、海力士的垂直整合模式相抗衡。

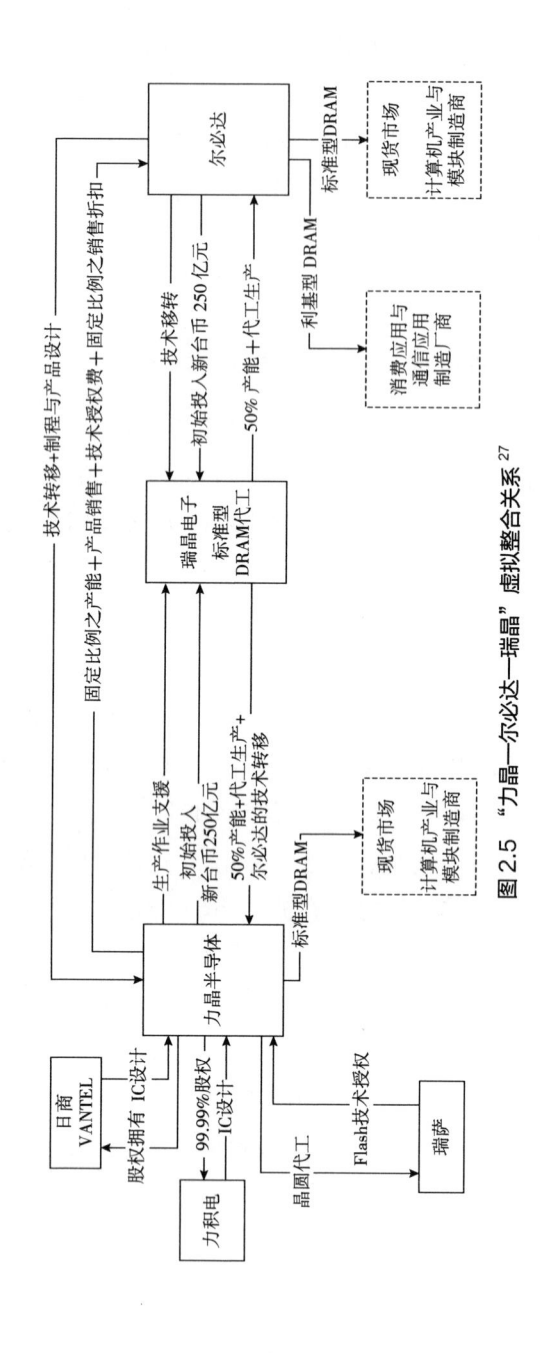

图 2.5 "力晶—尔必达—瑞晶"虚拟整合关系[27]

厂商被迫承担高额技术授权费用和高额建厂费用

模块化加快了变化的速度，增加了竞争的压力，也改变了商业生态系统成员厂商之间的关系。存活下来的厂商纷纷利用技术授权扩大策略联盟的方式，用技术授权分摊研发成本，并换取产能规模来分散风险，以便将资源集中在研发更高容量的存储器及更尖端的制程技术上。

随着制程技术不断进步，境外技术大厂的专利布局逐渐完整，台湾DRAM厂商对境外技术授权的依赖已经成瘾。缺乏核心技术的存储器厂商只能不断付出高额的技术授权费用，负担建厂高额费用带来的财务风险，让境外大厂获得便宜的DRAM制造基地和高额的技术转移金收入。但自主研发的道路已被境外大厂的专利堵死，台湾DRAM厂商也只能在夹缝中求生存，随着景气循环载沉载浮。然而，太多家台湾DRAM厂商缺乏自主技术扎根能力，以生产通用型存储器为主，规模不大且资源分散，一旦景气恶化，供过于求，厂商往往削价求生，造成更大的亏损。

2008年，在供给大幅增加、需求减少的情况下，各厂商皆因价格持续下降而面临巨大的亏损，再加上金融海啸的负面影响，DRAM厂商纷纷向台湾当局申请纾困资金。

2009年初，台湾当局提出水平整合前五大DRAM厂商，制订成立台湾创新存储器公司的计划，要求厂商从境外技术母公司获取技术、掌握自主核心技术。然而，一方面，各公司对于股权分配、未来的经营主导与并购等问题各有盘算；另一方面，境外技术母厂也缺乏分享核心技术的诱因，整个计划以失败告终。

DRAM产业进入台美联合的新时代

2012年，日本尔必达也宣告破产，美国美光科技（以下简称

"美光"）收购尔必达与瑞晶。同年底，力晶退出股票市场，转型晶圆代工。研发外包的策略至此彻底失败。2016年底，美光再度收购台塑集团的 DRAM 厂华亚科。

台塑集团将部分收入换成美光股份，成为美光第三大股东，另一部分资金则用来为华亚科升级 20 纳米制程，并取得美光下一代技术授权。美光科技则在台湾设立台湾美光记忆体股份有限公司，成为台湾最大的外资企业。美光科技结合其并购的瑞晶、华亚科，以及招募的人才，持续扩大投资，把台湾打造成美光的制造基地，在中科后里基地（位于台湾中部科学园后里园区）扩建先进的封测和晶圆厂。2021年落成的中科 A3 厂引入了美光目前最先进的 1α 制程技术，该厂推动产学合作研究，DRAM 产业由此进入台美联合的新时代。

为了"围魏救赵"，我也于 2018 年应邀成为首批美国美光基金会奖助的美光学术讲座教授，加强美光对韩国半导体厂的竞争力，并应邀在美光大学对其全球实习生做演讲，介绍智能制造和美光产学合作的实证案例。

DRAM 产业退出门槛高

台湾 DRAM 产业位居世界第二，台湾当局更将 DRAM 视为"两兆双星"的重点项目，期望创造另一个明星产业，政策上也给予诸多奖励和补助。各厂商因为看到市场需求和台湾当局资金支持高科技的偏好，以后进者之姿，陆续投入 DRAM、面板、光伏电池等产业。但如果只是一时募集庞大资金，却未能持续加码投资新制程技术和设备，将因为研发资源与产能经济规模不足而落后。

因为 DRAM 产业的退出门槛高，所以落后的厂商不会马上出局，只会随着景气循环时好时坏而逐渐走下坡路，落后厂商演变为复杂的问题。在危急存亡的关键时刻，"DRAM 产业该不该救"的问题每每引发业内人士和社会大众热烈讨论。

随着几波产业景气循环，全球DRAM产业几经整合与淘汰，许多厂商因亏损而陆续退出，因此变成"大者恒大"的垄断市场结构。2015年起，存储器产业呈现"三大数小"的局面。韩国的三星、海力士与美光三足鼎立，垄断了全球90%的市场，且已有完整的专利布局。面对中国强势崛起，三家公司彼此心照不宣，绝不可能将最先进的核心技术授权给中国，增加更多竞争对手。

DRAM从业者的转型之路

中国台湾DRAM从业者因陆续出现运营困难而淡出转型，或瞄准利基型存储器市场，或转型为晶圆代工厂和IC设计公司。例如，2012年，力晶因为累计亏损新台币近千亿元，被迫退市。同时力晶也退出标准型存储器制造和销售，转型为晶圆代工厂，为金士顿科技代工DRAM，为苹果手机LCD屏幕提供驱动芯片、电源管理芯片、影像感测芯片等代工服务，终于成功偿还负债。2018年，钜晶电子更名为力晶积成电子制造股份有限公司，简称力积电，该公司合并力晶科技而重返市场。至此，DRAM厂已经完成折旧后的成熟制程产能扩充，并随着车用芯片、5G、人工智能物联网等新兴应用的大量需求，获得大量获利的机会。

作为水平分工的模块，台湾存储器产业最根本的问题仍在于缺乏核心技术。有别于旺宏电子和当初的世界先进采取自主研发路线，其他台湾DRAM厂商初期大多采取"研发外包"的模式，即通过支付权利金取得国外厂商技术授权，并提供产能以分享市场的运营模式，终究难以形成核心竞争力。与韩国厂商结合产、官、学界全力研发自有技术并持续加码投资的整合组件制造商的经营模式大相径庭。

DRAM产业生死门，自主研发和持续投资才是正道

然而，某些DRAM厂商即使没有扎根自主研发，仍然可以通过

转移境外技术、申请当局研发补助和股东投资抵减等方式取得优势。

因此，厂商必须拥有充沛资金，只有能持续投资先进技术，扩充产能的厂商，才能撑过景气寒冬而享受旺季的丰收。一方面，在景气好时先积累足够的资本和能量，以承受下次不景气时账面上的亏损；另一方面，在景气差时，持续投资制程技术预存新设备产能，以迎接景气回升时的需求。韩国存储器厂、面板厂都因为背后有大财阀支持和集团交叉补贴，比较容易适应大宗商品剧烈波动的市场特性。一般厂商若无大财阀和集团支持，又要承受股市对短期财务表现和积累资源发放股利的要求，大多比较难在大宗商品这种类型的产业竞争中胜出。

台湾DRAM产业作为美韩以外的第三势力，虽然市场份额不大，但若放在整个产业生态系统的背景下考量，又将会得出不同的战略考虑。DRAM是主要的存储器组件，其运算速度和容量影响着电子系统的运作效能。随着人工智能、大数据、物联网、边缘计算、5G等智能移动设备和更多新产品的应用，存储器组件除作为系统存储器和微处理器以及搭载快取存储器等用途外，也应用在越来越多设备的存取上，各大厂商都在各种利基型DRAM市场积极布局。

在产品需求不确定、竞争对手技术领先且专利布局完整的情况下，国内厂商仅能以卓越制造作为核心竞争力，通过不断提升良率、降低生产成本，以重新建立相对竞争优势。

DRAM产业转型的自主研发和蓝湖战略

DRAM是电子制造产业的关键零部件，在产业生态系统中扮演着重要角色。因此，仍必须在产业价值链中思考DRAM产业的战略价值。尽管资本密集、投资递延效应及大宗商品的特性使DRAM价格及供需产生剧烈波动，但存活下来的厂商也各自有其生存法则。例如，成立于1987年的华邦电子，曾先后从日本东芝半导体和德国奇梦达转移标准型 DRAM 技术。

2009 年，技术母厂奇梦达由于受到金融海啸的冲击，申请破产保护并清算资产。华邦电子买下奇梦达的专利，开始自主研发，成功转型为利基型存储器、移动存储器、车用存储器以及编码型快闪存储器的供应商。同时，华邦电子于 2008 年分割逻辑 IC 产品线和一座 6 英寸厂成立了新唐科技，生产 MCU（微控制器）等应用芯片并提供晶圆代工服务。2020 年，华邦电子以现金收购松下半导体，获得其 6 英寸与 8 英寸晶圆厂产能，以及电动车的电池管理芯片和车用影像处理器等产品技术，由此进入因汽车电动化与自动驾驶风潮而快速成长的车用芯片市场。

半导体产业因具备水平分工的产业结构，同时又在摩尔定律驱动下不断实现技术进步、单位成本不断下降，从而创造半导体组件的成本优势与比较优势，因而使半导体产品持续扩散到其他产业并享受高速成长。

摩尔定律更像是半导体产业的"默契勾结"协议，使产业上下游厂商能够以协调一致的节奏研发下一代技术并制定价格，只有跟得上技术路径的厂商才能获利和存活。就好像连续多日在几段赛道上进行的世界跨界拉力锦标赛一样，赛车必须在跑完一段赛道后，再开往下一段赛道进行比赛。

摩尔定律的复制？产业竞合的拉力赛

半导体产业能够遵循摩尔定律竞争且合作，因而促使整个产业生态系统一起发展。相较之下，TFT-LCD（薄膜晶体管液晶显示器）产业虽然也曾有人提出类似摩尔定律的定律，例如，西村定律："玻璃基板面积以每三年增加 1.8 倍的速度成长。"但竞争厂商缺乏共同的技术路程和演进节奏。早期 4 代厂到 5 代厂间隔两年可以提升约 2 倍，之后 5 代厂、6 代厂、7.5 代厂等演进的速度都间隔一年，处于竞争领导地位的厂商投入扩充产能的军备竞赛，但由于规格不同分散了研发资源，不仅无法消灭竞争者，还增加了设备商和周边厂商的成本，使其难以在折旧时间内回收投资。此外，同业之间为了增加产能利用率也容易流于价格竞争，反而让韩系竞争者的母公司取得更廉价的面板材料，更不利于竞争，使中国台湾面板产业时常陷于亏损的窘境。

新冠肺炎疫情增加了宅经济需求，人工智能物联网、5G带动了智慧工厂和智慧城市等各种智能科技的创新应用。友达、群创等面板大厂也把握契机，以显示技术为核心，发展类似"超越摩尔定律"的各种其他应用，不再做规模竞争，而是加速提供高附加价值的产品与解决方案。

此外，中小尺寸面板厂如瀚宇彩晶，发挥其中小尺寸的经济切割和设备折旧后的成本效益优势，积极开发工业控制和车载等利基产品市场。其子公司和鑫光电原为彩色滤光片厂，亦成功转型为触控感应器制造厂，应用于手机、平板等产品。为了满足少量多样的智能生产模式，我亦协助推动智能制造，提高黄光与蚀刻制程生产效能，并有效降低在制品的安全库存。

大数据和人工智能驱动着产业数字化转型，正改变着商业模式与竞争态势，其他领域也将看到日积月累的进步和产业结构的转型。回顾半导体产业的快速变迁，以及DRAM、面板等具有大宗商品特性的高科技产业的案例，可以预测并掌握产业结构变化的脉动速度与价值链的定位，思考公司在产业生态系统中的角色和发展策略。

第3章
半导体产业水平分工与硅知识产权模块化

图难于其易,为大于其细;

天下难事,必作于易,天下大事,必作于细。

——《道德经》

电子设计自动化与半导体产业模块化

模块化是指将产品系统或制造流程分解为内隐和外显模块。通过把产品设计成系统化的模块，将大型复杂系统解构成子系统。这样一来，领导企业可以把产品分别授权和外包给许多不同的供应商，并集中资源，开发越来越复杂的产品与系统。各个供应商负责不同的模块，通过产业水平模块的分工和上下游的整合，合作提供产品和服务，让最后组装的公司具有较高的弹性。

产业模块化的利弊

模块化有助于推动产业的水平分工和开放创新，每个子系统和模块都可以不断改进其功能以增加附加价值。设计不同产品平台之间共通的模块可以提高规模效益，降低售后服务成本。同时，不同模块之间的各种组合可以实现"大量定制化"的生产策略，并通过延迟差异化，快速满足终端客户的多样性需求，提高产品整体价值和系统可靠性，降低生产和供应链管理成本。[1]

模块化设计明确定义模块之间的界面规格和各模块的独立功能，让负责各模块的供应商或部门自行决定模块内的隐藏元素，模块之间不会互相影响，有利于供应链伙伴厂商和企业研发团队之间的分工。供应商或公司部门可以专注于发展某一个模块，各个模块可以相对独立地设计，协同研发，平行试验、验证，加快创新的速度，提高解决问题的效率，因此更能提升产品质量，缩短产品上市的时间。个别模块出现异常并不会影响其他模块的正常工作，只需局部维修或更换子系统即可。[2]

模块化设计让产业进入门槛降低，而且领导厂商也会设法找到性价比更高、更便宜的模块供应商以取代既有供应商，或将其作为第二货源降低供应商的议价能力。因此，若许多公司竞争某一模块的新产品设计或新技术服务，供应商之间的竞争将愈演愈烈，杀成红海，只能不断创新求变，推动产业生态系统共同演化。

成为生态系统的利基者

企业在水平分工的产业结构下的竞争，是不同领导厂商的供应链与供应链之间的竞争，也包括各个模块中不同供应商之间的竞争与合作。为了提升产业链的竞争力，领导厂商设计产品模块化的架构规范和界面规格，并预测其演进方向作为技术发展路径，使其供应商和追随者可以提供符合其设计的架构、界面和规格的产品与服务。

各个模块的供应商由于进行专业化分工，积累了模块的设计、研发和制造知识，所以必须持续降低成本，提高其模块的质量和价值，不断推出新产品自我升级以提高对产品整体效能的贡献和价值，成为生态系统的利基者。随着对产品的需求增长，领导厂商的影响力和控制力提升，模块供应商渗透到产业价值链的各个环节，并承担越来越多的责任。

EDA，协助半导体产业水平分工

半导体产业遵循摩尔定律，快速提升功能，持续降低平均成本。随着单一芯片的晶体管数目增加和设计研发制造的复杂程度提高，个别的整合组件制造商越来越难以独自完成日益复杂的工作，因此产业的分工模式发生了结构上的变化，给新进入者带来新的利基，半导体产业价值链以及生态系统也随之演化。

20世纪70年代，加州理工学院教授卡弗·米德及麻省理工学院教授琳·康维提出了将设计技术从制程技术中分离出来的概念，并主张以计算机编程语言来进行芯片设计。这样的想法催生了EDA的概念和相关工具，也使设计出来的芯片的晶体管数目和复杂程度有所提高。[3]

20世纪80年代，当芯片可以容纳的晶体管数目达到10万颗左右时，如何有效地处理复杂的IC设计成为亟须克服的挑战。美国国防部高等研究计划局资助了超大规模集成电路研究计划，催生了许多提供计算机辅助设计的工作站和EDA软件公司，如VLSI科技、新思科技、益华电脑等。IC设计的程序可以利用计算机上的EDA平台及其搭载的技术和工具，完成集成电路布局布线、逻辑优化、模拟、除错等工作，大幅提高了IC设计的效率及成功率，成为半导体产业演化过程中非常关键的一步，也在半导体生态系统中创造了独特的利基者。

专攻IC设计的无晶圆厂公司诞生

计算机化的设计工具除改善传统耗时的布局布线外，还促使设计从制造中分离。这使IC设计的发展及演化可以独立于半导体制程微缩技术的研发，并推动了半导体上游设计产业的进一步分工和模块化。就如同将一个复杂的大问题，分割成若干较小的子问题，专家可以将各自的专业知识运用于不同的子问题，将问题"分而治之，各个击破"，以解决整个难题。

除一些固定功能的标准化芯片外，计算机增加了越来越多非标准化的需求，因此自20世纪80年代起，半导体行业开始用ASIC技术来开发所需要的芯片。IC设计工程师可以从数据库中找到半完成的集成电路线路布局及标准组件后，再为客户量身定做芯片，而无须了解线路的所有细节，这加快了新芯片的研发速度，并因此带来了专攻IC设计的无晶圆厂公司。IC设计公司只要研发设计技术、利用设计工具，即可开发芯片，而不需要投入高昂的晶圆制造费用，也不需要购买封装测试设备。此外，可程序化的逻辑芯片，如FPGA（现场可编程门阵列）也被研发出来，以满足弹性应用的需求。例如，先用FPGA开发产品迅速抢占市场，等需求量变大，再设计专用芯片。

1987年，从VLSI研究计划衍生的台积电，首创专业晶圆代工的商业模式，让IC设计公司不再受限于IDM厂的产能及制程技术，两者形成产业共生关系，降低了半导体产业进入门槛，给更多无晶圆设计公司，如英伟达、高通、博通等提供了帮助。半导体产业链也从垂直整合转变为模块化水平分工的虚拟垂直整合模式，从IC设计、晶圆制造、封装、测试到周边产业领域，均有专业分工的模块供应商。

2000年后，半导体的制程技术进步到0.18微米/0.15微米，芯片搭载的晶体管数目已达到1 000万个以上，其涵盖的功能已经超过单一的ASIC。晶圆制造厂在一颗芯片中能够制造的晶体管数量比IC设计公司实际能设计出的数量要多得多。同时，IC的应用范围已经从传统的计算机产品与消费性电子产品，逐步扩大到无线通信、智能家电等应用领域，后者所需要的芯片功能更复杂。制程微缩技术与IC设计能力之间的落差，使模块化再度成为解决之道。

硅知识产权大幅缩短产品开发时长，提高成功率

IC产业将事先定义、经过验证并经常需要重复使用的电路设计，如USB（通用串行总线）、视频解码器等功能，研发成可以用知识产权保护的模块化硅知识产权。运用EDA系统设计的过程变成像堆积木一样，通过将各种不同功能的硅知识产权积木堆叠，产生不同的效果。IC设计公司可以根据产品的功能及规格来选用硅知识产权，把它们加以整合而不用从头开发新IC，以使整个流程所花的时间及差错率都有效减少。

SoC（系统级芯片）是集成了数个特殊应用功能模块的IC设计的、功能更强大的芯片。特定功能的模块、可重复使用的硅知识产权成为推动复杂SoC发展的关键因素，也促使硅知识产权供应商和IC设计服务公司从半导体产业上游分化出来。半导体产业结构的演进如

图 1.2 所示。半导体产业链的各类参与者专注于其模块，给具有各种应用需求的硅知识产权供应商提供设计。安谋公司、美普思科技、蓝铂世、力旺电子等公司纷纷成立，这些公司开发可重复使用的硅知识产权模块并授权给 IC 设计公司使用，用于开发产品。

IC 设计服务及设计代工公司也逐渐崛起，其作为协力厂整合上下游信息及规格参数。同时，作为 IC 设计公司与晶圆制造厂之间的桥梁，帮助 IC 设计公司缩短产品上市时间以及确保"首次设计投片即成功"。硅知识产权就像 SoC 设计的积木或拼图一样，可以大幅缩短 SoC 的开发时长，并提高开发成功率。

硅知识产权与安谋公司

安谋公司的诞生与微处理器硅知识产权

安谋公司是全世界最大的硅知识产权供应商，其给国际科技厂商提供低成本、低耗能、高运算性能的微处理器、图形处理器 SoC 硅知识产权、实体技术知识产权，并将其芯片架构应用于各种领域。为了协助客户开发适合自己的芯片，安谋公司也出售软件设计及开发系统，并提供相关的产品技术咨询、技术支持以及培训等服务。安谋公司专注于硅知识产权的开发和授权，仅出售其芯片技术，而不直接生产及销售芯片成品，改变了过去从设计、制造到销售的统包模式。[4]

2011 年，微软宣布下一代 Windows 操作系统将在安谋公司的微处理器平台上运行，这也宣告了整合微软的操作系统与英特尔的微处理器、主导个人计算机产业发展的"Wintel 联盟"已经松动。英特尔随后也公开宣布与谷歌合作，此后谷歌的软件平台将开始支持英特尔的中央处理器，宣告了英特尔进入移动装置市场的意图，而安谋公司也从模块化的利基型硅知识产权公司，转变为正面挑战整合制造商英特尔龙头地位的关键者。

自20世纪80年代个人计算机日益普及后，半导体产业的发展和全球电子产品产生了紧密的联动关系。IBM兼容的个人计算机和白牌电脑成为市场主流，其硬件主要关键零部件是英特尔开发的微处理器架构——X86架构系列产品，贴有Intel Inside标签的微处理器成为个人计算机顾客指定首选的微处理器；软件方面，则是微软开发的Windows操作系统成为标准平台。微软和英特尔通过合作制定出产业规格的标准，使"Wintel联盟"成为联合主宰个人计算机生态系统的霸主。

在英特尔遵循摩尔定律不断开发出运算性能更强的芯片，以及微软系统持续增加应用程序数量、完善功能并进行改版升级的过程中，消费者及企业不断用性价比更高、功能更强的新机型来提高工作效率与运营绩效，这也成为半导体产业持续扩张的成长驱动力。

安谋公司让个人计算机与移动装置的界限逐渐模糊

安谋公司提供低耗能、高性能的处理器架构，搭配苹果公司、谷歌的软件平台，在讲求电源效率的移动装置市场中获得了将近垄断的高市场占有率。而安谋公司与微软的合作更将其技术知识产权应用进一步拓展至个人计算机相关应用领域，并让个人计算机与移动装置之间的界限逐渐模糊。

安谋公司的前身为成立于1979年的英国艾康电脑公司，主要销售家用电脑。该公司在1982年与英国广播公司合作，销售应用于教育领域的电脑——BBC Micro（BBC微机），在市场上获得成功，还曾获英国女王技术奖。在进行选用哪款微处理器开发下一代产品的决策时，艾康电脑公司发现三家主要供应商皆来自美国，包括英特尔、摩托罗拉及美国国家半导体公司，然而艾康电脑公司认为在教育用途的个人计算机产品中使用这些供应商的 16 位微处理器价格太贵。而且，艾康电脑公司也认为电脑将需要性能更好的微处理器，于是决定自行开发符合产品需求的微处理器。

由于艾康电脑公司研发资源不丰富且希望降低微处理器的成本，因此舍弃了当时英特尔等美国公司普遍采用的 CISC（复杂指令集计算机），而采用需要晶体管数较少的 RISC（精简指令集计算机）。同时，为了兼顾未来运算性能而推进到 32 位，其于 1985 年开发出了第一颗 32 位 RISC 处理器——ARM1。采用 ARM 架构（高级精简指令集机器）的 RISC 处理器除了具有成本竞争优势，精简指令还有低耗电的好处，连带着减少了散热方面的问题。

艾康电脑公司的 32 位 RISC 处理器吸引了苹果公司的注意，为了推出全球第一台手持式个人数字助理——Newton（牛顿），苹果公司需要的正是这颗当时美国芯片厂所没有的、低耗电的 32 位 RISC 处理器。

1990 年，苹果公司、艾康电脑公司，以及 VLSI 科技公司共同出资将艾康电脑公司微处理器设计部门独立出来，成立了安谋公司。安谋公司提供硅知识产权，授权给 VLSI 科技公司生产，并为后者提供技术支持，以满足苹果公司新产品的需求，这样的合作模式为安谋公司的发展奠定了基础。

平均每 4 颗芯片就有一颗采用 ARM 架构

尽管采用 RISC 处理器的个人数字助理"Newton"并未在市场上大获成功，但安谋公司在 1993 年与美国德州仪器进行合作，成功地为诺基亚开发出适合在手机上执行游戏软件的 ARM700 微处理器，其低耗电、高效率的特性开始在要求高续航能力的移动通信市场中如鱼得水，不仅帮助诺基亚成为全球手机霸主，安谋公司自身也稳定扩张。1998 年，安谋公司在英国伦敦交易所以及美国纳斯达克挂牌上市，科技大厂IBM、易利信、任天堂等也陆续与安谋公司签订授权合约，其产品应用范围越来越广。

2010年，采用ARM架构的芯片出货量达到61亿颗，从全球芯片市场来看，安谋公司在2010年的市场占有率为28%，为全球最大的半导体硅知识产权供应商。我们日常生活中常见的电脑、手机、家电、汽车等需要芯片的产品中，平均每4颗芯片就有一颗采用ARM架构。从市场类别来看，在2011年，安谋公司在手机市场的市场占有率高达95%，在平板电脑市场的市场占有率高达99%。

除移动装置市场以外，安谋公司在硬盘芯片市场的市场占有率为85%，在打印机市场的市场占有率为65%，在数字电视市场的市场占有率为35%，在网络设备市场的市场占有率为25%。随着微软新一代操作系统的支持，安谋公司在手机、笔记本电脑及平板电脑等移动装置市场的市场占有率持续大幅增长。

以需求为导向，硅知识产权的产品、功能和服务模式日益复杂

为了满足客户对产品和服务的各种需求，硅知识产权公司提供的知识产权功能及产品种类繁多。一般而言，可根据IC设计的流程分类。根据IC设计阶段的不同，可以将知识产权分为软知识产权与硬知识产权。

软知识产权是指为客户提供RTL（寄存器传输级）的逻辑性描述，定义好功能模块的运作，由客户自行进行后续整合、验证、布局、绕线等实现这些功能的设计步骤。采购这种软知识产权的优点在于应用弹性较大，可以在此架构下修改或新增功能，且仍可决定采用的制程技术。缺点是自行设计的功能在整合后需要再侦错及验证，开发时间也与研发者的技术能力有关，进而也将影响芯片的上市时间。

硬知识产权则处于设计流程的后端，除包含软知识产权的行为描述外，也包含芯片实际投产前的电路设计、制程验证工作。由于其是经过制程验证且相当可靠的知识产权，在工程师进行设计时，可直接使用，等到晶圆制造阶段直接将此知识产权光罩套上即可。然而，由于电路设计均已完成，用户不知道此功能模块的设计细节，能修改的幅度极为有限，且其生产的制程技术已经无法更改。

当半导体制程技术不断微缩，大量的晶体管和电子组件可以被植入芯片时，个别芯片已经可以容纳、整合不同应用功能模块的系统功能。因此，IC设计工程师开始将不同应用功能的知识产权模块整合在一起，设计出可以执行多种功能的完整SoC，以更高效、耗电更少的方式在芯片中执行更多功能。

SoC增强产品功能，知识产权组合更多元、技术更复杂

SoC的设计不但可以大幅缩小电路板的尺寸，而且可以连带地缩小产品尺寸，降低耗电量，并且使其拥有更丰富的功能，总成本比起过去多方采购要低得多。因为SoC具有更高性价比，手机、手持式游戏机、数码相机等消费电子产品的制造商将采用更多SoC产品，并且想办法实现与其他竞争对手不同的差异化功能，这也让知识产权的组合方式更多元。

SoC设计需要SiP（系统级封装）、WLP（晶圆级封装）等技术。SoC所需的设计技术和整合能力更高，产品开发的时间也更长。

研发团队要想成功开发出SoC必须与各个团队建立更紧密的合作关系，了解所有功能模块的细节、运作和界面，只有如此，才能与制造端整合，实现实体芯片所需的功能。这一过程中往往必须使用不同供应商的知识产权，而且设计技术、界面规格、所需的制程技术等存在差异，开发和整合工作就变得更加困难了。这就像是要把不同品牌的拼图拼在一起，若缺乏交换连接的界面标准，就难以整合不同功能的模块。

集成电路不断微缩，SoC良率挑战亟待解决

产业间缺乏统一标准使不同厂商知识产权的组合成为一个极大的挑战，且对SoC设计开发及知识产权重复使用的影响很大。因此，成立于1996年的VSIA（虚拟插座接口联盟）致力于制定界面、规格及技术路径标准，以期提高不同供应商的知识产权之间的兼容性，让IC设计工程师在组合不同供应商的知识产权模块时，无须额外付出大量时间及研发资源。

随着知识产权重复使用的模块化设计概念已广泛应用于IC设计，许多大厂也积极地在产业中布局，通过丰富的设计数据库和技术研发建立竞争优势，甚至试图影响知识产权界面规格的制定，让自己的知识产权兼容性更高，可以和更多知识产权排列组合出更多种功能，在市场中更受客户的青睐，以此强化自身在产业生态系统中的领导地位。

SoC在制造和封装过程中，必须将不同功能的模块和组件整合在一起，再封装成一颗芯片。以SiP技术为例，一颗SoC由数个组件晶粒堆叠封装而成，不同功能的组件可以分别采用不同的制程世代技术，不需要全部都用最精密的制程，但也将面临不同制程世代整合封装的挑战。集成电路不断微缩，所需要的功能和可以整合的组件越来越多，组合复杂程度的上升也导致了产品良率的下降。

安谋公司发展成为全球标准

安谋公司于1990年创办时面临非常关键的决策难题：安谋公司要以何种经营形态来提供低成本、低耗能、高运算性能的32位处理器？选择与半导体制造厂合作或合并，成为设计与制造整合的大公司，还是成为自主研发及售卖微处理器芯片的无晶圆厂IC设计公司？或是与其投资者——苹果公司建立更强的联盟关系，满足苹果公

司的需求以驱动安谋公司未来产品的发展？

安谋公司位于远离美国硅谷的英国剑桥大学科学园区，与半导体产业主要的聚落相对疏离，安谋公司也期望成为更大市场的领导者，让 ARM 架构成为全球的标准。

因此，在半导体迈向水平分工的模块化结构中，安谋公司创造出了一种类似"合作伙伴关系"的知识产权授权商业模式，即安谋公司提供芯片的基础技术，然后将这些技术模块知识产权以授权的方式让其他合作伙伴进一步应用，让后者设计出更符合自己需求的芯片。随着安谋公司的硅知识产权被各个业界广泛使用，安谋公司扩张成为全球最大的知识产权供应商和生态系统中的关键者。

版权使用费的延伸收益

如果把 IC 设计公司比喻成建筑公司，那么安谋公司就是专业建筑设计公司，其提供的产品就是各种基本的建筑蓝图架构，而芯片则是建好的成品房屋。随着建筑技术的发展和功能需求的增多，大楼层数也越盖越多，盖一栋现代超高层大楼需要整合多种工作和模式，跟以前老师傅一砖一瓦地盖房子完全不同。

举例来说，建筑设计公司可以提供各种不同规格、大小、风格的浴室设计的知识产权，从浴缸、洗手台的规划到具体管线配置和界面，客户只需决定设计几间浴室，预留空间需要多大即可。客户也可以根据自己的需求，修改建筑设计公司提供的样板以定制化调整。SoC 设计复杂程度不断提高，就好比大楼越盖越高，而建筑师就像 IC 设计师，只要将所需的各种模块蓝图整合到整个建筑物的设计图中，即可快速地完成整体设计。

安谋公司收取知识产权技术授权金，将设计蓝图提供给客户后，客户只要把研发资源放在产品差异化、效能优化等设计上即可。安谋公司也会与客户 IC 设计部门合作开发芯片产品，一旦芯片开发成功进行量产销售，每卖出一颗芯片，客户须另外向安谋公司支付芯片售价一定比例的版权使用费。

随着低耗能、高运算性能的ARM处理器（由安谋公司设计的采用ARM架构的处理器）在移动装置上的普及与应用，全球每部智能手机平均要采用5~6颗ARM架构的芯片，因此除知识产权授权金外，安谋公司可以对每一部手机再收取0.5美元左右的版权使用费。对于客户而言，这些权利金不过是手机成本的一小部分，但消费端大量的需求及高市场占有率，使安谋公司每年收取的版权使用费高达几亿美元。

安谋公司根据授权使用的次数和客户类型灵活地提供各种授权模式，合作伙伴可根据自身需求及发展战略以不同的模式取得安谋公司硅知识产权的授权。安谋公司成功推动其知识产权走向产品生命周期的扩张期[5]，安谋公司常见的三种授权模式如下。

- 永久（应用）授权：给合作伙伴提供永久使用特定ARM架构的权限，包括设计修改及制造产品。
- 限期授权：合作伙伴可以在指定期限（通常为三年）内使用ARM架构设计一定数量的产品，而制造所设计的产品的权限则是永久性的。
- 单次使用授权：合作伙伴于指定期限（通常为三年）内使用ARM架构设计出单一产品，此授权通常用于特定知识产权，制造所设计的产品的权限是永久性的。

安谋公司的"三赢"合作关系

为了扩大生态系统的范围，安谋公司针对供应链上下游厂商设计了不同的授权模式，并根据使用的价值来决定知识产权的收费[6]，这些授权模式包括以下几种。

- 大学起始设计授权：允许学术研究机构免费使用所有安谋公司的技术知识产权，培养潜在客户。
- 起始设计授权：让设计者在正式投产及购买完整授权前，先评估 ARM 架构，让 IC 设计者有机会进行芯片设计的主要流程及系统验证，降低客户进入门槛。
- 实施授权：给客户提供在嵌入 ARM 处理器时，从芯片设计到制造所需的完整信息。主要锁定想直接在产品中嵌入 ARM 处理器知识产权，且同时拥有设计及制造能力的 IDM 厂客户。对于计划将 ARM 架构核心应用于数个芯片产品的公司而言，此授权方案相当实惠，安谋公司可以提供软知识产权或硬知识产权来配合合作伙伴的设计流程，但安谋公司并不允许获得授权的客户再次销售 ARM 架构本身。
- 架构授权：客户可以基于 ARM 架构延伸发展属于自己的独特产品。使用此授权模式的公司通常是具备相当丰富的研发资源、晶圆制造及产品应用开发能力的 IDM 大厂，如英特尔、三星、德州仪器等。客户可以销售安谋公司的核心产品，也有修改、重制安谋公司核心产品的权利。
- 代工授权：无晶圆厂 IC 设计公司及 OEM（原始设备制造商）能够开发与销售采用 ARM 架构的 SoC，而晶圆制造则交给另外获得 ARM 代工授权的晶圆厂。

针对半导体产业水平分工和模块化的趋势，安谋公司发展出创新的授权模式，将其技术拆为两部分，一部分提供给半导体晶圆制造厂，如台积电，生产获得 ARM 代工授权的产品，包括硬件宏单元芯片等，这些单元皆为测试过的功能模块，且已经实际经过晶圆厂的特定制程技术验证；另一部分则是提供给无晶圆厂 IC 设计公司及 OEM 的设计授权，获得 ARM 授权的设计者会同时获得设计所需要的软件、工具、训练及支持。

这种模式使安谋公司与生态系统伙伴厂商、无晶圆厂 IC 设计公司、IC 设计服务公司，以及晶圆代工厂三方之间建立了"三赢"合作关系，让 IC 设计公司可以专注于芯片设计，并直接选择拥有安谋公司代工授权的晶圆厂合作，帮助客户减少 SoC 开发过程中出现的失误，降低失败带来的风险，让采用 ARM 架构的产品能够更快上市。

安谋公司的运营模式

除协助客户共同克服 SoC 的难题外，安谋公司还成功地成为生态系统的关键者，其运营模式包含以下特点。

紧密的合作伙伴关系

安谋公司建立起紧密的合作联盟，将自己的创意及技术包装成知识产权，通过各种需求导向的弹性授权模式，快速让技术在合作伙伴之间扩散，并协助其实现在各个领域的应用。收取授权金及版权使用费的商业模式使安谋公司与合作伙伴建立起生态系统中的共生关系，并创造长期收入，当合作伙伴开发出芯片并成功在市场上销售时，安谋公司也能有更多的收入，并邀请重要客户成为其投资人，强化共生关系。

因此，安谋公司与半导体制造商、平台软件开发商、IC 设计服务公司等维持密切合作及互动，以健全生态系统，开发各种知识产权和工具来帮助客户从成功开发到大量生产芯片，如图 3.1 所示。

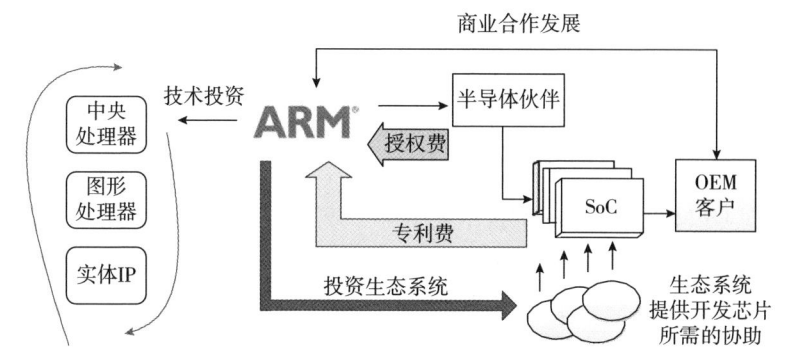

图 3.1　ARM（安谋公司）商业模式及生态系统之关系 [7]

产业标准

芯片设计公司若想自己独立设计微处理器，从建立自己的研发团队到设计微处理器架构，都要投入非常大的成本，且未必能成功。然而，以 ARM 的架构为基础再进行开发，只要先投入数百万美元的授权金，进入市场，后续若成功开发芯片上市，则根据芯片数量支付占成本结构很小比例的版权使用费。如此一来，一部分开发芯片的研发费用转为变动成本，新创的 IC 设计公司需要承担的负担和风险也大幅减少。因此，半导体生态系统的源头能够有更多新进的 IC 设计公司加入，安谋公司也从中积累了更多数量的客户，这些都促使 ARM 架构成为移动终端市场的产业标准。

应用广泛

在生态系统中，安谋公司成为负责开发技术、创造价值的关键者，并且分担研发风险，使新创公司和利基者的进入门槛大幅降低。由于 ARM 架构的开放性与弹性，采用 ARM 架构不仅能使产品设计更快成功，也能将更多资源应用于本行业的其他环节，以实现差异化，吸引更多来自不同领域的合作伙伴，形成多元生态系统。通过将处理器的设计研发外包给安谋公司，客户可以发挥自己的创意，弹性地整合自己的优势技术与知识产权，推动产业持续前进。安谋公司也根据其接触的各种客户和应用领域，提出相应的解决方案，积极满足客户的需求。传统的微处理器 IDM 厂商，如英特尔，包办芯片的硅知识产权、设计、制造、销售等环节，并主导产业前进的步调，而其下游 OEM 客户则根据其技术蓝图，在微处理器核心以外的其他模块进行差异化，以创造产品价值。

安谋公司顺应半导体产业结构的变化，领导分工合作的生态系统，并与客户和合作伙伴形成共生关系，产业的发展步调与客户的创新能力一起演化。然而，安谋公司也面临新的考验。随着晶圆代工伙伴台积电的成功，ARM 架构也在移动终端、计算机产业及其他新兴应用领域与英特尔短兵相接，安谋公司及其伙伴的弹性及开放创新，能否与高获利且高效的英特尔垂直整合模式相抗衡？

云端时代与人工智能驱动改变

云端时代来临，"移动力"是关键

产业结构的演化与驱动力量的互动带来社会的变迁。20 世纪 70 年代以前，电脑多为仅有少数专业人士才能接触到的工业用大型计算机。IBM 在 20 世纪 80 年代采用开放架构后，计算机零部件得以模块化、标准化，这让 IBM 兼容的个人计算机快速攻占市场，但主导权很快地转移到掌握关键技术的零部件厂商手中，微软和英特尔成为最大获益者。

微软和英特尔紧密合作的"Wintel 联盟"主导着计算机产业，不断提升硬件计算能力和操作系统效能，带来更丰富的软件应用，以及各式视频处理器、存储器、LCD（液晶显示）驱动芯片等庞大的半导体产品需求。

随着互联网和云端技术的发展，谷歌、亚马逊等公司丰富了互联网上的资源以及服务，使其不受用户端硬件设备的限制。后个人计算机时代随时随地上网连接云端的移动终端，如智能手机、平板电脑成为成长极快的产品。而这些新兴产品的心脏，就是当年远离硅谷、在英国成立，迫于资源有限而走向简化指令、低耗电、高性能技术的安谋公司。这条当年远离个人计算机市场，追求性能的发展路线，在云端时代终于适得其所，并大受欢迎。

由于预见了 SoC 中非挥发性存储器的重要性，力旺电子研发了基于逻辑制程的嵌入式非挥发性存储器相关技术。[8] 由于嵌入式非挥发性存储器组件技术的架构简单，并可与逻辑制程完全兼容，因此能有效协助客户缩短产品开发周期，大幅提升 SoC 的性能和成本效益，力旺电子开创了半导体技术的新领域，并成为人工智能物联网趋势下许多产业应用领域的关键硅知识产权供应商。

力旺电子研发非挥发性存储器硅知识产权制程平台

力旺电子研发出完整的逻辑制程非挥发性存储器硅知识产权制程平台，并提供相关的技术、硅知识产权以及解决方案，应用领域包括消费性电子产品、工业应用以及车用电子产品等。此外，力旺电子亦构建了一套高度整合的服务模式，即提供从前期的设计阶段到投片量产的全方位设计服务方案。晶圆代工厂、IDM 厂商以及 IC 设计公司均是其合作伙伴与客户，力旺电子已成为全球最大的逻辑制程非挥发性存储器的知识产权提供商，其也成为健全半导体产业生态系统的关键者之一。

目前计算机市场上的主流微处理器仍是英特尔 x86 架构，系统软件则是使用者熟悉的微软 Windows 系统；而智能手机等移动终端上的微处理器则是以 ARM 架构为主，并搭配谷歌的安卓系统。尽管 ARM 架构处于半导体产业的最上游，看似与接近客户端的软件无关，但事实上，软件能否顺利运行、以何种语言架构运行，与处理器的架构有着相当紧密的联系，因此，市场上再次掀起了一场新的平台及软件之间的"合纵连横"。

随着移动终端性能越来越强，新产品不断蚕食个人计算机市场；而个人计算机行业从业者也想带着过去的优势迈入移动终端市场的新时代，延续过去的荣光。微软操作系统将支持 ARM 架构，英特尔也宣布与谷歌合作，其新的芯片支持安卓系统后，单是主流市场中就出现了 4 种不同的组合。此外，由于英特尔的先进制程技术落后于台积电，其竞争对手英伟达和 AMD，以及 ARM 架构领导的生态系统都可以利用台积电代工而超前。因此，英特尔可能预定台积电即将量产的 3 纳米制程芯片，并成为其最大客户。

借助台积电的先进制程，英特尔能否重回领先？英特尔会不会从此更依赖台积电代工，而让微处理器产业完全走向水平分工？

安谋公司的策略与挑战

当年英特尔在 IBM 兼容个人计算机占据主要市场的情况下，分割出微处理器芯片业务，并主导计算机产业的发展。如今安谋公司又从芯片制造的半导体产业中划出了硅知识产权的业务，当年以关键业务主导产业的情况是否会重演？

过去依赖硬件需求成长的厂商，在面对如此多样化的核心平台时，应该如何提出新的发展策略，以避免在新时代被淘汰出局？除了移动终端市场，还有自动驾驶汽车、智慧城市、智慧医疗等拥有无限可能的应用，何种特色的系统与硬件的结合才能最符合智能生活的未来，更是考虑长远发展时的关键问题。

除了 Windows 操作系统，目前的移动终端操作系统多基于由开放原始码架构的 Linux 语言延伸出的不同版本（如安卓、MeeGo、Ubunto 等）。软件市场上的百花齐放，对于创新应用也许有促进作用，但是对于芯片供应商及软件开发者而言，则存在着效率的问题。

对于芯片供应商而言，为配合不同 Linux 发行版本，必须提供对应平台的驱动程序以及合适的开发工具，如此一来，必须对相同的功能重复投资。而对于软件开发者而言，即使是专注于某一版本，仍需解决不同芯片供应商在微处理器设计方面的差异，才能成功运行。

为了让移动装置应用更有效率地发展，安谋公司与飞思卡尔、IBM、三星、德州仪器、意法易利信等半导体大厂合资成立 Linaro 公司（一家由安谋公司发起的非营利性开放源代码软件工程公司）。该公司专注于 Linux 底层与内核的整理，提供通过各家 SoC 从业者验证的、适用于不同 SoC 平台的通用软件，让开发者专注于特色及差异化，并且迅速上市。

安卓和安谋公司的组合会是下一个 Wintel（微特尔）吗

英特尔及微软在过去积累了雄厚的资本及丰富的经验，除设法让开发更快、更顺畅外，ARM 生态系统是否已在移动终端领域建立起足够的进入障碍？是否足够让个人计算机使用者舍弃过去的经验，拥抱新处理器、新系统作为主要的娱乐、生产工具？

安谋公司为了让客户将 ARM 处理器顺利嵌入自己的产品中，也积极地推广 AMBA（高级微控制器总线架构），希望能够降低不同硅知识产权之间组合的难度。只要客户依照这个规格设计硅知识产权，就能将不同的硅知识产权与 ARM 处理器整合，发挥良好的效能，并且降低芯片开发的失败率。而安谋公司也通过并购硅知识产权厂商，让自己的产品线更完善，其中包含了视频处理、实体硅知识产权等部分。安谋公司提供更多元的服务以满足不同领域客户的多样化需求，并加快产品上市的速度。

模块化设计会因为模块和产品之间的复杂组合增加生产流程并提高数据串流分析的复杂程度，使供应链线上存货管理面临更大的挑战。面对市场的变动与产业结构的演进，安谋公司成功地在垂直分工的半导体产业链中占据独特的定位，并通过授权模式将各家厂商组合成一个实力强劲的联盟，甚至足以与独大已久的个人计算机产业较量。

然而，"AnARM"，即安卓和安谋公司的组合会是下一个"Wintel"吗？该如何不断地延续产品的生命周期以获取更多的利润？该如何兼顾越来越广阔的应用领域？为了构建生态系统，维护良好的合作伙伴关系将是安谋公司长久的课题。目前与客户的利益分配是否足以支付高昂的研发费用？如何应对制程极限的到来？硅知识产权发展到极致后各家产品将如何实现差异化，还是到最后只剩下排列组合的不同？

使用者经验分析和产品设计思考

软件和通信产业需要创造更友好、更有质感的用户界面来整合服务及提供内容。[9] 换言之，创新的价值不仅是实现科技进步，更在于提升消费者和使用者的感受。[10]

广达电脑成立于 1988 年，其预见笔记本电脑将取代台式电脑的趋势，发展成为全球笔记本电脑、平板电脑、服务器等研发设计和制造服务的领导厂商。我曾负责广达电脑针对笔记本电脑、平板电脑和穿戴式设备等不同产品的使用者经验分析和产品设计思考计划长达三年。通过系统性的实验设计和对各种代表消费者的取样，更有效率地利用小样本数据与推论方法，分析各种类型的消费者使用偏好与不同市场区隔和消费情境下的使用者经验[11]，提供更完整的使用者经验和消费者信息，有效协助 ODM（原始设计制造商）厂在台湾就能规划和设计畅销全球的消费电子产品。

2004 年，广达电脑开始和麻省理工学院合作两个五年计划，研发人工智能技术。2014 年，谷歌并购英国的人工智能公司 DeepMind，其 AlphaGo（阿尔法围棋）计划也于 2014 年启动。通过自我对弈的强化学习和分布式计算，2016年，AlphaGo打败人类顶尖棋手，带动全球新一轮AI热潮。为了迎接人工智能物联网和5G的时代，广达电脑深耕云计算、连接技术和用户端设备等领域的技术及应用，结合大数据管理以建构人工智能工具的生态系统，并成为给各大应用领域的系统提供解决方案的关键者。

因为水平分工产业的领导厂商和个别模块的供应商在生态系统中扮演的角色和承担的责任不同，所以在发展策略上也有差别。就领导厂商而言，其利益来自对产业架构的规划和对模块化商业模式的设计。领导厂商通过说服追随者成为各个模块的供应商，吸引更多性价比更高的供应商遵循其模块界面和设计规则，整合相关模块以开发更有竞争力的产品来主导市场，并和其他生态系统竞争。

英伟达是开发和提供GPU（图形处理器）解决方案的IC设计公司。为了展示及测试其产品，英伟达也推出原厂公版显卡、主板等，甚至提供原厂公版产品给各个第三方厂商贴牌，以扩大市场需求。由于GPU在人工智能和机器学习领域的运算速度要比CPU快很多，英伟达赶上了人工智能的热潮。

英伟达凭借其高速运算的核心竞争力成为关键者，发展人工智能、模拟算法与运算平台，推动元宇宙所需运算的基础设施建设，研发Omniverse作为设计协作与模拟平台，设计师和工程师可以在该平台上开发符合真实物理情况的即时模拟，以建立Omniverse商业生态系统。例如，企业可以通过Omniverse协作模拟平台打造虚拟工厂，实现工业4.0的"数字孪生"，通过虚拟工厂的模拟和训练，加速量产技术的开发，提高速度，节省成本。

对于模块供应商而言，其利益来自提供价值更高的模块，进而成为模块供应商的老大，并通过创新和控制模块界面内的隐藏信息创造独特的价值，以分得价值链中的更大比例。产业领导者必须观察市场，推出具有更高价值的产品、技术或带领供应商转移阵地，以维持生态系统的成长和获利。模块利基型厂商则专注于创造模块的独特地位和不可或缺的价值，成为上下游供应商中获利最高的关键者。

  产业链模块化的激烈竞争和快速演进，使决策者必须先思考企业在产业价值链中的定位和在生态系统中扮演的角色，灵活弹性地应对市场的变动，设计交易的模式，以及组织内部架构和分工模式。诚如军事家蒋百里所言："生活与战斗条件一致者强，相离者弱，相反者亡。"数字经济时代的组织也应如同模块化设计，通过决策流程再造，授权给各个决策单位，并结合科学管理与智能科技，使人人都成为决策者和知识产权的创造者，进而激发工作创新和组织效能的提升。

第 4 章
商业生态系统与产业共生

大盖天下,然后能容天下;信盖天下,然后能约天下;仁盖天下,

然后能怀天下;恩盖天下,然后能保天下;权盖天下,

然后能不失天下……天下者非一人之天下,

唯有道者处之。

——《六韬》

商业生态系统的兴衰与挑战

商业生态系统是指以生态系统的视角来分析横跨多种产业的各个厂商之间的价值与利益交换的动态关系。随着数字经济与智能科技的发展，商业环境快速变动，跨界合作与异业结盟的模式越来越丰富，频率也越来越高，产业间的界限逐渐模糊，厂商之间的关系也因既竞争又合作而相互依存。一个健全的商业生态系统可以促进其成员共同演化，创造出共生互补的能力，一起提升整体价值。[1,2]

商业生态系统的生命周期

商业生态系统包含关键的核心企业、客户、供应商、风险承担者、竞争者，以及其他利害关系人，所有生态系统成员之间都具有相互联结与相互依赖的关系。[3,4]

摩尔认为商业生态系统的生命周期包括四个演化阶段：第一阶段，诞生期；第二阶段，扩张期；第三阶段，领导期；第四阶段，自我更新或灭亡期。[5]企业在每一个阶段，都面临不同的竞争挑战，应该采取不同的合作策略，如表4.1所示。

表4.1 商业生态系统的演化阶段[6]

演化阶段	合作策略	竞争挑战
诞生期	以创新创业为种子，和客户及供应商合作，来定义、形塑新的价值主张	保护构想和知识产权，以免外泄给可能正在定义类似产品或服务的竞争者。抓住重要的客户、关键的供应商，以及重要的渠道
扩张期	通过和供应商及企业伙伴的合作，把新产品或服务推到市场上，以增加供应量，并提高市场占有率	打败执行类似构想的其他商业方式，以建立关键市场区隔的相对优势，并确保提出的商业模式是同类产品和市场区隔的标准

续表

演化阶段	合作策略	竞争挑战
领导期	提出未来愿景，以吸引追随的供应商和客户一起合作，持续改善整体产品与服务，带领生态系统成长	维持在生态系统中的强势谈判力量，掌握制定市场规则的权力，以有效领导其他参与者，包括关键客户与利基型的供应商
自我更新或灭亡期	持续创新，并与外部创新者合作，把新构想带到现有的生态系统中，实现自我更新，创造新价值	维持很高的进入障碍，以防止其他创新者建立新的生态系统加入竞争；维持高昂的客户转换成本，建立客户和参与者的退出障碍；争取时间把新构想整合至自己的产品与服务中

1. 第一阶段：新市场领导者的诞生期

第一阶段是商业生态系统的诞生期，通过创新创业发现一个潜在的新市场，技术开发者和创业者应先锁定目标客户与目标受众，专注于界定客户想要什么新产品或服务，尽快找到一个有需求且能获利的最小可行性产品。若能找准一群购买意愿很高的客户，市场的开发也能事半功倍。商业生态系统诞生阶段的胜出者，经常是最先掌握客户需求的企业，甚至是能创造客户需求，且能实现其价值主张的企业。[7]

决策者应思考一个创新技术或产品、服务的企业，需要什么条件才能发展成为一个新的商业生态系统；要让这些创新实现商业化，需要什么类型的领导者和追随者。

第一阶段是商业生态系统的诞生期，因为潜在市场还很大，合作比竞争有利，系统内的成员不仅能各自满足其客户需求，也会形成聚落而共同演化出互利互补的能力，以更快的价值创造、技术精进、流程改进来吸引更多客户和参与者，促进整个商业生态系统的蓬勃发展。

商业生态系统的第一阶段从新市场领导者的诞生开始。领导厂商的战略思考是持续吸引重要的追随者，包括其他合作者和供应链伙伴，以弥补自身不足之处，给客户提供更完整的价值，使整个商业生态系统更为健全，并在产业链中建立一个市场区隔。同时，这可以避免他们被吸引去创造其他的替代生态系统。这也是我在撰写创意电子哈佛商学院案例的过程中，采访先后创办智原电子和创意电子、推动IC设计服务产业发展的石克强董事长时，他给出的答案。

2. 第二阶段：商业生态系统的扩张期

第二阶段是商业生态系统的扩张期，通过早期市场的回馈和持续优化改良，创造更大的需求，验证其商业模式与运营模式，包括独特的产品与服务、客户交易与互动的流程、竞争与营收获利的模式等，并一再复制推广，以开辟更大的潜在的新市场。随着商业生态系统的扩张，领导厂商的地位日益稳固，可以带领追随者投入更多资源和营销推广的力量去开发既有市场，或打败其他领域较小的生态系统而夺取其资源和市场。[8]

生态系统必须有赖以成长的核心价值和获利能力，得到成员的认同而一起投入研发。因此，必须建立稳定的增值架构和商业流程，以吸引更多供应商源不断地投资从而持续扩张，并适时建立松紧合宜的控制机制，以维持商业生态系统的运作。同时，稳定的获利和逐渐趋缓的成长也让商业生态系统中领先的成员开始取代价值链中提供类似价值的其他供应商，以维持其最大获利或取得更大的成长，因而从群雄并起的扩张阶段，逐渐走向争霸之路。就像在第一次工业革命和第二次工业革命实现技术创新和经济发展后，先进的工业化国家开始向外扩张以取得更多资源与市场，并发展成为争夺殖民地、建立霸权的帝国主义，最终因帝国主义国家之间的竞争和冲突而引发第一次世界大战。

3. 第三阶段：商业生态系统的领导期

第三阶段是商业生态系统的领导期，生态系统的核心贡献者是决定商业生态系统兴衰的关键领导厂商，没有其整合和带领，生态系统内其他成员就难以生存或无法成长。由于占据生态系统中的关键位置，核心贡献者能在生态系统所创造的总价值中分得比较大的比例，这也是生态系统从扩张期迈向领导期的原因。[9]

生态系统的核心贡献者必须持续提供重要的创新贡献，协助其追随者一起进化，提升商业生态系统的整体价值，才能维持并强化其领导地位。例如，当市场先进者已经拥有主要专利且专利保护的设备商能够提供制程能力时，晶元光电公司避开低端的红海市场，通过分析专利地图，找到创新策略和公司成长的空间，发展成为发光二极管磊芯片和晶粒的领导厂商，并陆续整合其他因为缺乏专利保护而难以在低端红海市场竞争的厂商[10]，成立富采集团。

商业生态系统稳定多元的成长可能会减少整个生态系统对原有领导者的依赖，也可能因为成员公司有关键的创新或技术突破，而为整个生态系统创造更大的价值，因此成为新的核心贡献者。

为了避免潜在的威胁，取得领导地位的厂商会扩大对商业生态系统和供应链的控制权，以维持其霸主地位，包括核心技术的专利保护和对追随者的技术授权，制定技术蓝图以规范产业未来标准，决定各模块之间的界面，要求分享或拥有其供应商的知识产权，与主要客户、供应商的结盟和互相投资，扶持第二货源以弱化其他供应商的领先地位和挑战能力。

为了争取在商业生态系统中扮演更重要的角色以分得更多利润，甚至成为新的核心，生态系统内的利害关系人，包括领导者和追随者，都必须强化其核心竞争力，并通过不断创新以持续创造对生态系统的价值，才能保有优于其他成员的谈判力量而不会被取代。

成员厂商的贡献越是攸关改善整个生态系统的绩效、价格或性价比等，其重要性就越高，分得的价值比例也越高。如第二章所回顾的，IBM发展个人计算机时使用开放架构，使追随的供应商可以生产IBM兼容的软件和硬件，并一起成长获利，因此IBM和IBM兼容的个人计算机打败其他计算机而迅速扩张。

虽然IBM推动模块化，要求芯片必须有至少两家供应商，而且要求英特尔授权AMD。但是，随着个人计算机市场的扩张以及摩尔定律驱动半导体芯片的快速进步，商业生态系统的领导者转移到芯片和软件领域，微软的操作系统与英特尔的微处理器联手成立的"Wintel联盟"成为个人计算机时代的双霸主，领导整个生态系统一起成长。

4. 第四阶段：商业生态系统自我更新或灭亡期

第四阶段是商业生态系统的自我更新或灭亡期。一方面，商业生态系统内部的既有领导公司已经落伍或僵化，难以提供让商业生态系统继续成长的增值动能，又缺乏能够创造新的价值、承担领导责任的新公司，以致商业生态系统逐渐萎缩；另一方面，外在环境可能发生剧烈的变化，例如，出现创新的技术产品、政府法规改变、客户需求急剧减少或原材料等投入资源的紧缩，等等。

商业生态系统的自我更新或灭亡，其实是受内外部因素交互作用影响的结果。有的商业生态系统因能快速应对外部环境的变迁而获得重生和新一轮的成长，有的则被其他商业生态系统所取代或日益萎缩、边缘化而终至灭亡。[11]

生态系统的关键挑战

商业生态系统的核心贡献者如何处理自己的老化危机和领导危机，是整个生态系统面临的最关键的挑战。成熟商业生态系统的领导者必须通过产业结构变革和生态系统的重整，找到下一个成长曲线或新市场以获得重生和继续成长。例如，领导厂商通过创新或发明专利以驱动技术发展，或吸纳其他系统的创新，甚至从根本上重建增值架构和商业流程，或创新商业模式以应对新的竞争环境。只有这样，才能实现自我更新以维持生态系统的健康成长，其他追随者亦能趁势而起、共生共荣。

20世纪90年代初，错失主导地位的IBM曾结盟苹果公司与摩托罗拉共同推出PowerPC处理器架构和芯片，以挑战"Wintel联盟"在个人计算机领域的领导地位。虽然苹果公司和日系厂商都推出了性能不错的产品，但英特尔不断推出运算性能更强的奔腾系列芯片，微软也推出Windows 95操作系统，"Wintel联盟"依然维持着在个人计算机商业生态系统的领导地位。

IC设计服务产业生态系统案例

第一阶段：IC设计服务产业的诞生期

以台湾IC设计服务产业为例[12,13]分析创意电子和台积电的共同演化过程，可以更加深入地了解企业在商业生态系统生命周期的四个阶段面临的合作策略与竞争挑战，以及其采取的战略行动。

在台湾IC设计服务产业的第一阶段诞生期，两家IC设计服务公司——智原科技与创意电子的创办人石克强是最重要的领导者之一。

1990年，石克强从美国硅谷回到台湾，配合台湾开始起飞的半导体产业，瞄准高附加价值的IC设计服务市场，担任EDA公司益华电脑台湾分公司的总经理。起初他想尝试开发市场并说服益华电脑投资，不过最后没能成功说服益华电脑支持其创业。

1993年，石克强获得联电集团的支持和投资，创立智原科技公司，专注于特殊应用型集成电路的设计服务，根据客户特定产品和功能要求进行设计，解决复杂的IC设计问题，为客户量身打造专属产品，使公司迅速取得成功。

随着摩尔定律的发展，单位芯片可以制造的晶体管数目成等比级数增加，IC设计和芯片结构变得越来越复杂，IC设计的困难程度越来越高，若每次都从头设计不仅不切实际，而且设计研发的费用也高出许多，特别是对于生命周期较短的消费性产品，很可能因为开发速度太慢而错失商机。

因此，专业的硅知识产权公司开始出现，这类公司主要提供具有高共通性的硅知识产权模块。硅知识产权模块是一种经过事先定义且通过验证、可重复使用的芯片功能模块。IC设计公司需要用到某项功能模块时，可以直接使用这些事先定义、经过验证、可重复使用的知识产权，而无须从最基本的电路开始设计。

根据80/20法则，IC设计公司可以整合多个共通知识产权作为一颗复杂芯片的基本模块，并专注于使其产品差异化的关键功能设计，因此可以加速开发并大幅缩短新产品上市的时间。

IC设计服务公司应运而生

尽管IC设计公司也可以直接向硅知识产权供应商或国际大厂请求授权，但对中小型公司而言，付出的代价过高且买回来的知识产权不见得适用，或中小型公司不知道如何善用。因此，IC设计服务公司应运而生，这类公司自行开发或利用从专业知识产权供应商那里买来的各种硅知识产权帮IC设计公司加快芯片开发的速度，并提高产品首次投片成功的概率，从而使IC设计公司技术门槛降低，让半导体产业上游得到更蓬勃的发展。全球设计外包趋势形成，在台湾IC设计业及晶圆代工蓬勃发展的带动下，IC设计服务业也开始快速成长。

在消费电子产品轻薄、短小，应用日益广泛，所需的功能越来越复杂的背景下，半导体开始往高效能、低功耗的方向演进，必须将多种功能组件整合于 SoC。因此，对硅知识产权供应商和 IC 设计服务公司的需求也更加多元。上述公司以往专注于特定功能需求的专用集成电路，在产品生命周期短且快速变化的市场中，难以及时推出具有整合功能的产品。

智原科技隶属联电集团，其定位主要是支持集团内各 IC 设计公司。在洞察产业趋势和 SoC 研发需求的基础上，石克强选择离开其创办的智原科技。1998 年，石克强与钰创科技董事长卢超群和台湾清华大学信息工程系教授林永隆共同创办台湾第一家专攻 SoC 设计服务的公司——创意电子，主要服务范畴包括提供 SoC 设计平台、SoC 设计的统包服务、硅知识产权、MPW（多项目晶圆）验证服务等专业设计代工项目。[14] 如前所述，SoC 是指将数个具有特殊应用功能模块的 IC 设计整合成一个功能更强大的芯片，再封装成一个集成电路。SoC 体积较小，能提高运算速度、降低耗电量，并且能降低成本。

创意电子创立初期全力研发 SoC 所需的硅知识产权、SoC 设计平台和 IC 设计技术，并进行产学合作研究，购买各种 EDA 工具，了解各种解决方案和 EDA 工具的长处和短处，整合各家 EDA 工具可以使用在不同阶段的设计套件，选择客户最需要的技术，取得授权，再将其改良、切割成适合最多客户使用的知识产权模块，整合各式自行发展或代理知识产权、多种设计平台和有效的管理系统，扮演知识产权中介和模块整合者的角色，提供一站式的 SoC 设计服务。[15]

硅知识产权模块化和 IC 设计服务公司一方面让 IC 设计像拼积木或拼图一样，根据客户需求和产品特性，优化所需的知识产权模块和设计辅助工具，以大幅缩短 SoC 产品的开发时程，大大提高了开发成功率[16]；另一方面，原来专属某公司的专利和知识产权，也因为能重复使用而提高了价值，每个客户分担的研发成本也大幅降低，更有利于产业生态系统的扩张。创意电子凭借先进制程的 SoC 设计技术、独特的经营模式、整合 IC 产业链的能力，弥补了 IC 设计业与系统厂商客户的不足。深耕四年后，创意电子拿到第一笔生意订单，开始快速成长。

第二阶段：IC 设计服务产业聚落的形成与扩张

台湾 IC 设计服务产业进入第二个阶段——扩张期，已经有越来越多的 IC 设计服务公司和硅知识产权供应商，逐渐形成产业聚落，成为半导体产业水平分工结构中的重要一环。

2000 年，台积电联合创意电子、巨有、科雅、源捷、世纪创新、新思科技及虹晶等数家 IC 设计服务公司成立设计中心联盟，整合芯片设计价值链的三项关键领域：组件数据库、硅知识产权，以及提供设计实施服务的会员厂商，以此给客户提供经过台积电制程验证和优化的硅知识产权、更简易的可重复使用设计、晶圆制造代工服务，以及精准的设计模拟和验证，使客户能够在台积电的制程技术上，更快速地完成最佳的 SoC 设计，进而缩短从规格制定到完成芯片设计，再到产品上市的时间。

随着 SoC 市场日益重要，台积电 OIP 平台（开放创新平台）设计中心联盟整合全球更多伙伴厂商，提供芯片设计执行服务与 SoC 设计解决方案，扫清客户选择台积电晶圆代工的障碍，并于 2002 年成立亚芯科技公司，提供高阶制程 SoC 设计服务。凭着明确的战略定位和先行者优势，创意电子发展成为提供 SoC 设计代工服务的领导厂商，而其他 IC 设计服务公司，有些仅设计后段的 IC 布局代工，不具备 IC 设计流程前段的产品定义、知识产权选择与整合的完整技术。

IC 设计中心联盟成立

由于半导体制程的 SoC 日益精密、复杂，台积电于 1997 年成立 IC 设计服务部门，完善设计流程并开发基础硅知识产权，为客户提供设计服务。然而，专注晶圆制造代工的台积电单靠内部的 IC 设计服务部门，越来越难以满足不同类型客户的各种需求。

台积电发起的设计中心联盟中的成员虽然各有市场区隔，但彼此之间竞争日益加剧，难以发挥整合的作用。台积电为了提高 SoC 设计服务水平，2003 年通过子公司亚芯科技与创意电子合并，创造双赢的伙伴关系。

台积电自 2000 年合并德碁半导体和世大集成电路后，市场占有率大幅提升，已逐渐拉开与"晶圆双雄"的差距，商业生态系统将进入第三阶段——领导期。创意电子加入台积电集团，可获得更大的市场成长空间。台积电通过战略性投资引入外部资源，达到扩张生态系统版图的目的，提升自身在产业链中贡献的价值。

如何应对资本与技术差距将越来越大的挑战？

创意电子通过整合丰富的知识产权数据库和多样的 EDA 平台，积累了丰富的经验，吸纳了专业的设计人才，提升了台积电的设计服务与附加价值。台积电则可以大幅提升创意电子的可信度和竞争力，帮助创意电子加速往高阶制程技术所需的 SoC 设计服务迈进，提供更先进和更完善的设计代工服务。

在各厂商竞逐 IC 设计服务业领导权的时代，各种形式合作的联盟既要持续创新、提供更多价值，又要试着阻止新生态系统的成长和竞争，并将面临自我更新的巨大挑战，不同的竞合策略正在半导体价值链的各环节发挥作用。尽管台积电保证将公平对待设计中心联盟的其他伙伴公司，但是已有些 IC 设计服务公司另寻其他晶圆代工厂作为合作伙伴。例如，虹晶科技改与另外一家半导体晶圆代工厂——新加坡特许半导体结盟。

为了提升在生态系统中的领导地位，其他半导体制造公司亦陆续成立设计服务部门，并购或与IC设计服务公司组成战略联盟以创造更大的综效。例如，力晶半导体投资了智成电子（前力华电子）、旺宏电子投资了晶诠科技等。进入纳米制程世代之后，资本与技术的差距将越来越大，各阵营注重培养的核心竞争力是从半导体价值链中夺取更多市场份额的关键，也是商业生态系统发展迈入领导阶段面临的挑战。

第三阶段：虚拟垂直整合的领导期

随着摩尔定律的持续微缩，当芯片搭载的晶体管数目达到千万个以上，甚至达到数亿个时，针对不同用途和功能的集成电路的设计投资快速增加，设计周期也急速拉长。通常IC设计公司在完成设计交给晶圆厂投片生产之前，需使用大型计算机进行模拟验证，以免生产时发现错误才报废，导致损失惨重。以纳米制程来说，晶圆制造所必需的光罩制作费用每套已经高达数百万美元，且越精密的功能所需要的光罩层数越多，光罩制作费用也越高。对于IC设计公司而言，确保首次设计投片即成功是降低研发风险的最佳方法。然而，面对如此复杂的电路，计算机不再能够模拟所有的排列组合及测试所有的情况，因此错误率将越来越高。排除错误所需的成本和时间成为沉重的负担，半导体设计产业面临更加复杂的挑战。商业生态系统第三阶段是领导期，在台积电入主创意电子后，逐渐演化出彼此分工的模式。台积电扮演前瞻技术的提供者，配合先进制程开发新知识产权或设计流程，台积电设计暨技术平台部门主要是配合先进晶圆制造技术进行研发，开发新的知识产权或设计流程，同时在台积电制程验证设计，以优先服务采用最新制程技术的重要客户；创意电子则遵循"超越摩尔定律",在新知识产权设计应用成功后加以完善。

各种芯片应用使技术大众化,不仅给其他台积电无法逐一满足的客户提供了大众化的技术,还降低了客户采用先进制程和知识产权的门槛,满足更多不同产业领域的客户需求,促进技术扩散和普及。

随着台积电在晶圆代工行业的龙头地位日益稳固,创意电子加入台积电集团之后,进一步落实虚拟垂直整合经营模式,成为价值整合者,并提供更具价格竞争力的后段封装测试服务。由于SoC的制作过程涉及不同组件模块和制程的异质整合,容易造成良率下降、产品开发和整合周期时间长、难以即时回应市场需求的问题。

另外,SoC设计中通过堆叠或并排方式,将组件整合,再封装于单一芯片中的SiP技术,也需要整合不同的硅知识产权或组件才能发挥系统组件的综效。不管是SoC或SiP的各个组件和硅知识产权供应商,还是半导体供应链上下游,都必须以更好的方式进行整合。因此,创意电子结合自身的IC设计代工能力、SiP技术、台积电晶圆代工,以及下游封装测试厂的伙伴关系,发挥了上下游分工、垂直整合的优势,这被称为虚拟垂直整合[17],而能与传统的垂直整合分庭抗礼,如图4.1所示。以SiP制程技术为例,源自不同硅知识产权供应商或IC设计行业从业者的组件,各有其设计考虑,但SiP过程必须整合不同组件的堆叠方式及不同组件之间散热等问题。由于存在潜在竞争关系,硅知识产权供应商和IC设计行业从业者无法公开各自的设计规格,难以完全整合。创意电子与台积电的合作和分工,创造了虚拟垂直整合的模式。创意电子可以扮演第三方的角色,统合整理各家设计规格,协调处理不同组件知识产权的整合和上下游生产的合作,给IC设计公司、整合组件制造商与系统行业从业者提供完善的设计代工服务,有效缩短SoC的开发时程,降低研发成本与产业上下游的交易成本,更有效地缩小了设计与生产的落差,降低了客户进入的技术门槛，为台积电集团和合作伙伴争取到了更多的客户，包括原本的 IC 设计公司、整合组件制造商、系统厂商、新创企业等，因而创造了更高的价值和利润。

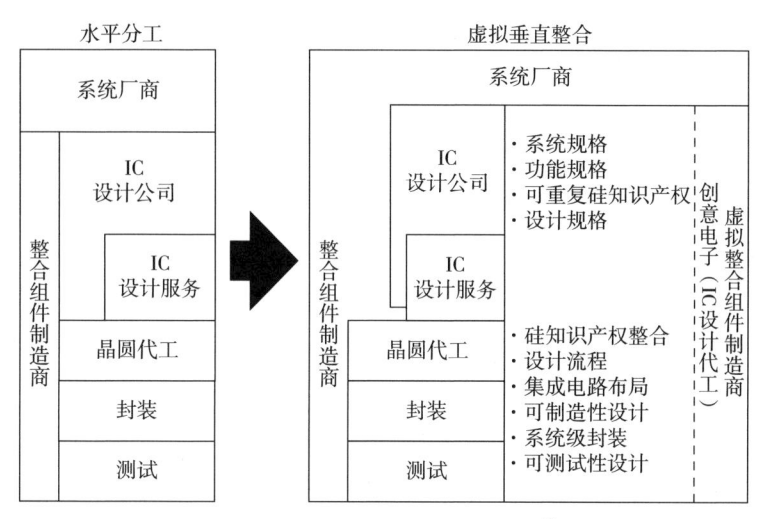

图 4.1 创意电子虚拟垂直整合模式[18]

第四阶段：OIP 平台与自我更新

入主创意电子并与其分工后，台积电进一步整合资源，自我更新商业生态系统，于 2008 年建立 OIP 平台，以整合硅知识产权、IC 设计服务、设计应用、可制造性设计服务、先进制程技术，以及封装测试等合作伙伴和生态系统的追随者。台积电通过给各种类型的客户提供完整的设计技术架构、设计规则手册、台积电制程认证的制程设计套件和定制化的解决方案，有效扫除 IC 设计和生产时的各种障碍，提高首次投片即获得成功的概率，缩短设计时间，降低量产时程，加速新产品上市和获利进程，在 2013 年号召上下游合作伙伴与周边产业组成"台积大同盟"以对抗垂直整合的三星、英特尔。

换言之，OIP 平台和台积大同盟让台积电由晶圆代工厂转型为提供研发制造整合服务的公司，扩大了客户基础，不再只服务于其他半导体公司。所有客户都能连接到一个以台积电为基石的跨领域生态系统，强化了台积电在半导体商业生态系统的地位。台积电领导开放技术平台，通过合作创造更多的半导体创新技术，也为商业生态系统的追随厂商带来更多的成长契机。

同时，越来越多大型系统厂商和网络公司为了满足其特殊应用的需求，纷纷成立半导体部门，定制自用的芯片以创造差异化竞争优势，结合 AI 优化整合软件和硬件，并掌握核心技术和关键零部件。随着提供服务的增加、市场的扩张以及客户类型的多元化，创意电子进一步转型为弹性、定制化的 IC 服务提供者，如图 4.2 所示。创意电子积累 SoC 整合、设计实现技术以及与台积电密切合作的整合式制造服务，提供高度定制化的 IC 设计服务。[19]

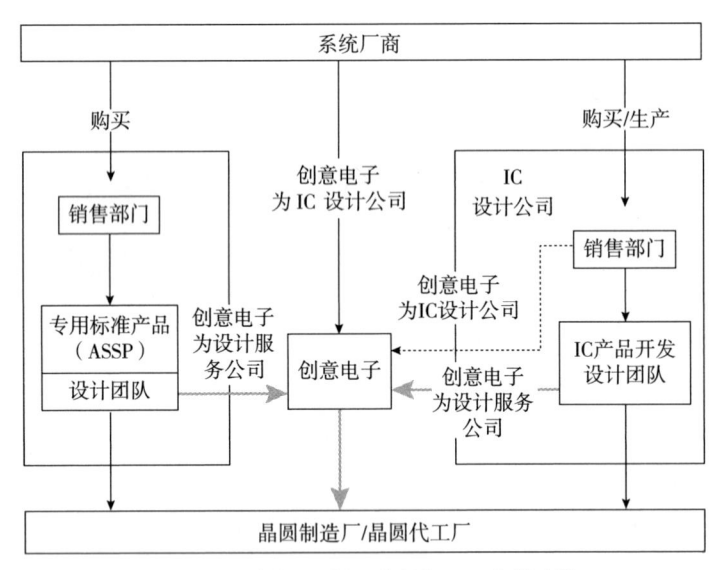

图 4.2　创意电子弹性、定制化 IC 服务模式[20]

台积电引领 OIP 平台生态系统，加速半导体行业的协同创新

创意电子与台积电、封装测试厂等加强合作关系，发展出虚拟垂直整合制造商模式，可以按照客户需求提供定制服务，包括知识产权授权与定制、设计咨询与授权、SoC 设计、制造的设计、可测试性设计、实体实现、封装设计以及供应链管理等。同时，创意电子兼容"超越摩尔定律"的各种创新应用，扩大到移动终端、网通设备、高性能计算与消费电子产品等市场的开发，并能直接服务系统厂商，扮演准 IC 设计公司的角色。越来越多先进系统大厂开始提供系统级整合产品和软硬件融合的解决方案，并直接借助 IC 设计公司和晶圆代工厂协助开发所需的专用集成电路，这势必会压缩销售芯片产品的 IC 设计公司和整合组件制造商的成长空间和利润。

消费市场的变迁和摩尔定律的极限受到挑战，也是台积电适时推出的 OIP 平台能够吸引其他从业者加入并成为产业重生和继续成长力量的原因。消费电子产品逐渐朝轻薄、短小、高性能的方向发展，产品生命周期大幅缩短，使高阶封测技术成为趋势，半导体上下游从业者必须携手合作，共同突破技术瓶颈。

台积电在 OIP 平台为 IC 设计行业从业者提供所需的电子设计自动化软件、知识产权模块，结合晶圆厂的制程参数、技术档案，给客户提供大量经过台积电制程验证的设计选项，打造全球最大规模的芯片制程验证过的硅知识产权与组件数据库。[21]

OIP 平台让伙伴厂商能直接运用验证过的设计，使各厂商设计趋于标准化，并与台积电制程兼容。这样可以加速研发和整合，对客户以及市场未来的发展都有帮助。

随着半导体产品尺寸不断缩小，对于高阶封装市场，如系统封

装、覆晶封装、晶圆级封装等的需求逐渐增多，其重要性也日益凸显，同样地，测试的重要性也逐渐凸显。

例如，为顺应三维芯片封装的趋势，台积电 OIP 平台在 2019 年即增加相关硅知识产权内容，并持续协助客户应对设计中的挑战，开发最佳的设计平台，以支持智能手机、高性能计算、智慧运输和人工智能物联网等各种新应用。因此，加入台积电 OIP 平台生态系统的会员厂商加速了半导体产业的协同创新且更容易拓展业务。[22]

商业生态系统的共生与演化

商业生态系统中的领导者角色

就像历史上的朝代兴亡更替一样，商业生态系统之间的竞争，不仅是争夺市场占有率，也是在争夺哪一家的商业模式将主导未来的走向。因此商业生态系统中领导者的角色，更像是带领伙伴一起打天下的共主。生态系统的参与者会因为对未来共同利益的预期而愿意加入领导者的阵营，一起发展共生进化的能力。商业生态系统的领导者也有可能被生态系统内新的中心贡献者或更强的领导者所取代，而由新的领导者带领商业生态系统自我更新或是整个商业生态系统一起被别的生态系统取代，如同改朝换代一般。因此，促成产业结构转型的是商业生态系统之间的竞争，而不仅是个别公司之间的竞争。[23] 发达国家重回制造业，如德国推动工业 4.0 虚实整合制造平台，美国提出"先进制造伙伴"，都是希望改变产业结构和生态系统，以确保在先进制造业中的领导地位并争夺价值链中的更大比例。

企业在生态系统策略中的四种角色

企业对生态系统策略的选择会影响自身发展。除根据上述生态系统的发展阶段外，还可以根据企业所面临的环境挑战、创新程度，以及市场贡献度，将生态系统角色定位分为"关键者""利基者""支配者""大宗商品提供者"[24]，如图 4.3 所示。

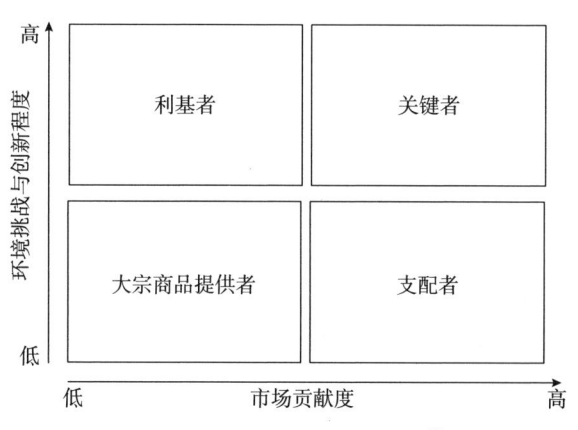

```
高 ↑
   ┌──────────────┬──────────────┐
环 │              │              │
境 │    利基者     │    关键者     │
挑 │              │              │
战 ├──────────────┼──────────────┤
与 │              │              │
创 │  大宗商品提供者 │    支配者     │
新 │              │              │
程 │              │              │
度 └──────────────┴──────────────┘
低 └─────────────────────────────→
   低         市场贡献度         高
```

图 4.3　企业生态系统角色定位[25]

关键者：关键者数量少，但在商业生态系统中有关键的影响力，也是主要价值贡献者。关键者的策略是在商业生态系统中引领创新，建立平台，通过分享资源，为有贡献的利基者创造生存空间，维持整个商业生态系统的健康。成员之间共享价值也是生态系统的重要稳定因素。例如，台积电首创晶圆专业代工，成为半导体产业的利基者，随着技术研发、卓越制造和客户伙伴关系等核心竞争力的提升，发展成为晶圆代工的领导者，通过合并创意电子，建立 OIP 平台，成为半导体产业的关键者。

利基者：利基者的数量比关键者多，但多数不占据主导地位。利基者必须不断创新，发展专属的、独特的专门知识或技术来进行差异化竞争，才能经得起环境的挑战。例如，旺宏电子是台湾存储器厂商中少数坚持自主研发的，虽然也曾历尽起伏，但已成为全球非挥发性存储器整合组件的领导厂商之一。

支配者：支配者倾向于用整合策略管理生态系统所有企业所需的资源，并将其他战略伙伴所从事的业务纳入公司辖下。当关键者的创新能力变弱而控制力量加强时，其角色则转变为支配者，支配者致力于从生态系统中攫取价值，但自己无法创造新的价值，最后危及整个商业生态系统和自己的生存。例如，国际运动用品大厂大多转变为支配者，压榨其代工厂，因而其代工厂在发展中国家无法保障劳工待遇，屡被国际人权组织评为"血汗工厂"。DRAM产业的支配者三星，在其长期积累的技术能量与规模优势的基础上，推出晶圆代工业务，希望提供更多创新价值而向关键者的角色转变。

大宗商品提供者：大宗商品提供者着重提供创新程度不高、低成本的产品。此类商品替代性高，对市场贡献不高。当利基者的创新能力变弱而提供的价值变少时，其角色则转变为大宗商品提供者。例如，一些DRAM公司因为缺乏自主研发技术，被国外技术母厂支配而沦为大宗商品提供者。

从商业生态系统的角度思考企业的战略是动态调适的，个别生态系统成员依照其企业SWOT分析，评估企业内部的优势和劣势、外部环境的机会和威胁，随着商业生态系统的变迁，选择对自己最有利的角色和定位，动态调整并制定发展战略。同一企业可能有不同的事业部或子公司，分别在几个产业生态系统中扮演不同的角色，例如，某个生态系统的关键者，投资新创企业而成为另一个生态系统的利基者。

中小企业如何从利基者发展成为次系统的中心贡献者？

台湾中小企业大多通过创新创业方式作为利基者出现，但如何避免成为蔡明介董事长所说的"一代拳王"？利基者应及时参与新兴的商业生态系统，并察觉商业生态系统的演化更替，进而调整参与的比重或改变其追随的领导厂商，甚至将核心事业转移到更具潜力和未来前景的商业生态系统。

利基者应设法借力关键者和生态系统中的各种资源，包括技术、市场、供应链、客户服务，并通过领导厂商和客户的稽核与向外部标杆企业学习，提升组织效能与管理能力。在生态系统的扩张和领导阶段，利基者仍应努力进行差异化，发展微区隔市场，实施蓝湖战略，逐步建立以自己为中心的"商业生态次系统"，通过成为次系统的中心贡献者来提升企业影响力和未来发展潜力。

以自行车产业为例，捷安特和美利达两大组车厂作为关键者，号召主要的零配件厂于 2002 年成立 A-Team（台湾自行车产业联盟），以台湾经济事务主管部门等为协力者，导入丰田生产方式和工业工程技术，一起往高价值化的高级自行车产业发展演进，在台湾建立共生的产业聚落，并吸引大厂和新创公司来台设厂。随着自行车电动化趋势的发展，从业者亦面临产业转型，以及如何结合电子通信产业优势的挑战。

成功的利基型企业通常是由技术或服务的创新开始，随着其提供的价值促进企业成长，一方面，利基型企业以商业生态系统的关键者为杠杆，争取更多发展所需的资源。另一方面，利基型公司应不断研发精进，建构以自己为中心的生态次系统，随着企业发展和内外部环境的变化，适时调整多种策略，得以进可攻退可守，就像智原科技和创意电子的创办人石克强所实施的战略一样。创意电子的案例研究即表明 IC 设计服务公司作为利基者与时俱进的战略变迁过程。[26、27]

产业共生与互补者

产业共生类似于自然界中的生物共生关系，即公司之间发展出的互惠互利或共生的关系。例如，某一个产业生产过程中的剩余资源或废弃物，可以被收集起来作为其他公司或另一生产过程的投入，促进循环经济与可持续发展。全球 IC 产业历经产业循环，无法继续投资成长的公司陆续出局，"大者恒大"是目前的产业趋势，因此各厂商往往通过合并与战略联盟维持竞争优势。同时，产业价值链与经营模式亦随之重新调整。

迈克尔·波特提出"五力分析"作为分析产业竞争策略的架构，其包括上游供应商、下游买家、潜在竞争者、替代性产品，以及现有竞争者这五种力量，每一种力量都有数项影响指标。[28、29]安迪·葛洛夫在上述五种力量外，增加了"互补者"（战略伙伴）作为探讨产业竞合的第六种力量。当这些力量发生巨大改变时，就可以找到影响企业兴衰的战略转折点。[30]

举例而言，戈登·摩尔在1997年再度修正摩尔定律，认为除物理极限外，晶圆厂日益增加的资本投资将因分摊资本支出使芯片制造成本和价格升高，进而影响先进制程的需求、产能利用率和投资回本时间，因此在经济面上减慢摩尔定律演进的速度。另外，IC设计的投资越来越大，进入纳米制程后，光罩设计与制作费用越来越高，以致中小型IC设计公司难以负担，新晋IC设计公司不易存活且越来越少，也会影响晶圆制造厂的需求。

然而，基于产业共生关系，由于晶圆厂资本投资高，反而让大部分整合组件制造商减少自己的投资，而和IC设计公司一起委托专业晶圆代工厂；晶圆代工厂则投资或支持IC设计服务公司，以更完整的服务协助客户首次投片就获得成功。

台积电如何与生态系统伙伴合作共生？

台积电与EDA、硅知识产权厂商等生态系统伙伴的合作共生，成功促进了整个生态系统的发展。随着云端技术和AI技术的演进，台积电OIP平台生态系统也拓展到云端。2018年，台积电宣布与亚马逊、微软等企业合作，建立VDE（虚拟设计环境），使客户能在云端利用台积电OIP平台设计芯片，并随着不同阶段的需要而灵活运用各种资源，使用后才付费，以节省初期开发成本，特别是降低了中小型IC设计公司和新创企业的进入门槛,以维持生态系统的成长。[31]

台积电作为生态系统的领导者和中心贡献者,其OIP平台对生态系统内的所有追随者和客户开放,以促进商业生态系统内的开放式创新和共同演进,而不是对所有人开放,也不同于开源数据。

制程技术越先进,设备研发成本越高。真正能继续研发尖端设备的厂商只有少数的跨国企业,买得起高资本支出设备的半导体制造公司也只剩少数龙头厂商,投资回收期拉长将影响研发投资意愿,使技术演进速度趋缓,抑制整个生态系统更新的速度。

因此,晶圆制造关键制程主要设备光刻机的制造商——荷兰ASML公司(阿斯麦公司)要求台积电投资分摊其先进设备的研发成本,而台积电作为最困难制程的用户,其所提出的制程需求和技术蓝图对设备的开发也非常重要。2012年,台积电加入ASML公司的"客户联合投资项目",投资ASML公司,取得约5%股权,并额外投入资金支持ASML公司的研发项目。

台积电采购的关键设备EUV(极紫外光刻)机已占ASML公司超过50%的产量,三星积极追赶台积电,跟进投资ASML公司,取得3%股权,且额外投资合作研发新技术,采购最先进的设备。

为了确保产能供给,客户也常用出资购买部分设备再委托给代工厂的生产方式,避免出现代工厂出于对投资风险的考虑不愿扩充产能而造成产能不足的情况,以实现产业共生的双赢目标。

EDA系统迈向智能化对IC设计的影响

使用计算机编程语言来执行芯片设计的概念和EDA系统的发展,让IC设计走向模块化。摩尔定律驱动制程微缩增强了半导体的性能和AI所需的高性能计算,而随着高性能计算、超级电脑和算法的发展,各个领域的AI和大数据的创新应用不断增加,使得潜在的庞大需求继续成长。IC设计也进入以AI辅助芯片设计的成长阶段,例如，谷歌宣布用 DRL（深度强化学习）技术设计芯片，用不到 6 小时完成了工程师要花数月才能完成的芯片设计，包括用来创造更复杂的人工智能系统的芯片。谷歌也开发"TPU"（张量处理器）配合 TensorFlow 架构（一种深度学习框架）加速机器学习。过去因为制程微缩导致光罩成本大幅增加，提高了 IC 新创公司的风险，使得半导体产业生态系统源头的新晋 IC 厂商减少。以智能化的 EDA 系统厂商作为互补者，提供人工智能驱动的 IC 设计软件、验证工具和 IP 整合等套件，可以降低布局布线的时间成本和重工成本。

通过 IC 设计过程反复检查与调整设计参数和布局布线，突破各种限制，并且在优化芯片绩效指标的过程中积累大数据，借助机器学习发展 IC 设计更强大的辅助功能，成了半导体产业的一个战略转折点。这势必增加更多"超越摩尔定律"的发展和配套技术，如先进封装技术等，以满足各种不同类型的芯片需求。

IC 设计服务与 IC 设计公司的新竞合关系

随着半导体产业生态系统的蓬勃发展，系统大厂包括谷歌、苹果等跨国企业，纷纷投资研发自己的芯片，借助硅知识产权、IC 设计服务和晶圆代工等产业链的完整服务，掌握关键零部件，形成差异化优势。IC 设计服务公司，如创意电子，提供弹性、定制化的 IC 服务模式以直接服务系统厂商，如图 4.2 所示。创意电子已经间接跟 IC 设计公司展开竞争。

IC 设计大厂除持续推出自有产品外，联发科自 2018 年起还提供 ASIC 定制化解决方案，已成功接手思科、谷歌、亚马逊等大客户的多个项目，ASIC 业务比重持续增加。联发科以其先进且丰富的芯片设计专业技术以及大量支持产品研发的专利和硅知识产权，协助客户开发独特的集成电路、平台或产品，并依据客户需求提供灵活的 ASIC 开发服务，从早期芯片规格及系统设计到生产制造统包服务等，提供最佳芯片、封装和PCB，以有效提升芯片运算效率，保障客户产品质量。

　　本章通过创意电子案例来探讨商业生态系统。创意电子顺应市场对SoC的需求而创业成为利基者，随着加入台积电集团而共同演化出虚拟垂直整合经营模式，负责IC设计代工，协助客户在最短时间内完成系统开发与设计，也扮演产业链上下游整合的第三方角色。随着半导体水平分工的产业结构成为主流，台积电领导的协同开发模式日臻完善，因此吸引更多在生态系统外的客户，创造了更多元的应用和各种需求，使水平分工的产业链蓬勃发展。创意电子在合作分工中，成为台积电OIP平台的重要一员，而台积电也通过OIP平台成为整个半导体产业的关键者，形成了其他想跨进半导体代工领域的国际IDM大厂难以仿效的竞争优势。

第 5 章
产业生态系统的中立者和互补者

人心惟危,道心惟微;惟精惟一,允执厥中。

——《尚书》

半导体产业链的中立者和互补者

商业生态系统成员厂商之间互相依存、共同演化，并随着生态系统的蓬勃发展而日趋多元化，不同成员之间的价值共创与利益交换的动态关系也日益复杂。因此，需要中立的第三方，作为生态系统不同成员之间的仲裁者，就像球赛的裁判角色一样，协助厘清责任归属；也需要专业的体检中心，通过专业、深度的分析找到问题真因，以维持生态系统的健全发展和共生关系。

如果生态系统关键者的创新能力逐渐变弱，那么为了增强对追随厂商的掌握程度，会利用强势采购力量加强其控制力，慢慢变成致力于从生态系统中攫取价值的支配者，而原本生态系统赖以生存的创新技术已经成熟，最后只能靠低价竞争，导致整个商业生态系统的发展受到影响。因此，健康的生态系统需要中立的第三方来避免领导厂商过于强势的主导。创意电子在 SoC 的设计与制造中，就扮演了促进产业链上下游虚拟垂直整合的第三方角色。

由于半导体产业迈向水平分工，整合组件制造商朝 Fab-lite（轻晶圆厂）或 Asset-lite（减少资本投资）的经营模式演进，陆续释放晶圆代工与后段封测代工订单，IC 测试市场持续扩大，吸引了许多厂商积极投入此产业领域。为了争夺生态系统的领导地位，大型封装测试公司不断扩产，增加规模效益，既有的封装测试厂之间的市场占有率竞争和价格竞争也越来越激烈。

2018 年，日月光与矽品精密合并为日月光投控，成为全球第一大半导体封装与测试公司。集团化经营除了在议价能力上较有竞争优势，对于产能调度分配与稳定供应也更有综效。这显示出生态系统从群雄并起的扩张期，逐渐走向领导厂商的稳定期。

在测试机台不断推陈出新、资本支出越来越高的环境下，其他小厂大多专注于利基型产品，深耕相关技术以降低成本，在接单时选择承接同性质的测试业务以增加规模效益，希望尽量让既有的测试机台测试同类型产品以提高产能利用率，且机台组合单纯亦有利于管理成本的降低。[1、2]

晶圆测试：半导体产业链中的独立一环

晶圆探针测试是半导体生产过程中的重要一环，是每片晶圆都必须经过的检测步骤。通过对晶圆制造后的每一片晶圆上的每颗晶粒进行针测，筛选出符合电性规格要求的良品。

在检测设备的探针卡上，为配合测试产品线路布局而摆设得密密麻麻的探针与待测晶粒上的每个焊垫接触，通过输入电流信号，根据测试程序以检测其电性特征和回馈的数值，筛选出已知合格晶粒再封装成芯片，经芯片最终测试后的良品才会出货给客户。晶圆针测不合格的晶粒会被注记，当晶圆被切割成独立的晶粒后，不合格的晶粒就会被报废，不需再进行后续加工，以免增加生产时间、浪费芯片封装及最终测试的成本。

晶圆测试的结果图形被称为晶圆图，不合格晶粒的特殊图形为追溯生产过程中制程或设备异常提供了线索。我针对纳米制程微缩产生特殊故障的样型研发了智能化的晶圆图分类和诊断系统，整合了统计群集分析、空间统计，以及类神经网络等分析方法，并结合了内隐的领域知识和专家判断，使数字化成为工程数据分析系统的模块之一，用其协助知识管理和数字化转型。[3、4]

然而，晶圆测试时也有可能因为测试机台、探针卡的稳定性不足、探针质量异常、接触不良等因素或因参数设定不正确、装机错误等人员操作的疏忽而导致误判，进而造成将良品误判为不良品的生产者风险，以及将不良品误判为良品的消费者风险。有时因为故障比例异常而必须整批进行重测，这增加了生产周期时间和晶圆测试的成本，也影响了客户的信任度。

摩尔定律改变晶圆测试的角色

在过去，晶圆测试属于晶圆制造过程的一部分，因此都是在晶圆厂内直接进行晶圆测试，其优点是可直接将晶圆测试结果报告立即反馈给晶圆厂，让晶圆厂即时得知晶圆良率，立即进行制程改善，以降低制造成本。另外，晶圆测试是以晶圆形态在无尘室内进行检测，因此直接在晶圆制造厂内进行晶圆测试有其便捷之处。然而，随着摩尔定律发展，先进制程研发投资成本日益升高，晶圆厂大多将重心放在晶圆制造上，这限制了小型晶圆厂内的晶圆测试的规模，小型晶圆厂开始将晶圆测试外包。

尽管许多晶圆厂内都有晶圆测试部门，但是晶圆厂也开始发现自己越来越难以满足客户随时变化的各种要求，而且将此部分外包也不损及核心业务。对于晶圆厂而言，继续投入高阶晶圆测试设备的投资回报率与专注于晶圆制造相比很不划算。再加上产品是顺应市场需求而推出的，某一产品的测试系统并不完全适用于另一种产品，这使得晶圆厂每两三年就必须投资换购全新的自动测试设备系统，否则就必须调整旧机台的测试技术来测试新制程技术生产的晶圆。

然而，如果晶圆厂随着制程换代和产品更新而持续购买最新的测试设备，开发配套的测试系统，那么又很容易造成某种设备产能不足而另一种设备产能过剩的情况，再加上测试设备投资负担日益增加，需要持续的资本支出和研发投资才能维持竞争力。

因此，对于晶圆厂而言，专业的晶圆测试服务业者的出现，既可以减少机台设备重复投资的开销，又可以均衡稳定地提供产能，降低产品测试费用。由于晶圆测试与芯片最终测试的技术和对象不同，所需投资的测试机台与配件的类型也不同，所以后段封测厂商较少将投资重心放在晶圆测试领域。

SoC 产品功能提升，良率的挑战随之加剧

随着消费电子产品、移动通信产品持续朝轻薄、短小与高效能、低功耗的方向演进，以及芯片在人工智能物联网、车用、5G 网通设备和智慧运输等产业的应用，IC 设计复杂度不断提升，同时晶圆制造技术持续微缩进入纳米级，单位面积电路密度增加，晶圆测试面临的挑战也越来越严峻。[5,6] 随着 IC 进入 SoC 等整合阶段，芯片封测技术领域亦有 SiP、MCP（多芯片封装）、三维芯片与 WLP 等多种封装技术兴起。

换言之，SoC 越复杂，漏检的损失就越大，风险也越高，因此，为了避免出现模块中单一组件是不良品，导致整个 SoC 的其他相关晶粒跟着一起报废的结果，封装前鉴别个别组件测试及晶粒良莠的能力日趋重要，晶圆测试的重要性亦与日俱增。

摩尔定律驱动制程技术的进步，集成电路线宽持续微缩，硅晶圆尺寸也不断扩大以追求其规模效益，上述因素使每单位晶体管成本持续下降。然而，IC 检测设备投资成本和检测的复杂程度随着线宽持续微缩而不断增加，使得测试成本占整个 IC 成本的比例也越来越高。

对于整合组件制造商及晶圆代工厂而言，专业的晶圆测试服务公司的出现，可以分摊测试技术的研发投资和产能的成本支出，因此使得晶圆测试从晶圆厂中的一个生产步骤独立出来，成为半导体产业链中的独立一环。晶圆测试服务公司不仅要为客户提供完善的测试解决方案，也要为客户的数据保密，如图 5.1 所示。

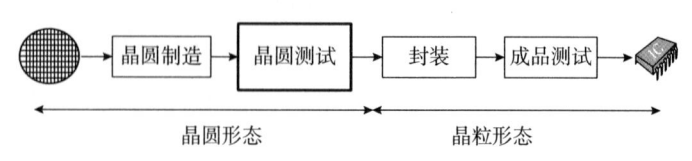

图 5.1 晶圆测试演化为半导体产业链中的独立一环[7]

晶圆测试的重要性和中立性

商业生态系统亦出现了专注于晶圆测试的互补者。因为在半导体产业垂直整合中，晶圆测试刚好介于前段的 IC 设计及晶圆制造与后段的封装之间。作为半导体前后段之间的第三方，晶圆测试结果的质量和可靠度将决定整个产业链垂直整合的成败。

由于系统级封装整合了来自不同公司或不同晶圆厂的晶粒，各个供应商之间有竞争关系，而且当系统级封装芯片报废时，需要厘清责任归属。因此晶圆测试如同作为裁判的中立者，可以掌握各家晶圆厂晶粒的测试结果，以确保 SoC 检验的可靠度和产品质量，因此成为产业生态系统中必要的利基型厂商。

晶圆测试厂包括日月光投控子公司福雷电子、京元电子、新加坡星科金朋集团子公司台湾星科金朋以及欣铨科技等。以欣铨科技为例，其创办人卢志远博士于 1989 年担任工研院电子所副所长，曾主持"次微米项目"，开创了自主研发和量产的 DRAM 技术，是台湾半导体存储器产业的重要推手之一。1994 年，"次微米项目"衍生成立世界先进公司，卢志远担任副总经理，并于 1998 年升任总经理。由于 DRAM 大宗商品的产业特性，世界先进公司除了前两年大赚以外，经营状况未如预期，又遇上亚洲金融危机，因此在 1999 年转型为晶圆代工厂。

卢志远博士离开世界先进公司后自行创业，于 1999 年成立欣铨科技，专注于晶圆测试服务，在半导体产业链水平分工中切割出晶圆测试服务代工，依靠台湾半导体产业集群的优势，发展成为生态系统中的利基者。

此外，交易模式也随着技术演进和需求而改变。2000 年以前晶圆制造费方式大多是以晶圆为单位来计费，这是因为经过晶圆允收测试等检测合格后的每片晶圆价格是一样的。

然而，消费电子产品少量多样的需求导致所需的半导体芯片是以颗来计算的，商业模式转变成以已知合格晶粒为单位计费。这是因为只算良品数对客户比较公平，对于产业领导厂商，如台积电，因其良率高也更有利，这更加凸显了晶圆测试筛选的重要性和中立性。[8]

SoC 与 SiP

随着产业对半导体零部件的需求日益多元，已由一颗单一功能芯片阶段进入多种功能模块整合于 SoC 的阶段。高积集、高承载的集成电路逐渐成为半导体产品的主流，SoC、SiP、WLP、三维芯片等越来越普遍。举例而言，SoC 是将逻辑、存储器、类比等功能整合在芯片中，如图 5.2 所示。SiP 则是将多种功能 IC 通过堆叠或并排方式将组件整合封装在一起，如图 5.3 所示。SiP 的关键在于已知合格晶粒的组合问题，如果个别的晶粒良率不高，通过 SiP 整合而成的 SoC 良率将更低，因为 SoC 的产品良率基本等于所有组件良率的乘积。

系统功能越复杂，则需要越多颗异质多功能晶粒的整合，因此"一粒老鼠屎坏了一锅粥"的风险也越高。为了提高 SoC 的良率，并降低 SiP 的损失成本，封装前通过晶圆检测精准地确认晶粒的好坏就显得日益重要，这也直接影响 SiP 和 WLP 产品的成本效益。

在 SoC 与 SiP 产品应用日益广泛的背景下，整个产业链上下游面临的挑战日趋复杂，晶圆测试技术的重要性也越来越高。因此，半导体产业走向虚拟垂直整合，产业上下游需要一个公平的中立者。欣铨科技提供专业晶圆检测服务，以半导体产业链的第三方为利基定位，给客户提供晶圆检测结果以协助其改善产品。[9]

图 5.2 SoC 示意图[10]

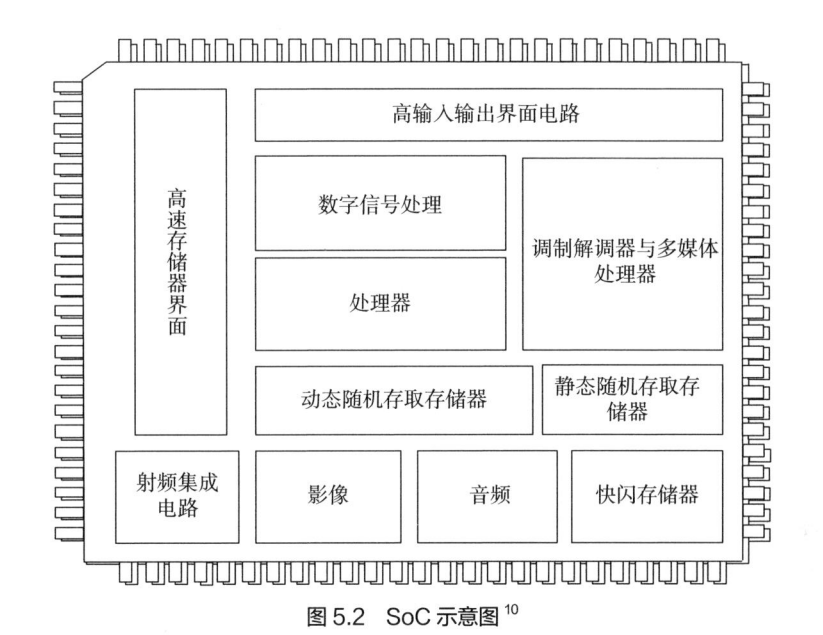

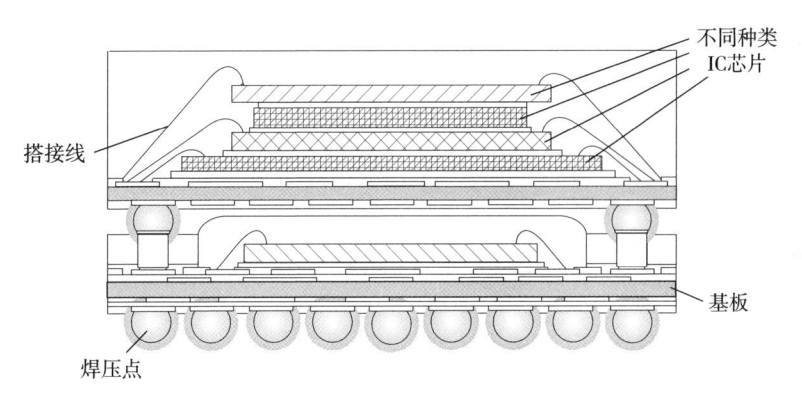

图 5.3 SiP 示意图[11]

欣铨科技如同客户和晶圆厂的眼睛，负责检查晶圆上每一颗晶粒良率是否异常，筛选出已知合格晶粒，再进行后续的系统封装，减少不必要的封测成本。作为半导体产业链中独立的一环，其在降低消费者风险和生产者风险的同时，也增加了产品的可靠度，进而可以协助晶圆厂规划整体测试策略，如可测试性设计等，有助于晶圆厂整合。

集成电路许多内部的信号和表现难以从外部检测，可测试性设计即是通过增加对应的电路结构以帮助测试顺利进行。测试结果除了能够找出缺陷的来源，亦可作为设计新产品时的参考。

欣铨科技积极投资研发测试信息安全系统。该公司作为客户的虚拟测试厂及信息枢纽，让客户可以直接掌握最新、最及时且透明的测试信息，包括晶圆测试与成品测试机台所有测试验证项目的程序和结果信息的整合。客户可以通过网络随时自动获得产品的测试数据，例如晶圆图、良率趋势分析图、整批各片晶圆的良率及整批生产状况、产品测试的历史数据，以及流程站别等生产排程信息，为客户提供工程数据分析和良率提升的依据。在产业链的信息流中，欣铨科技成为有价值的晶圆检测数据枢纽，扮演专业的"医疗体检中心"的角色，如图5.4所示。[12]

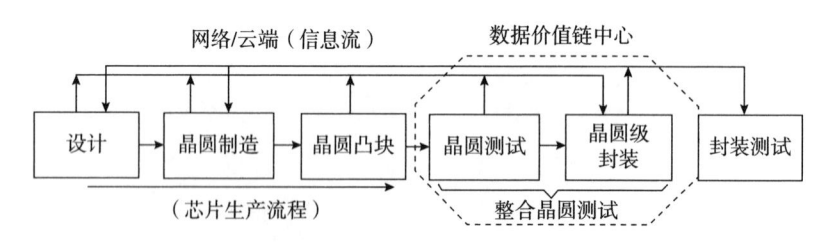

图5.4 欣铨科技在数据价值链上扮演良率筛检中心的角色[13]

欣铨科技作为生态系统的利基者，必须持续技术精进，为客户提供半导体测试相关的各类服务。从IC设计开始，依据客户的产品信息提供测试领域知识的咨询服务，例如，各种测试模式的建议、测试内容的规划、协助客户测试程序开发、制程良率改善等，并基于对各类测试机台功能更深入的了解和测试程序开发的经验，为客户提供优化的测试解决方案。

数据价值链与半导体产业的成长

一方面，晶圆测试如同体检中心，需在短时间内完成客户产品的晶圆体检报告，提供更完整且更符合产品特性的测试分析数据。因此晶圆测试必须随着客户产品推陈出新，不断更新、精进测试解决方案，提升测试结果的鉴别力和可信度。测试机台通过模块化和组态优化提升设备的利用率，并通过优化资源配置满足各种测试需求，以实现全面资源管理。

另一方面，随着制程技术不断微缩集成电路尺寸，芯片搭载的晶体管和电子组件数量也呈等比级数增加。因此对芯片传输的频宽和 I/O 引脚（输入输出引脚）数量的需求也大幅提升，这不仅增加了晶圆测试的难度，也使封装技术面临更多挑战。

半导体产业维持成长动能的几个方向

为了维持增长动能，半导体产业将往三个不同维度发展：一是继续遵循摩尔定律，研发制程微缩技术；二是推动超越摩尔定律的各种创新以扩大应用领域；三是研发第三代半导体等新材料科技。随着更多元需求的出现，半导体生态系统的领导公司，包括晶圆厂与封装厂，都研发出许多先进封装技术，并通过系统整合层面上的性能与成本效益竞争，更直接地服务系统厂商客户。

例如，随着半导体微缩难以满足异质整合的需求，台积电强化晶圆制造的垂直整合，除了 IC 设计服务和 OIP 平台，亦发展三维芯片微缩技术平台，扩大其先进封装技术的研发投资和产能，推出包括整合扇出型晶圆级封装、CoWoS 封装、3D IC 等。[14] 随着摩尔定律面临物理极限和发展瓶颈，台积电在后摩尔定律时代提出 SoP（系统封装）的概念，即把原本封装在一颗 SoC 中的功能分成好几颗芯片后再整合，维持每颗芯片的效能，降低总成本并降低 SoC 因为个别晶粒异常而整个报废的风险。

CoWoS封装是介于二维和三维芯片之间的整合封装技术，先将芯片通过CoW（芯片堆叠）封装制程连接至硅晶圆，然后把多颗芯片在共享的基板上互连，整合成CoWoS，实现缩小封装体积，降低功耗，减少引脚的系统晶圆级封装。[15]

IC载板供需失衡，PCB产业必须和半导体产业联动

集成电路不断微缩和系统级芯片封装技术日益复杂，使得提供互连功能的IC载板越来越重要，并影响PCB产业的生态系统。IC载板供需失衡的问题，凸显出未来PCB产业必须和半导体产业链联动，以及高级载板半导体产业化的趋势。英特尔主导研发的ABF载板（IC载板中的一种）是指在铜箔基板上附着ABF增层薄膜的载板，其可以直接通过化学镀铜制造线路，而不用经过热压合过程，因此更适合线路细、脚数多、高信息传输的高阶IC覆晶载板，包括中央处理器、绘图芯片、芯片组等产品。

在个人计算机高速成长的年代，许多ABF载板厂竞相投入生产。然而，随着个人计算机市场的成熟，ABF载板供过于求，部分厂商因不堪亏损相继被整合或退出市场，只剩下少数领导厂商，如欣兴电子等。新冠肺炎疫情增加"宅经济"需求，"短链"和"碎链"的趋势亦造成供应链的"瓶颈漂移"，ABF载板产能不足成为CPU和GPU等芯片关键零部件出货的瓶颈。随着人工智能、大数据分析、云运算、5G移动通信、车用电子等新兴应用的出现，市场需要更多高性能计算的SoC，IC载板的材料和封装技术越来越重要。更好的材料和技术才能确保高性能芯片的绩效表现，因此需要更大面积、层数更多的IC载板，这使得IC载板的需求大幅增长，供不应求。PCB产业龙头厂商均积极投资，臻鼎科技集团亦扩充其在礼鼎半导体的IC载板厂、台湾台南的软板厂等。

晶圆测试必须用到的探针卡和晶圆测试电路板，亦随着集成电路不断微缩而变得日益复杂。探针卡在晶圆测试电路板上布满密密麻麻的探针，其作为待测晶圆和测试机台之间的界面，通过探针卡的探针接触每颗晶粒上的焊垫或凸块，将量测的电性信号传输到测试机台，分析其功能与特性，判别晶粒的好坏，并筛检出不良品，避免不良品进入后段的封装测试，以减少生产成本的浪费，降低消费者风险。探针卡的制造工艺直接影响量测数据与分析结果的数据完整性以及芯片筛选判断的准确性和敏感度。

精准测试与先进质量控制

精准测试：半导体产业链的先进质量控制

为了满足半导体产业链先进质量控制的实务需求，我与探针卡主要供应商，如旺矽科技，以及晶圆测试电路板主要供应商，如中华精测等公司进行产学合作研究，实施统计制程质量管控，以监控探针卡针位、水平、针径质量等质量特征；进行实验设计与分析，优化制程参数以提升良率；进行大数据分析以协助故障侦测与分类；进行异常诊断、机台差异分析、原料选择匹配与调机决策支持等。

旺矽科技成立于 1995 年，现已成为亚洲第一大探针卡厂商和全球第一大悬臂式探针卡厂商，主要从事晶圆探针卡，以及光电、半导体自动化设备的生产销售等业务。为满足高阶 IC 制程微缩以及高性能计算、智能装置高速传输等应用需求，旺矽科技持续开发晶圆级微间距新技术，优化多层有机载板技术，研发高耐电流探针、高速晶圆探针卡等技术，并建立先进半导体测试解决系统、高低温测试系统，以满足未来更高规格应用的技术需求，增强产品竞争力。

此外，旺矽科技也着力开发新的测试设备领域，包括工业、车用、通信等领域的温度感测设备。在光电自动化产业，旺矽科技则聚焦于光通信、感测、微显示器、发光二极管等应用领域，研发具备量测、分选、光学检查等功能的高度整合的自动化设备，为光电产业提供高附加值的统包解决方案。

探针卡研发制造整合及分析附加值服务

探针卡是安装在晶圆测试板上的零件，其主要供应商为中华精测。中华精测以研发起家，是中华电信研究所衍生的公司，该公司为全球半导体产业链中少数兼具设备研发与制造能力的测试界面服务厂商。中华精测自主研发探针生产设备，亦掌握探针的材料科学、特制药水，以及金属合成的微机电技术。因此，中华精测能根据客户的测试需求，制作各种定制化的探针，每一款探针都经过200万次的高低温压力循环测试，以确保探针在极端的测试环境下，仍具备稳健测试的可靠性。[16]

中华精测通过产学合作和自主研发引入大数据分析与人工智能技术，提出智能制造解决方案，设计自动化生产线，包括设计智能化、传感器智能化、设备自动化、物流自动化和管理平台视觉化。自动化生产线可与企业资源规划、制造执行系统和高级计划与排程等各种应用系统整合，提升智能制造的效率与良率，并通过3D信号及电源完整性模拟分析与优化进行量测验证与比对，优化设计准则，有效确保探针卡信号传输的完整性和一致性。

除了晶圆测试，由于在半导体研发和制造的材料分析过程中需要用到聚焦式离子光束机、穿透式电子显微镜、扫描式电子显微镜、离子质谱仪等精密仪器，还需要高资本支出和专业分析能力，所以除少数大厂外，产业界难以投资足够的精密设备来维持专业分析团队。就好像除规模较大的医学中心外，一般中小型医院也难以投资所有医学检验所需要的精密、贵重检验仪器。因此会有专业医学检验中心提供分析服务，以满足医疗系统中不同类型医院和诊所的需求。

高科技产品的医学检验中心，共享精密仪器实验室

台湾半导体产业集群和尖端制程检验日益重要。闳康科技成立于2002年，以高科技产品的医学中心和高科技产业共享的精密仪器中心为利基定位，提供可靠度分析、失效分析、材料分析等服务，包括非破坏性检测、电性分析、物性分析、材料分析。闳康科技给客户提供产品医学中心级的健康检查和检验诊断服务，以满足客户在产品研发和开发新制程、新材料结构时的需求。[17]

闳康科技初期以服务半导体产业为主，包括IC设计公司、晶圆代工，以及封装与测试，后期其成功将传统耗时费力的实验研究转化为专业的分析服务，并逐渐在中国、日本等地建立各种实验室，以就近提供完整的材料分析、故障分析和可靠度测试等技术服务。

随着经验积累和加速学习，闳康科技通过智能化实验、信息系统化、制程标准化及产线自动化，随时掌握人员、工单、机台状况及实验进度等信息。闳康科技通过获得国际认证的实验室提供精确分析数据，强化服务导向的运营模式，优化服务流程，协助各个公司提升产品研发的速度，并持续推广材料分析的应用扩大至各领域的研发、制程与品管，深化并扩大服务范围，如5G、人工智能、数据中心建设、高科技产品的侵权鉴定、高科技产品的保险赔偿评估等。闳康科技还给各个产业提供定制化的附加值服务，成为高科技产业的最佳研发伙伴。同时，闳康科技也通过资助学术研究项目，以企业资源协助学术研发，强化理论与实践之间的整合，促进产业生态系统的健全发展。[18]

面对来自上游晶圆厂及下游封测厂的夹击，中立者如何占据一席之地？

在制程挑战物理极限和晶圆级封装的产品趋势下，晶圆制造厂开

始重新重视厂内晶圆测试，商业生态系统的领导者也推出统包服务以促进虚拟垂直整合。各家晶圆代工厂为了满足客户需求，也都纷纷扩大内部晶圆测试产能，并整合后段封测厂，为客户提供更完整的服务。半导体测试机台投资成本越来越高，封测大厂通过合并或联盟的方式稳固其领导地位，并积极向上游晶圆测试整合以扩大版图。

面对来自上游晶圆厂及下游封测厂的夹击，中立的利基者如欣铨科技、中华精测、闳康科技如何在半导体产业价值链占据一席之地？随着公司的成长，是否该选择垂直整合扩张测试服务范围？或与上下游厂商，如IC设计、晶圆制造、封装测试等结盟以争取统包服务订单？或是将晶圆测试、材料分析的核心专长水平延伸到更多产品领域，如存储器、逻辑IC、混合信号IC等晶圆测试，甚至拓展到其他产业领域的测试和分析服务，扩大客户来源以分散风险？

面对高度竞争的半导体产业生态，作为利基者的测试厂商必须持续提升核心竞争力与创新价值，强化其价值主张，掌握比重越来越大的测试市场，实施蓝湖战略成为晶圆封测蓝湖市场的关键者。一方面，持续提升测试研发技术，维持专攻晶圆测试专业体检中心的角色，并将价值主张诉诸终端客户，如系统厂商或IC设计公司，维持并成为半导体产业链中的独立一层；另一方面，面对产业上下游的夹击，追随生态系统的关键者，参与其垂直整合的统包服务联盟。此外，可以将核心竞争力拓展到其他产品领域以维持成长和获利，避免成为大宗商品提供者。

本章以中立性检测和专业的研发服务为例，探讨中立者和互补者的角色，以及其对产业生态系统的影响。企业未来该采取何种战略，其实跟其在生态系统的角色定位和产业价值链的演进息息相关。就像银行作为第三方提供的"履约保证机制"，能同时降低房屋买卖双方的风险，有效提升交易安全并促进房产中介行业的发展。因此，应系统性地思考促进生态系统发展的各种角色与配套机制。

通路商是指在产品的供应链中负责连接生产商和消费者的商业机构。大联大是全球第一的半导体零部件通路商，其发展大数据驱动的数字平台和智能物流服务模式，以协助客户面对智能生产和韧性供应链的需求与挑战。[19]大联大与我带领的团队合作研发了半导体零部件供应链需求预测、库存管理决策模型及决策支持系统。[20、21]

要想帮助国内中小企业和传统产业升级转型，应该推动分析服务产业和信息系统开发软件产业的发展，以帮助这些产业解决不易找到和留住适合的AI和大数据分析人才的困境，避免中小企业因为无法顺利升级转型而被淘汰，从而保障国内商业生态系统的健全和就业机会的多元。企业不管规模大小都可以借助新创的AI分析服务公司和"产业医生"提供的各种分析服务对症下药，取得自己所需的智能制造诊断咨询、解决方案，以及大数据分析和运算能力。中小企业只需建立内部项目管理团队，引进外部的互补者资源，加速产业AI化的升级转型即可。

第6章
产品生命周期的切入时机与破坏性创新

上得天时,下得地利,

观敌之变动,后之发,先之至,此用兵之要术也。

——《荀子》

产品生命周期

产品生命周期用来描述产品在从上市到退市的不同阶段，时间与销售量的关系，如图 6.1 所示，横轴为时间，纵轴为销售量。产品生命周期可以分为四个阶段。[1]

- 导入期：产品刚进入市场，客户需求与销售量逐渐成长的时期。
- 成长期：产品已经被市场接受，需求增加且市场快速扩张的成长时期。
- 成熟期：客户需求已经被满足，市场逐渐饱和，而产品销售量增长缓慢的稳定时期。
- 衰退期：大部分客户的需求已经被满足，新需求变少，因此产品销售量快速下降，陷入衰退期，最后被其他产品或创新产品所取代。

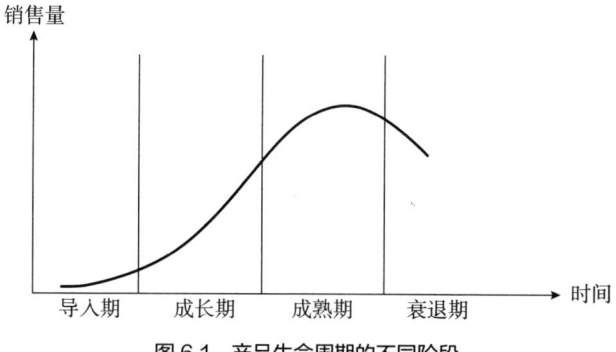

图 6.1 产品生命周期的不同阶段

产品生命周期的不同阶段

在产品导入期，要投入较多的研发和营销成本，客户数量和销售量缓慢增加；在产品成长期，随着市场扩张，销售量大量增加，公司营业额和利润大增，也容易吸引竞争者进入；当产品迈入成熟期，需求稳定而市场趋近饱和，产品售价和利润开始降低；到了产品衰退期，因为产品过时，销售量和售价下降，市场急遽萎缩，厂商开始陆续退出市场，直到产品被完全取代而消失，或只剩下少数的长尾需求。

分析产品生命周期中时间与销售量变化的关系可知，处于不同生命周期阶段的产品各有其市场特性和销售量情况。决策者可观察并预测销售量的变化，以此作为公司制定未来策略的依据。

德国工业参考架构模型4.0推动工业4.0系统设计，包括产品生命周期与价值链、应用层和阶层这三个维度。[2]架构模型4.0能够提供系统性的方法以分析企业的现状和定位，并将生命周期与价值链的各阶段对应到应用层的各项智能科技功能和工具，以规划导入的策略与解决方案。其中，产品生命周期与价值链维度主要用来描述产品、零部件、设备等从原型设计到实体化的完整生命周期的加值过程与活动。

IC设计公司的"一代拳王"现象

产品生命周期也可以用产品市场规模随着时间的变化来表示，如图6.2所示，一个新技术或新产品的市场需求从左下角到右上角形成一个S形状的曲线。在产品导入期，市场规模小、成长缓慢；在产品成长期，市场规模快速增加；在产品成熟期，市场趋于饱和，因此成长速度越来越慢；在产品衰退期，市场需求日益萎缩，而被其他产品取代，或因推出下一世代的新产品而开启另一个S曲线。在健全的商业生态系统中，因为有领导厂商和利基型厂商，可以推出一代比一代更好的产品和服务，因此市场规模和销售量可以持续形成多个S曲线而不断扩张成长。[3]联发科的蔡明介董事长指出，在IC设计业的发展过程中，有"一代拳王"的现象，有些 IC 设计公司因为某个产品而兴起，但也有些因为产品衰退而退出市场，就像"一代拳王"一样昙花一现。[4]

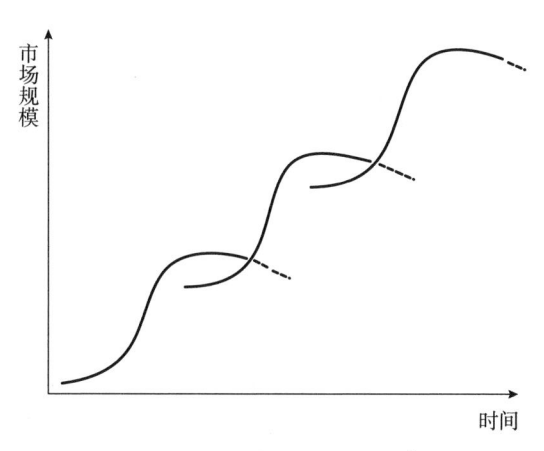

图6.2　产品生命周期 S 曲线[5]

创新扩散与需求变化

高科技产品生命周期短，为弥补这种缺陷，必须持续创新，不断推出有竞争力的新产品，才能稳定成长和获利。

企业为了稳定成长，需要导入新产品。新产品导入市场其实是一种创新扩散的过程。巴斯[6]首先将扩散模式用于市场销售，以观察新产品生命周期曲线以及预测新产品的销售量。

创新扩散模式将购买者分为两类：创新者与模仿者。创新者为受到外部因素影响，如通过大众传媒介绍，就主动去购买新产品的购买者；而模仿者受到市场内部因素影响，如通过其他消费者口耳相传推荐才会购买，这两者分别用创新者系数和模仿者系数来代表。例如，有些人在苹果推出新机时就去购买，而另外有些人是周遭的人都买了才跟着买。因此，新产品在某个时间点的销售比例，就等于该时间点创新者的比例再加上模仿者受到已购买者的影响而购买的比例，如公式（6.1）：

$$\frac{f(t)}{[1-F(t)]} = p + qF(t) \tag{6.1}$$

其中 $f(t)$ 表示某个时间点 t 的购买概率密度函数，$F(t)$ 是累积购买概率函数。p 代表创新者比例，q 代表模仿者比例。因此，某个时间点 t 的购买量 $n(t)$ 为市场潜在总量乘以购买概率密度函数，如公式（6.2）：

$$n(t) = mf(t) \tag{6.2}$$

因此，累积到时间 t 的销售总量 $N(t)$ 则等于市场潜在总量乘以累积购买概率函数，如公式（6.3）：

$$N(t) = mF(t) \tag{6.3}$$

新产品创新扩散的生命周期可以用图 6.3 表示，一开始的销售量是由市场潜在总量乘以创新者比例决定的，而随着时间变化，创新者已经购买导致新购买量渐渐减少，而模仿者的购买量是由积累已购买客户数量乘以模仿者系数得来，因此，随着积累购买量的增加，模仿者的购买量亦增加。总销售量在某个时间点 $t=T^*$ 到达最高峰后，随着市场剩余的潜在购买人数减少，销售量也逐渐下降，如产品生命周期曲线所示。

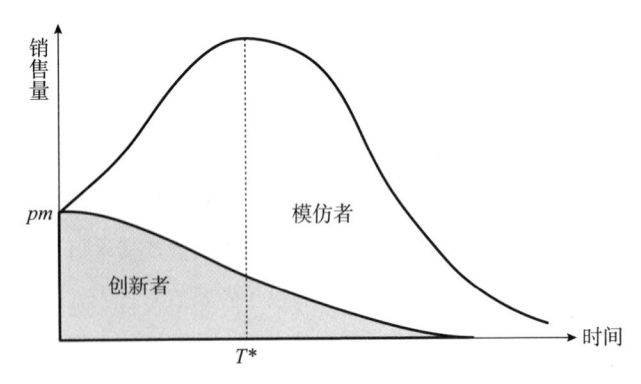

图 6.3　新产品创新扩散的生命周期[7]

因此，由公式（6.1）到（6.3）可推导出公式（6.4），某个时间点 t 的购买量 $n(t)$ 等于该时间点创新者的购买量加上模仿者的购买量。

$$n(t)=mf(t)=m[p+qF(t)][1-F(t)]$$

$$=\left[p+\frac{q}{m}N(t)\right][m-N(t)]$$

$$=p[m-N(t)]+q\frac{N(t)}{m}[m-N(t)] \quad (6.4)$$

其中，创新者的购买量 $p[m-N(t)]$ 等于创新者比例乘以市场潜在的剩余总量；而模仿者的购买量 $q\frac{N(t)}{m}[m-N(t)]$ 等于模仿者比例乘以已经购买的比例再乘以市场潜在的剩余总量。公式（6.4）可以再整理成公式（6.5），而利用数据和回归分析估计相关参数，可以解释和预测新产品生命周期与销售趋势。

$$n(t)=pm+(q-p)N(t)-\frac{q}{m}N^2(t) \quad (6.5)$$

巴斯模型可以解释产品生命周期曲线，是基于许多基本假设，而后续相关研究则根据不同情况修正这些基本假设提出的不同扩散模式，以适用于不同特性的产品和技术。例如，市场总量是固定的还是会增长？销售量是否有季节效应？新技术或替代产品如何对既有产品的生命周期产生影响？广告或价格对刺激消费是否有影响？不同时代的产品是否会改变创新者系数和模仿者系数？因此发展出各种创新扩散模式以解释不同产品的生命周期曲线并预测销售量。

我针对半导体产业特性，根据季节、市场成长率、价格、重复购买与技术替代等因素的产品生命周期、多世代技术扩散和大数据分析的需求估计技术[8,9]，建立了一个可以随着时间推移而调整并更新需求预测的模型，其可以有效协助半导体龙头大厂预测产品需求趋势，并作为需求规划与中长期产能投资策略的参考。

实证研究中也发现，在技术演进到纳米制程后，研发投资和设备资本支出急剧上升，但创新者系数越来越小，模仿者系数越来越高，这代表主动采取新制程技术的客户越来越少，更多的客户是因为其他公司已经采用新技术而跟着采用。这显示出半导体制程技术已经逐渐超过一般客户所需，也符合"超越摩尔定律"的趋势。然而，对于产业生态系统的领导者而言，如台积电，必须持续制程演进并找到更多客户利用新制程产能，通过新制程的领先量产和议价能力达到高毛利率来维持获利和成长。

深度学习，有效预测不同类型的需求

为了掌握市场的变化，我进一步提出四种需求类型（图6.4），并发展深度学习，以协助半导体供应链经销商进行需求预测与存货管理，降低供应链需求端和配销波动的长鞭效应对上游的影响。[10、11] 因为订单从最下游的客户往供应链上游传递时，需求的波动往往会逐层放大。

PLM（产品生命周期管理）包含了从产品诞生到衰退的完整产品生命周期过程的全面管理模式和解决方案。PLM软件可以整合企业资源规划、供应链管理、客户关系管理等系统的相关信息，结合产品领域知识与产品生命周期的分析，协助企业相关部门合作，以获取该产品在全生命周期中能带来的最大利益。

换言之，企业可以在同一个平台上，以产品为经，以各部门为纬，动员整个网络协同合作，根据产品生命周期不同阶段的需要来整合概念设计、产品设计、行销业务、生产、供应链管理、客户服务等整个网络的流程与信息。

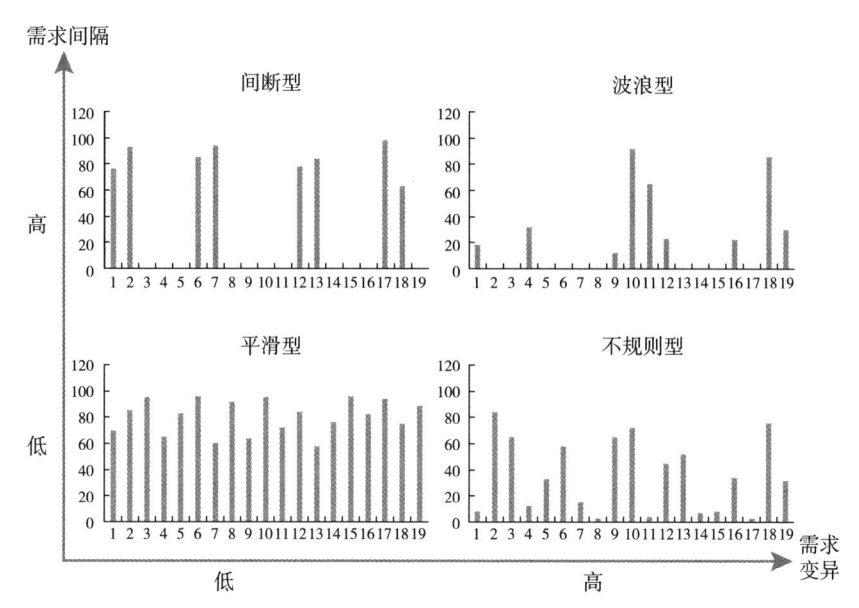

图 6.4 四种不同类型的需求 [12、13]

一方面，企业通常有许多不同产品和各种业务，因此实务中大多以功能为组织分工和绩效考核的依据，不宜用产品生命周期的时间纵轴来整合不同阶段的各种功能。另一方面，目前尚没有一套 PLM 软件能够完全满足企业针对产品生命周期全过程的所有信息的整合和分析需求，而是需要配合产业特性和企业组织分工的具体情况，定制化开发 PLM 解决方案。

因此，产品生命周期管理软件要想真正落实到企业经营过程中仍需许多配套条件，但可通过矩阵式组织，成立项目任务小组或由产品工程师负责产品全生命周期的管理，同时与组织各相关功能部门协调，提高跨部门整合的决策效率与质量。

BCG 矩阵结合产品生命周期管理，优化组合战略

波士顿咨询公司提出了 BCG 矩阵，以市场成长率为纵轴，以市

场占有率为横轴，如图 6.5 所示。该矩阵将产品或业务部门区分为四个象限，包括金牛、明星、瘦狗、问题四大类[14]，据此决定资源分配和发展战略，并可以结合产品生命周期管理，优化研发和产品的组合战略。

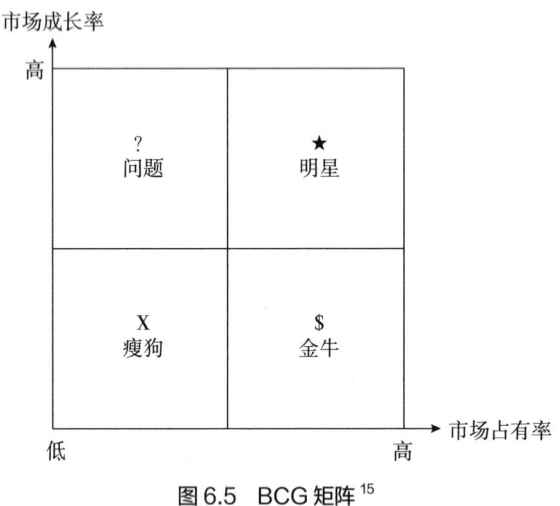

图 6.5　BCG 矩阵[15]

我协助 IC 设计服务公司优化研发项目的组合，以兼顾不同产品生命周期阶段的需求、资源分配和项目计划表的组合优化。[16] 大企业应持续投资高价值的新业务，衍生新业务，或在内部培育小而独立的创新项目，给予其一定的资源和发展时间，并定期评估个别项目的成长潜力和组合综效。

金牛类产品是指目前市场占有率高的业务，是目前现金流的主要来源，但其未来成长率低，通常已进入成熟期，应采取维持策略，积极增加获利，用来投资新事业。

明星类产品是指目前市场占有率高且未来成长率也高的业务，通常刚进入产品生命周期的成长期，是创造公司未来获利和成长的明日之星，需要投入更多资源，并加速量产以掌握成长契机。

瘦狗类产品是目前市场占有率低且未来成长率也低的业务，通常已进入产品生命周期的衰退期，却仍持续消耗公司资源，因此影响公司获利和财务绩效，应避免投入更多资源，积极回收甚至将其处理掉。

问题类产品是目前市场占有率低，但未来市场成长率高的新业务，通常处于产品生命周期的导入期，应权衡投资风险与报酬，把握切入市场的时机，以适时扩大市场占有率而成为另一个明星事业。

事实上，同一个产品在不同市场的产品生命周期的阶段转换进程通常不一样，产品生命周期各个阶段的长度和产业脉动速度也不同，存在一个时间差。这主要是不同市场和地区在技术水准和需求偏好上的差距导致的，也创造了套利的机会。产品生命周期可以协助决策者针对生命周期的不同阶段预测产品未来的需求量，决定进入市场的时机和定价策略、产能策略与销售计划等，平衡各个产品线的获利和风险，以提升公司的投资组合的总体报酬。

后发先至，提供更好的产品及服务

产品生命周期 S 曲线和进入市场的时机

以联发科为例，1997 年成立之初，相较于当时 IC 设计产业内的既有厂商，如威盛、矽统科技等，联发科的市场占有率或是相对技术占有率都较小。当时联发科以制造光盘机控制芯片为主，有 VCD（数字视频光盘）和 CD-ROM（只读存储光盘）两条产品线可以选择。当时 VCD 已经成熟，推出新产品的时机已经过去了，因此联发科选择以 CD-ROM 产品为主。

联发科产品研发的策略为"即时提供最佳的产品及服务"，所谓的"即时"可以用产品生命周期的 S 曲线来解释，即公司应该选择生命周期已经迈向成长期但尚未成熟的产品市场，太早进入市场，会因为需求不大，导致投资报酬率低；太晚进入市场，会因为产品已经成熟，市场趋于饱和且未来成长空间有限，往往导致杀价竞争。

随着成长和资源积累，联发科逐渐从利基者变成IC设计商业生态系统的领导者。因此，如图6.6所示，联发科进入不同产品市场的时机，也在不断往产品生命周期S曲线的前端移动。虽然先期参与新产品市场的开发，增加了投资成本和风险，但可以获取产品生命周期中的更多市场价值。

联发科进入CD-ROM芯片市场时，光储存产品市场正进入大幅成长的阶段，该市场上已有国际大厂如飞利浦、松下投入了四五年的研发时间，还有许多IC设计公司，包括联发科和OAK（美商橡华）等。联发科通过S曲线掌握最佳的切入时机，一旦切入市场即投入大量的人力和资本，快速超越原来的领先企业，并推出最佳的产品，夺取成长中的市场。蔡明介董事长认为，在S曲线的前端，产品功能的改进速度会不断提升；但到了成熟阶段，由于产品发展渐趋成熟，客户需求大多已经被满足，因此产品功能提升的空间减少，成本的竞争力相对更为重要。

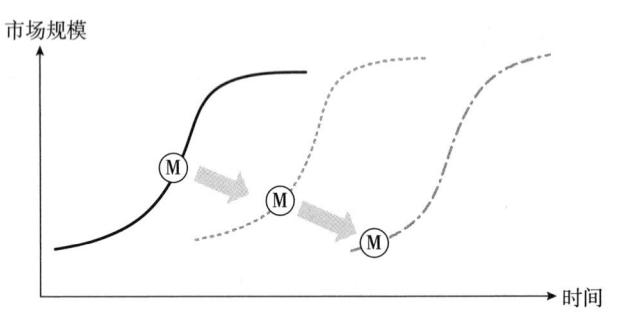

图6.6 产品生命周期S曲线和联发科切入时机[17]

推出性价比最高的芯片组，提供方便采用的参考设计

联发科在进入CD-ROM市场后，推出性价比最高的产品，将原本CD-ROM中的三颗芯片整合成两颗，甚至缩减至一颗，速度不断提升，但价格却不断降低，以充分发挥产品的竞争优势。相较于当时市场主流的机型，联发科于1998年推出当时全球最快的48倍速CD-ROM芯片组，被不少光盘机厂商采用，使得联发科产品的市场占有率不断提高，在2000年时全球市场占有率高达一半以上。借着CD-ROM的优势，联发科再次进入CD-RW的市场，并复制成功模式，破除了"一代拳王"的魔咒。

DVD-ROM（只读存储多用途数字光盘）是CD-ROM的下一代产品，1999年联发科复制其在CD-ROM产品线的成功模式，以黑马之姿后发先至，直接从当时市场最高规格的10倍速DVD-ROM芯片组进入市场。在DVD播放机的市场中，联发科亦推出具备高整合度、高效能且低成本等优点的SoC，大幅降低客户采购成本与整合所需的时间。

联发科还提供参考设计。客户只要依循参考设计提供的公版和指引，就很容易利用联发科提供的芯片设计出产品。因此在DVD的市场上，不仅提升了下游厂商客户的实质竞争力，也激活了更多原本技术不足但有市场开发能力的新客户。联发科成为DVD市场的关键者，领导整个生态系统蓬勃发展，并打败当时垄断DVD芯片市场的亿世电子科技有限公司，拿下全球50%的市场占有率。

2008年，联发科再度成为全球第一大数字电视芯片厂商，市场占有率达19.8%，并于同年推出蓝光DVD芯片组。

手机芯片组的进入时机与混合策略

2001年联发科在台湾成功上市后，为了寻找下一个具有爆发性的产品，联发科决定进入手机芯片市场，主要根据三项评估准则：第一，手机市场规模够大；第二，技术难度够高，因此开发的技术能够领先，不容易很快就被竞争者赶上；第三，能与公司内部积累的技术和核心竞争力相互支持而创造综效。手机市场渗透率在不同国家和区域也有所不同，当时 2G（第二代移动通信技术）已经进入成熟期，2G 手机在先进国家市场已有 90% 的渗透率，因此先进国家移动通信系统开始导入 3G（第三代移动通信技术），但 3G 尚未达到高速成长期。而新兴国家的 2G 手机市场仍有很大的潜在成长空间。[18]

联发科分析手机芯片 S 曲线的最佳时机，选择从 2.5G 手机芯片开始切入。2.5G 是在 2G 的平台上，提供了一些 3G 才有的功能，也是一种"平价奢华"的混合策略，2.5G 最常见的系统就是 GPRS（通用分组无线业务）。随着上述策略的成功，联发科又推出 2.75G 作为 2.5G 和 3G 之间的混合策略，2.75G 更贴近 3G 的标准，提供的传输速度已足够实现影音下载的功能，2.75G 常见的系统为 EDGE 系统（一种基于 GSM/GPRS 网络，其数据速率是原来的 4 倍的数据增强型移动通信技术）。因此，联发科可以提前收割手机 S 曲线从 2G 转换到 3G 之间的落差，也让市场扩大，更多客户可以顺利转换到 3G，如图 6.7 所示。

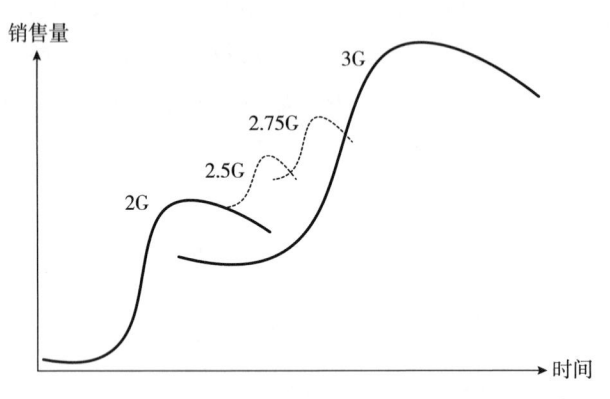

图 6.7 通信产品生命周期与 2.5G、2.75G 的混合策略[19]

联发科从 2.5G 进入手机芯片市场后，整合自身积累的技术和后发先至的发展策略。一方面，整合越来越强的功能，使其芯片组的性价比更高；另一方面，提供软硬件整合的整体解决方案和公版设计作为参考指引，将手机芯片和手机软件平台预先整合在一起，让客户可以利用整体解决方案平台，更简单地利用联发科的芯片设计新产品。

当时全球主要的手机厂商都是使用两颗以上的芯片支持通话以及其他附加功能，而联发科利用系统级芯片技术，将通话及其他较简单的功能整合在同一颗芯片上，其"整合型多媒体手机基频芯片组"结合了通话及相机、音乐等其他功能，因性价比很高而受到市场欢迎。因此，使用联发科手机芯片组的厂商，只需要参考其公版设计并组装加工，再进行外壳设计，就能快速生产出各种多功能、价格低廉的手机，从设计、研发、生产到销售服务的产品周期时间和所花费的成本也大幅降低。

参考设计与整体解决方案能够降低客户进入门槛。联发科提供的整体解决方案包含许多实用的设计思考：在硬件方面，包含原理图示和印制电路板布置图，而且都是让客户易于修改的电子文档，客户甚至可以不做任何修改直接套用；在软件方面，联发科提供仿真器和模拟器等设计工具，以及其独有的操作系统。

仿真器是复制手机各种功能的电脑程序，模拟器则是提供手机功能模拟所需的平台。联发科的客户可以利用仿真器设计手机能够提供的功能，并利用模拟器在电脑上定制其手机产品所要执行的软件。当客户在电脑上完成手机产品功能设计的仿真和模拟之后，便设计完成了可以下载至手机的新程序。

面对国际厂商绵密的专利布局，联发科一边加强技术研发，积极申请手机芯片专利，以争取国际一线手机大厂的订单；一边通过外部并购方式，如2007年以3.5亿美元并购ADI（亚德诺半导体）的手机芯片部门，以获得一支将近400人的专业技术研发团队与多项美国发明专利，并获得ADI现有一线手机大厂的客户订单，如LG（乐金电子）的订单。同时，联发科更进一步掌握WCDMA（宽带码分多址）与 TD-SCDMA（由中国提出的采用时分双工技术的同步码分多址系统）相关通信技术。通过并购 ADI，联发科提升了无线通信射频与类比芯片技术的研发能力，ADI 原本就与大唐移动在 TD-SCDMA 芯片上有合作基础，并借此布局 TD-SCDMA 的 3G 芯片技术。2007 年，联发科相继推出 GPS 与蓝牙芯片。联发科逐步发展成为中国台湾 IC 设计产业拥有最多美国发明专利的公司之一。

联发科整体解决方案的易用性和完整性，引领着手机产业链进行自我更新。联发科通过公版设计和模块化，缩短了设计制造流程，降低了复杂度和手机研发成本，让客户推出新手机的速度变快，缩短了产品的上市时间。通过整体解决方案协助定制化、软硬件的配套和标准化零部件，形成手机产业集群，提升规模效益，使成本下降，也促进更多创新。同时，让客户很容易有针对性地发展各自本地化的产品区隔，减少彼此之间的竞争。而且，因为进入门槛降低，会有更多新客户加入手机产业，能有效贴近不同市场需求，促进商业生态系统的扩张与发展。

联发科也因此成为手机生态系统的关键者，其他追随者和利基型公司的业务范围从上游的产品开发、外观设计、制造组装，到下游的销售服务等。通过模块化和标准化，形成水平分工的手机产业聚落，而联发科整合软件和硬件的整体解决方案则有助于手机产业上下游的虚拟垂直整合。

联发科成为手机产业生态系统的关键者

事实上，同一个产品在不同市场的生命周期的阶段转换进程通常不一样。由于不同市场和地区的技术水准与需求偏好存在差异，产品生命周期各个阶段的长度和产业脉动速度也不同。联发科手机芯片组和整体解决方案引领手机生态系统的发展，山寨机凭借百家争鸣的创意、快速出货的敏捷性，以及价格低廉的竞争优势，瞄准二三线城市、农村地区，以及新兴国家市场。当时这些新兴国家市场手机品牌意识不强，对手机的需求比较像大宗商品。随着这些地区的经济发展和生活水平的提高，市场需求也有所扩大。

联发科为了领导手机产业生态系统的追随者，也提供帮助客户使用整体解决方案和参考设计等工具的服务，甚至派出工程师到客户处提供教育培训，提高客户技术和产品竞争力，也促进更多需求，形成产业共生的良性循环。生态系统中的手机组装厂有些亦逐渐精进技术，从大宗商品提供者变成利基者，甚至变成手机产业的关键者。

由于联发科的客户（如山寨机的组装厂）不一定会使用很好的零部件，联发科除拥有功能强大、性价比高的芯片组外，其研发的芯片还考虑到更稳健的设计和兼容性，这让联发科芯片组与其他零部件最后一起组装成的手机能够有超越标杆的"第一级性能"。这些全面的考虑和整体解决方案有效弥补了当时中国手机系统厂商研发能力的不足，解决了山寨机质量良莠不齐的问题，使其可以在短时间内推出搭载联发科芯片组的手机产品。

联发科的竞争战略

联发科"平价奢华"的破坏性创新

与国际品牌手机相比，山寨机的生产流程更精简。当山寨机厂商有新产品的构想时，可采用联发科的整体解决方案，如利用其提供的仿真器和模拟器等设计工具。山寨机厂商可以选择以联发科的公版设计为基础再进一步修改、定制，先选定所需的联发科芯片组并采购其他零部件，再进行开模、试产。

由于联发科芯片组的设计具有稳定性，山寨机只需进行简单的检测程序或根本不做出厂检测而直接在交易过程中测试，省下检测时间和成本。

因此，山寨机可以更专注于外观设计或定制化功能。尽管有些山寨机模仿的是名牌手机，但也有不少山寨机进行了破坏性创新。山寨机厂商设计了各种天马行空的特殊造型，甚至追随潮流时事，形成了独特前卫的山寨机风格。

山寨机的制造厂商中也有不少中小型厂商，其实施蓝湖战略，更愿意去了解小众市场的消费者需求，以满足许多特殊消费者的需求，例如，响声特别大的、让农民在田埂上劳作时也能听到音乐的手机，以此促成更多元的商业生态系统。

由于山寨机物美价廉且质量稳定，在中国和新兴国家市场获得热烈反响，这也让联发科手机芯片销售量跟着手机产业生态系统一起迅速成长。联发科主要将手机芯片组销售给一些主要的手机制造商，因为有市场需求，所以这些制造商往往大量购买联发科的芯片组靠规模效应降低成本，并可将部分芯片组转卖到二手市场，从中获利。

因此，深圳和珠江三角洲地区也发展出成熟的手机产业供应链。手机厂商从构思设计，快速采购所有的零部件和相关服务，到量产出货，只需要几个月的时间。由于生态系统的持续扩张，某些厂商甚至将产品出口到其他新兴国家，并成长为国内一线手机品牌。

哈佛商学院教授克里斯滕森曾提出"破坏性创新"，但许多市场领导者在成功之后，往往投入资源继续精进技术、研发更完美的产品，走向"延续性创新"，而不自觉地忽略了客户的声音，逐渐超过客户的需求。[20]事实上，客户需要的往往是刚刚好且能够负担的产品和服务。

因此，后进者可以通过"低端破坏性创新"或"新市场的破坏性创新"，找出领导厂商过度满足的客户群或是尚未发现的市场，就能以更可观的成本效益与刚好符合这群客户需求的技术打入市场，颠覆既有产业的领导者[21]，如图6.8所示。

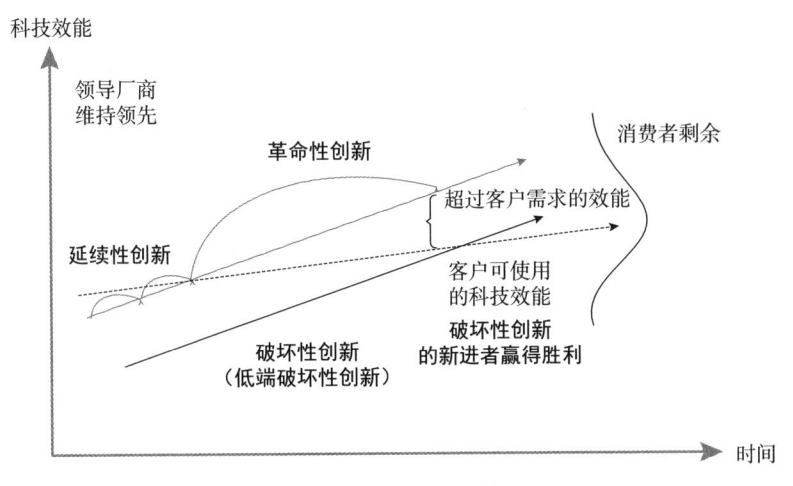

图6.8 破坏性创新[22]

2.5G 和 2.75G 的白牌手机和山寨机就是发现了新兴市场的缺口，并依靠联发科提供关键的驱动技术和整体解决方案而迅速崛起，促进了整个手机生态系统的繁荣发展。

"保获利"还是"保市场份额"的两难决策

2009 年 11 月，联发科与高通共同宣布双方就个别拥有的 CDMA、WCDMA 相关核心专利达成专利协议。联发科出货的手机芯片不需向高通支付任何授权金费用，而由手机厂商个别向高通取得授权与付费。

对于联发科而言，专利协议使其正式成为合法的 3G 芯片供应商，可以消除手机大厂对于联发科芯片可能面临侵权问题的疑虑。

此外，让联发科除维持中国大陆 TD-SCDMA 手机芯片市场的领先地位外，还能发展其他 WCDMA 手机芯片市场，扩大了联发科在 3G 手机芯片领域的市场。

以中国大陆市场来说，联发科打败德州仪器、英飞凌等强劲对手，在白牌手机市场持续成长，达到 70%的市场占有率；而以全球手机芯片市场来说，联发科于 2009 年挤下德州仪器，成为第二大手机芯片制造商，市场占有率仅次于高通。

高通也在 3G 市场复制联发科的成功模式，推出"高通参考设计"，而紧跟其后的晨星半导体、展讯半导体，以及华为集团的海思半导体打破了联发科独霸的市场地位，让联发科陷入"保获利"还是"保市场份额"的两难决策境地。联发科需要新的变革。2012 年，联发科与晨星半导体以换股方式合并。

联发科的战略思考

我于 2008 年结束在台积电三年的借调回到台湾清华大学时，因缘际会应邀到联发科担任顾问长达两年，获得了进一步观察和学习的机会。在执行深圳通信产业供应链整体发展战略产学项目期间，我撰写了关于联发科与山寨机的哈佛商学院案例。[23、24] 2013 年，我担任台湾清华大学秘书长时，筹办"清华学堂"并邀请蔡明介董事长做讲座，表 6.1 整理了蔡董事长提出的战略思考。[25]

联发科擅长在"产品 S 曲线"的最适时机切入市场，利用技术和完整解决方案的优势，快速用性价比更高的产品取代既有产品，迅速提升产品效能，夺取各个市场占有率而成为龙头企业，公司的营收和获利也不断成长，如图 6.9 所示。

表 6.1 联发科战略思考

洞悉产业趋势	1. 取得第一手的客户需求信息，掌握竞争者动态与市场动态，检验并分析客观资料以获得体悟并形成假设 2. 主动与内外部专家交换意见，修正或验证产业趋势的假设 3. 发掘客户潜在需要，辨识竞争对手、战略伙伴及目标客户，寻找尚未浮出水面的商业机会，以提供合适的产品或服务

续表

掌握进出时机	1. 设定优先级或在选择目标前对获利可能性、潜在利润、投资报酬率和成本效益作出周详的分析与权衡 2. 掌握时机进行决断，愿意承担开创性风险，并抢占位置 3. 在每一次做决策后，检验决策所导致的后果，进行自我检讨和修正
构建生态系统	1. 拟订可行且具有竞争力的商业模式，创造与竞争对手的差异化，以达到预期的获利目标 2. 掌握供给与需求端的关键对象，适时运用第三方以促成合作或战略联盟，提高自身业务的成功概率 3. 落实商业战略的执行，结合公司内各业务部门在全球布局的综效，以排除对外竞争时潜在的风险或阻碍，提高生态系统运作的效率

资料来源：整理自蔡明介董事长讲义[26]

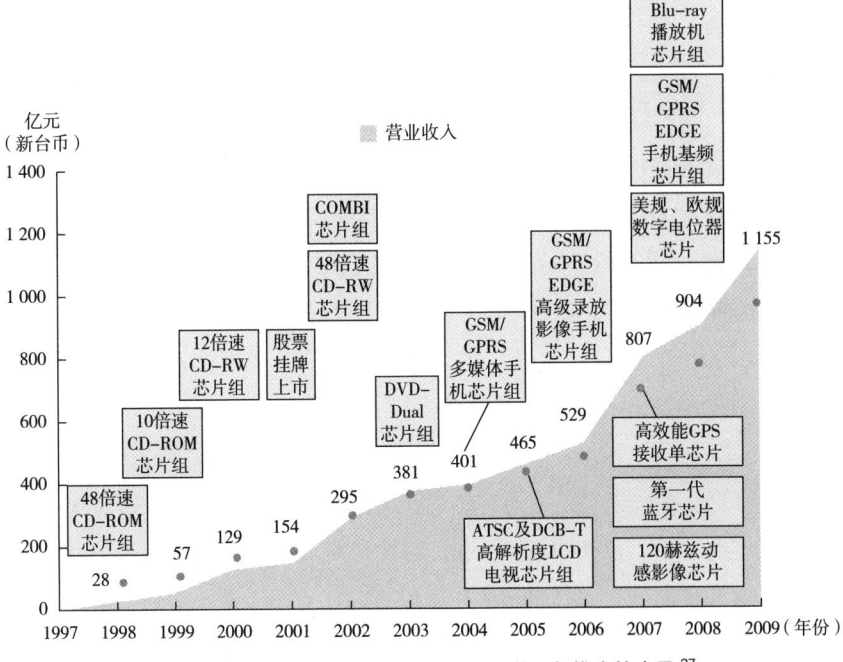

图6.9 联发科1998—2009年的营业收入与推出的产品[27]

第6章 产品生命周期的切入时机与破坏性创新

联发科在市场快要大幅成长时进入 CD-ROM 及 DVD-ROM 芯片市场，在该阶段产品发展渐趋成熟。联发科通过并购和内部组织调整，迅速整合人才和相关技术，一举推出高度整合且具有性价比的 SoC 及整体解决方案，大幅缩减客户的采购成本与时间，并提供公版设计作为参考设计，以及包含驱动程序和其他软件的完整服务平台，降低进入的技术门槛，让缺乏研发能力的中小型客户也很容易自行设计产品，大幅提高市场占有率。

随后联发科业务扩展到手机及数字电视芯片领域，亦提供整合性高、性价比高的芯片以及整体解决方案和公版设计等容易使用的工具，有效地帮助生态系统的追随厂商。联发科随着中国市场和山寨机市场起飞获得急速成长，并不断向东南亚、非洲、中东等新兴市场扩张，在 2G 到 3G 智能手机的世代交替中，横扫了整个 2.5G 和 2.75G 手机市场，并走向新的高峰。

5G 移动通信和网通科技产业的发展

新冠肺炎疫情彻底改变了人类的生活方式，移动通信和网络科技将越来越重要。与高通的 5G 芯片同时支持 Sub-6 及毫米波两种频段不同，联发科 5G 的应用处理器选择先专注于支持 Sub-6。毫米波是指 24GHz 以上的频段，Sub-6 是指 6GHz 以下的频段，越高频频段的传输速度及穿透力就越强。美国采用毫米波，中国和欧洲市场则采用 Sub-6 频段，联发科只支持 Sub-6 频段，适用市场范围较小。[28]

尽管从频段来看是高通的芯片胜出，但联发科战略性选择 Sub-6，反而超越对手。正如图 6.6 所示，联发科切入产品生命周期 S 曲线的时机越来越靠前，且从图 6.7 亦可以推导出在 5G 导入初期，大多数从业者往往先采用较具成本优势的 Sub-6 频段。联发科提供的高性价比产品和完整的产品线布局可以满足不同的市场需求，因此取得中国大陆 5G 手机芯片市场占有率第一名，在其他新兴市场也取得领先。

此外，联发科子公司达发科技凭借其芯片设计整合能力与软件功能推出真无线蓝牙耳机及蓝牙芯片的完整解决方案，具备传输稳定、降噪功能可调整、整体延迟时间减少和耗电量大幅降低等优点。达发科技用 AI 翻转耳机市场，不仅成为高端耳机产品的核心，也在白牌市场构建生态系统以复制山寨机的发展模式。

由于领导厂商现有技术和产品的边际成本低于新技术的平均成本，所以更容易维持延续性创新。[29] 台达电是全球最大的电源供应器厂商，其从零部件制造服务商转型为提供系统整合方案的工业品牌，并推动组织改造，区分产品业务范畴和业务群，以提高组织的整合综效。一方面持续投资技术研发，与境内外名校进行产学合作；另一方面则抓住产业快速成长的切入时机，分析技术和市场的缺口，通过并购的方式快速切入，并与相关的业务群整合形成完整的解决方案，提高附加价值，成功转型，创造持续成长的动能。

网通产业开放架构白牌化，水平分工现商机

台湾地区推出的"台湾 5G 行动计划"是创新经济发展方案的重点之一。台湾科技事务主管部门推动"下一代通信系统关键技术研发项目计划"，以促进小型基地台系统的自主核心技术研发，并围绕智能工厂、智能医疗、智能交通、智能娱乐、智能城市等开展专网开发和试点。台湾当局也给企业专网分配专用频段（4.8~4.9GHz），以满足产业垂直整合的需求。

一方面，5G 和大数据、高性能计算、AI 技术形成良性循环的发展契机。由于 5G 具备高速传输、超低延迟和巨量联结等优势，给各种产业提供了更丰富多元的应用场景。另一方面，5G、6G 和低轨道卫星的多元应用需求和开放式架构，为以水平分工为主的产业带来模块化和白牌化的商机。通过联发科的案例研究以及产品生命周期的应

第 6 章　产品生命周期的切入时机与破坏性创新

用，领导厂商应该思考在 5G 开放架构下，如何布局生态系统平台，整合各个领域的利基型厂商，发挥优势，补足弱点，抓住 5G 时代快速成长的商机。

第 7 章
量产速度与学习曲线

形而上者谓之道，形而下者谓之器，
化而裁之谓之变，推而行之谓之通，
　举而措之天下之民谓之事业。

——《周易》

PDCCCR 制造策略架构

迈克尔·波特提出了成本领先战略、差异化战略、成本聚焦战略与聚焦战略等不同的竞争战略。[1] 成本领先战略是指企业通过形成规模经济，降低生产成本以取得竞争优势。差异化战略是指企业在产品质量、价值或服务方面具备独特性以取得竞争优势。

成本聚焦战略与成本领先战略的相同点是提供低价产品，但前者更强调企业专注于某产品区隔或某个地区市场的经营，满足目标市场独特的需求，并以更低价格维持竞争优势。聚焦战略一样是专注于某产品区隔或某个地区市场的经营，但更强调提供满足目标市场的特殊产品功能和服务需求，以维持竞争优势。战略规划就是在这些不同的方向中不断权衡、选择和校准。

PDCCCR 制造策略架构的影响因素

我提出了 PDCCCR 制造策略架构和数字决策平台。企业为了达成财务目标，包括营收和获利稳定增长、股东权益报酬率等，必须有效整合定价策略、需求规划、产能组合、资本支出、成本结构等企业规划组织的关键决策。图 7.1 展示了 PDCCCR 制造策略架构的影响因素，若从纵向来看，上方的定价和需求跟市场和外部竞争有关，下方的产能配置、资本支出和成本结构跟内部资源管理与运营效率有关。若从横向来看，左侧的定价和成本决定获利结构和毛利率，右侧的需求规划和产能配置决定需求满足的产出量。[2] 人工智能已经广泛应用于金融科技领域，甚至部分取代了交易员的工作，未来公司的产销协调，以及供应商的订单分配与管理，都可借助大数据和人工智能提升决策质量和效率。

然而，必须有足够的产能和需求才能提高生产量以加速学习曲线。企业应根据图 7.1 建立 PDCCCR 数字决策平台的功能模块和决策模型，以保障订单满足水平和产能利用率，优化需求规划和产能组合的匹配，促进资源优化配置。同时，应联动其他策略决策以减少各部门间反复的产销协调，进而由企业规划决策层垂直整合至作业部门和生产管理部门，达到智能生产和优化运营报酬的目的。

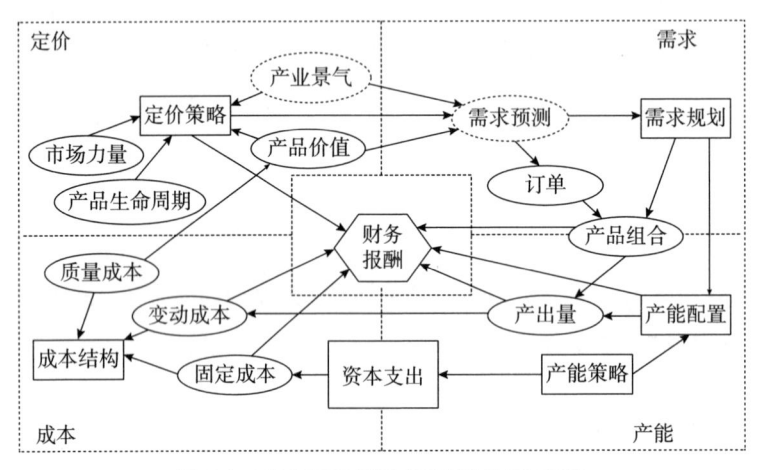

图 7.1 PDCCCR 制造策略架构的影响因素

在完全竞争市场，价格是由供需曲线来决定的。如图 7.2 所示，在需求量 Q 时，消费者因为产品的价值而愿意付出的最高价格与实际付出的价格之间的差额为消费者剩余；生产者实际售出的价格与其因为生产成本而愿意接受的最低价格之间的差额为生产者剩余。

商品定价随着产品生命周期的不同阶段、竞争程度和影响因素的改变而改变，定价策略主要包括：（1）针对特定的市场区隔制定比较高的价格以获取最大的收益的撇脂定价策略；（2）用比较低的价格来争夺市场占有率以加速学习曲线的渗透定价策略；（3）领导厂商先决定价格，其他厂商依序决定价格的领导者定价策略；（4）在产品衰退期，通过降价逼迫其他厂商提前退场以最大化剩余市场收益的收割定价策略等。

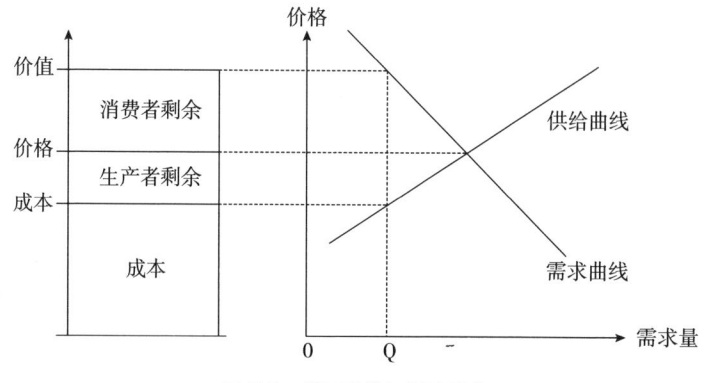

图 7.2 供需曲线与经济剩余

通过大数据分析和深度学习，更精准地预测需求

定价其实受产业价值链、市场竞争和交易模式等不同层次的许多因素影响，如根据产业价值链的景气循环与供需平衡决定定价策略；根据市场层次的价值定位、市场力量和竞争关系反映领导厂商的溢价，以及根据交易层次的价格弹性、客户伙伴关系和谈判能力确定每笔交易的价格。

企业应基于对产品生命周期、卖方市场及买方市场的分析和PDCCCR制造策略架构来决定定价策略，给客户带来具有最大综合价值的技术、质量、交期、服务和供应链管理等卓越制造能力，创造差异化以提升溢价能力。同时，应提供相关信息加强交易管理，减少价值泄露并维持客户伙伴关系。

需求的不确定性受经济景气循环、产品生命周期、替代品、产能扩充前置时间、供需平衡、供应链的长鞭效应、季节、量价关系和服务等各种因素影响。随着工业革命驱动大量个性化的智能生产和弹性生产，产品生命周期越来越短，使市场波动和需求不确定性增加，传统的需求预测方法难以利用有限的数据推导出合适的模型。

针对半导体产品的需求预测，我基于技术扩散理论，充分考虑产

第 7 章 量产速度与学习曲线

品生命周期等因素，建立整合季节、市场增长率、价格弹性、重复购买和技术替代等因素的模型并通过大数据分析和深度学习，更精准地预测需求，规划不同客户的需求，作为产能扩充和资本投资的决策依据。[3、4、5]

公司业务部门根据不同产品和市场的客户反馈的信息，定期更新预估需求，市场部门则根据产业经济报告和各种分析报告，分析、预估各个市场的产品需求。由于两种需求预测的依据不同，需求预测结果也往往不同，并会随着时间滚动更新其需求预测结果。

在产业波动、需求不确定和客户订单变化的背景下，企业一方面应培养产业经济调研、市场战情分析、竞争者分析和需求预测等能力；另一方面应考虑市场定位、市场占有率、产能策略和优化资源配置，以主动地进行需求规划，也就是决定既有订单的满足水平、产品组合和产能组态以及新业务、新客户开发的方向，以规划公司未来在各个市场的占有率、客户组成、客户需求和产品组合的形态。

最小最大后悔值法，让产能决策更稳健

在产能规划阶段应维持适当的产能水准，以满足需求规划、预订单及潜在市场的需求。[6、7、8、9]产能扩充，如盖新厂、采购设备或转换设备等，都需要很长的前置时间。由于决策时还不能完全确定未来的市场需求和客户订单，只能根据市场研究、需求预测和需求规划拟定产能策略和扩充决策。因此，容易因为产能供给与需求的时间落差，造成市场需求大时产能供给不足、价格提升的情况，而且可能因为抢产能而重复下单，造成需求增加的假象，吸引更多投资扩充产能。等到产能供给增加时，因为市场预期下降而不急着下单，反而让需求缩小，造成市场波动和供需循环。

基于产能过剩或不足的风险，我提出最小最大后悔值法，考虑未来多期的需求，以滚动的方式随着时间推移和需求预估更新，动态调

整每个决策时间点的产能决策，让不同产能方案在需求变化时，最小化可能出现的最大风险，以系统化地进行稳健的产能规划并提升决策质量，降低产能供过于求或产能不足的风险。[10]

因为维持产能需要资本支出，所以会影响成本结构，产能水平设置过高会造成产能过剩而影响成本摊提，市场长期供过于求也会增加降价的压力。产能利用率也会影响调度的弹性、生产周期时间、产品良率、存货管理等方面的表现。虽然短期财务表现比较好，但是产能水平设置太低将造成产能短缺，以及订单满足率和服务水平较低，而难以满足潜在客户需求，并可能丧失新客户和新市场的成长机会，并因为供不应求而让竞争者乘虚而入，不仅损失了市场占有率，也让竞争者趁机成长。产能策略规划有助于形成稳健的中长期产能规划，满足不同类型客户的需求，创造客户最大利益和双赢的伙伴关系，并降低产能供过于求或产能不足的风险。

成本对等性是客户选择代工制程的决策关键

自2020年以来，晶圆代工成熟制程的涨幅反而超过先进制程的涨幅。主要原因一方面是成熟制程的产能供给是利用旧设备，所以基本上不会增加，因此需求增加会带动涨价；另一方面是先进制程仍需负担新设备的折旧成本，定价原本就高，只能随着积累生产量和学习曲线而降低成本以增加获利。

成本对等性和相对的成本效益是影响某些客户选择代工制程技术的关键决策因素。因此，厂商可以通过价格区隔不同市场并引导需求。例如，当旧制程产能难以扩充，供不应求时，凭借成熟制程更高的涨幅改变客户的成本比价，以提高客户导入仍在扩充中的先进制程的意愿，并以此提高各种制程产能的利用率和整体获利。

企业财务报酬和获利受到实际产出量、价格、产品组合、产能配置和成本结构等因素的综合影响，可以通过PDCCCR制造策略架构整合相关决策来优化营收管理。实际产出量是由产能供给与客户订单决定的，除分配产能外，我还提出配套机制以应对短期供需差异造成的风险，包括订单分配、多厂产能利用率平衡模式。通过提前下单或重新调整原先分配不同制程皆可使用的共享机台数，厂内机台、厂间机台转换和产能支持模式[11]，以及外包策略[12、13]等，实施全面资源管理并优化营收。[14]例如，我协助台达电构建优化太阳能电池产品分级分配的智能制造系统，以实现营收利益最大化。高科技产业制程技术的演进相当快，为应对客户需求或改善获利结构，企业必须持续推出新产品或研发新制程，以优化产能和成本结构，提升产能利用率，优化全面资源管理，增加公司营收和利润。当新技术研发成功时，公司必须能将其从实验室导入工厂环境，提升相关技术的熟练度和稳定度，并且快速转换产能计划，调整校正设备，善用新技术，以缩短新产品达到可量产的时间，并提升规模效益。

加快学习曲线与量产速度

良率快速爬升到量产，同时提升质量和产量

以高科技产业为例，摩尔定律驱动制程半导体技术不断汰旧换新，因此如何在每一个制程世代快速导入新制程并提供足够产能以满足客户需求就成了影响公司获利和成长的关键。新制程技术先由研发单位开发到一定程度，当该技术可行性已被证明可达到一定良率水准的产出时，该制程技术即被转移至制造单位。接着由技术母厂在实际生产环境下，负责新技术后续的相关发展、异常诊断、参数优化、制程改善与质量管理等工作，以快速精进技术、提升良率，并随着良率爬升而逐步增加生产投入量。

良率爬升到量产阶段需要研发部门、制程技术和制造部门等进行

跨部门的持续合作，以解决只有从实验室转移至工厂进一步进行技术发展和生产实践时才会陆续发现的问题。其中包括一些在研发阶段被忽略的技术细节问题或产量增加才能观察到的质量变异问题等，需要借助统计质量管理和六西格玛等质量改善技术。

一方面，若在良率爬升初期就太早投入太多资源，可能导致因为质量不稳而增加制造成本，并影响客户满意度；另一方面，若良率爬升太慢，技术扩散和设备验证转换新制程的数量太少且速度太慢，又会因量产速度太慢，不能及时满足客户需求而错失新技术和新产品的市场占有率。因此，良率爬升至量产阶段所需的时间可以作为公司新产品设计、新制程研发和技术能力的指标，也是评估晶圆代工厂或电子制造服务公司的重要标准。

换言之，良率爬升至量产阶段是要从"披荆斩棘走出一条路"到"条条大路通罗马"，如图7.3所示，主要的任务包括两个。

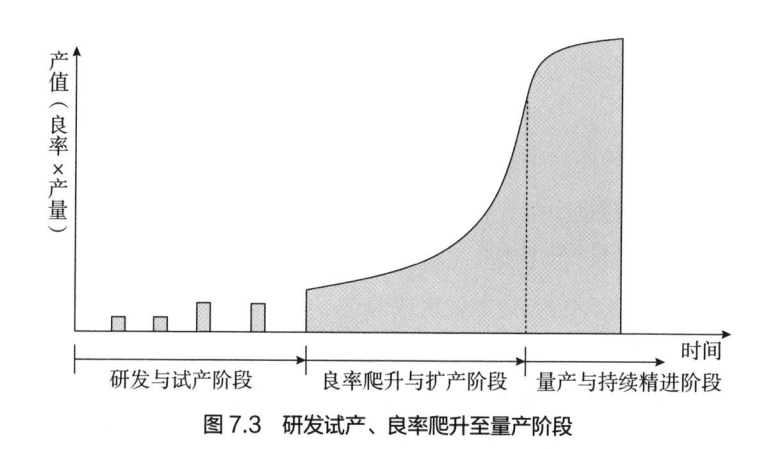

图 7.3 研发试产、良率爬升至量产阶段

第一，制程优化与良率提升。通过工厂制程验证新技术在实际生产环境中的可行性，如利用工程实验芯片，针对新制程的每一个步骤或程序进行工程实验分析以及整合性实验，以确认单一制程、制程模块与连接所有制程后产品的特性与规格仍符合要求。对产品进行整合

性的分析以及失效模式与效应分析，对生产线上的晶圆缺陷进行监测及龙卷风分析[15、16]，区分各种故障模式或异常，利用工程数据分析、人工智能与大数据分析技术建立模型，逐一找到解决方案并优化制程技术与参数设定，并针对关键制程设计实验改善重点，调整制程设备参数以制定规格及标准作业程序等，进而有效地提升良率。

第二，设备验证与产能扩充。随着各种制程问题的排除，一方面努力使良率爬升到目标水平，另一方面则让更多机台导入验证新制程，逐步增加机台数量以扩充备用产能，以确保生产线有足够的设备和产能，满足承接量产规模的订单需求，而不会只依赖研发阶段所使用的少数状况较好的先进设备，并在确认瓶颈产能后制订生产计划并持续扩充规划。

最大化信息涵盖量的智慧派工，加速良率爬坡

在研发和试产阶段，能够用来生产的机台数量少，为"攻下山头"通常都是先用"精兵强将"，即往往用最好的机台设备来通过验证，特别是对于关键制程，可用的机台更是极少。因此，无论是工程实验还是生产都倾向于在这些机台上进行，而未普及量产时的一般机台，所以厂商在良率爬升和扩产阶段无法充分掌握制程或产品发生缺陷的原因。同时，由于实验是在分批、持续地进行，而且工程师或相关工作人员对于制程参数的设定或调整不够熟悉，所以造成产品良率不稳定的现象，导致重工或报废的情况增多。新旧好坏设备的使用不均衡，影响了整厂产能利用率和生产周期。

新产品的需求与制程规格的改变，往往需要引进新的机台设备、技术及新材料等，而这些设备材料必须经过新设备选用委员会评估后，才能被引进与采用，供用户从系统中选择，再由采购人员议价采购。具体而言，新设备的选用必须考虑包括设备制程能力、生产效率和总成本等不同评估属性，委员会由不同部门和不同专长的代表一起

参加，然后进行投票决定。

我提出决策分析方法，先评估新设备选用的目标层级架构和属性，然后由研发、制造和工业工程等相关部门依据不同专长、各司其职分别评估对应的属性，再加总，以提高新设备导入流程效率和效益。

针对良率爬升阶段时样本太少的分析特性，我也提出最大化信息涵盖量的派工方式，让试产阶段的验证芯片优先通过，以便快速获得相关信息，缩短制程开发时间。同时考虑各种加工路径以尽量涵盖不同机型设备和制程配方的组合，尽量提升试产样品可以收集到的信息的复杂程度，以减少只有在量产阶段才能发现的异常。就好像在大部队到达前，先派出少数扫雷部队尽可能地把所有的地雷先找出来。在实务中，工厂有时难以完全配合研发单位的实验设计而做完整批实验，因此我提出了回溯分析部分完成的实验设计数据的方法[17]，针对半导体制程变数复杂的共线性，提出结合领域知识的变异分摊方法，更适切地解释异常，并找到合理改善的方向。[18]

更快的学习曲线和跨部门整合才能领先

量产阶段是指已完成良率爬升、设备的验证和产能的准备而进入大量生产的阶段，在此阶段工厂生产线的每一道制造程序都有足够的设备支援生产计划。尽管产品良率已经达到一定的水平，但仍需持续优化制程参数以提升良率，并精简制造程序、去掉不必要的检验，以提高产出率和生产力，缩短生产周期，降低制造成本。

领先者必须发挥比较高的学习效率，缩短达到量产可以接受的产出率和良率所需的时间。例如，台积电曾实施"夜鹰计划"，让研发工程师三班一轮，并让同一组研发团队的人轮流值夜班，以加快制程开发的速度。面对摩尔定律日益艰巨的物理极限挑战任务，为了维持技术演进的节奏和领先优势，台积电研发团队也分为两组，以"交互蹲跳"的模式两路并进，以避免万一在某个制程技术世代落后而影响下一个世代，两组研发团队也可以良性竞争，并提前看到未来可能发生的问题。

每一个新制程的研发过程都会产生许多数据、实验记录、异常处理、事故诊断和研究报告，必须对其进行系统性收集，建立完善的文件管理机制并列入工作交接内容中，以作为后续改善和发生类似问题时的参考。这样才能推动知识得到有效的循环运用，才能有效加速学习曲线构建，才不会因组织或人事异动而流失，导致一切都要从头再摸索。

实务中，由于组织分工和目标的不同，制程研发和实验试产阶段往往只专注产品功能与制程确效，以解决制程开发的问题为主，因此大多忽略量产时可能会发生的问题，甚至包括量产后的成本结构问题。交接业务的对口部门应有深入的沟通和团队默契，共同分析、解决后续的问题，使制程能顺利导入工厂，缩短提升良率至量产阶段所需的时间。换言之，组织间的合作模式应是紧密而连续的，其中又涉及组织的合作分工模式与企业文化。

综上，新制程通过验证后转移到制造部门上线，以及提升良率至量产的完整过程，需要无缝衔接的管理和技术整合，包括制程发展策略、制程技术开发流程、新设备评估、关键原物料的验证、制程规格制定与参数优化、工厂各制造技术模块的异常处理，以及制程开发至量产等各阶段相关的知识管理。

抢下足够多的新订单，加速学习曲线与动态生产力的提升

随着新制程导入、产品良率快速爬升至量产阶段，公司应争取更多客户订单，扩大新制程和新产品的市场占有率，以加速学习曲线，进一步提升良率和卓越制造能力，创造价值以收割客户价格剩余。同时，增加设备和产能的规模报酬以加速折旧成本摊提，改善获利结构，以面对产品从量产逐渐走向成熟期的竞争，并提前布局下一代技术或产品。

学习曲线在新技术或新产品爬升阶段极为重要[19]，也是产业竞争成败的关键之一，尤其是在脉动速度快的产业。企业可以加快学习曲线以创造低成本优势，超越落后的竞争对手，并扩大市场占有率，从而促进良性循环，使竞争对手望尘莫及。莱特在研究美国飞机零部件制造与组装业时发现，随着同类型飞机积累的生产数量增加，组装飞机所需的单位人工成本会降低。因此他提出学习曲线理论，即随着某项作业重复次数增多或变得更熟练，在生产过程中边做边学所积累的经验和知识增多，生产力和质量会得到提升，平均产出成本也会降低。[20]

莱特提出的学习曲线模型描述了积累产量与成本降低的关系，如公式（7.1）所示，并可用图7.4的学习曲线呈现学习弹性和学习率，也就是因积累生产量的增加而降低的平均工时或平均成本。[21] 如图7.4双对数坐标绘制的学习曲线所示：当积累生产量增加一倍时，成本会下降一定比例。例如，当积累生产量增加一倍时，单位成本下降为原本的85%。换言之，当积累生产量增加一倍时，单位成本减少了15%。

$$y = ax^b; \quad (7.1)$$

y：积累至单位产出 x 的平均工时或平均成本；

x：积累生产量；

a：生产第一单位产品的工时或成本；

b：学习弹性（学习率）。

$$\frac{dy/y}{dx/x} = \frac{dy}{dx}\frac{x}{y} = abx^{b-1} = \frac{x}{ax^b} = b$$

第7章 量产速度与学习曲线

因此可将公式（7.1）取对数转换为对数线性模式如下：

$$\log y = \log a + b \log x \tag{7.2}$$

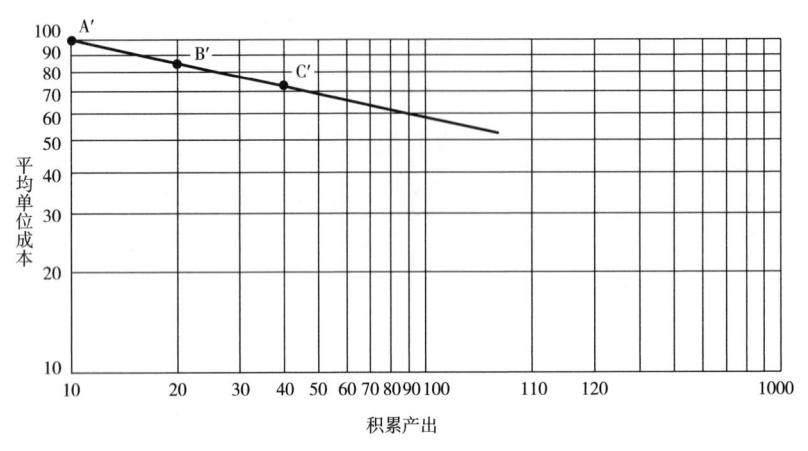

图 7.4　双对数坐标的学习曲线

积累生产量增加学习效果，能降低单位成本、提高生产力

莱特提出学习曲线解释飞机制造业之后[22]，后续出现了许多相关研究。例如，美国和日本在 DRAM 市场的竞争也是学习曲线的实例之一。虽然美国半导体产业研发出了 DRAM，但是日本 DRAM 制造商自 20 世纪 80 年代开始不断加速学习与研发创新。随着积累生产量的增加而加速学习曲线构建，持续改善并提高质量和生产力，驱使成本不断下降，提高了市场占有率，最终称霸 DRAM 市场。

学习曲线与竞争策略

不同的产品市场有各自的学习曲线，不能把某个产品的学习曲线应用在其他产品上；不同的企业和工厂也会有不同的学习率，因此不能直接套用别家的学习率。[23] 学习曲线侧重于探讨积累生产量与平均单位成本之间的关系，而规模报酬是指在某一时间点生产量多寡与平均单位成本之间的关系。换言之，同一规模的工厂，在不同时间点，因为积累了生产量提升学习效果，所以能降低单位成本，提高生产力。

图 7.5 描述了动态的生产力提升效益，包括某个时间的规模报酬和随着时间、经验积累的学习曲线效果。例如，静态的观点会认为产能像固定的容器，但其实产能是根据需求规划的产品组合及其在各个制程设备所需的加工时间，以及不同设备的数量等因素而预估出来的容量。迈克尔·波特提出成本领先战略，希望通过降低成本取得竞争优势[24]，但当大多数厂商成本差不多时容易陷入只有微利的红海，因此竞争优势具有时间性。

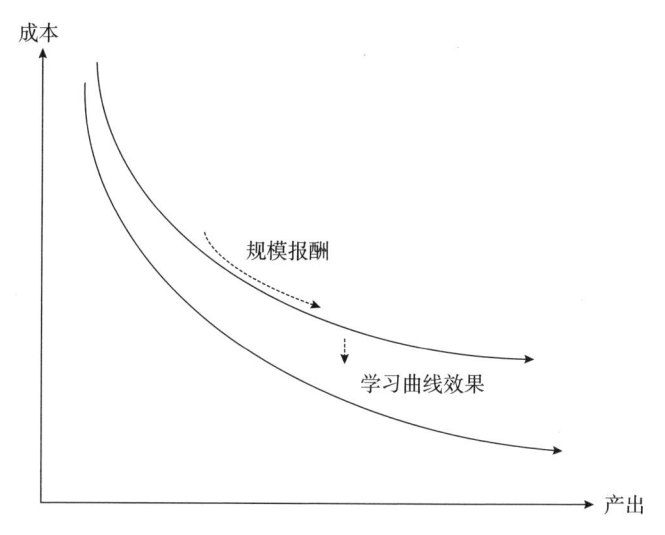

图 7.5　学习曲线与动态的生产力提升效益

通过改变产品组合、学习曲线和全面资源管理，可以使晶圆生产量和产能利用率超过原本设定的基准，这也是台积电晶圆厂产能利用率可以超过 100% 的原因之一。

成长期市场需求快速增加，加速学习曲线抢下更多市场份额

莱特提出的学习曲线模型中的对数线性关系适用于很多产业，然而学习率受到许多因素的影响，例如，学习过程与过去经验的延续性、制程或产品的改善、自动化程度、知识管理与组织学习等。波士顿顾问集团则提出经验曲线以描述产品总成本随着积累生产量和经验而下降的趋势。[25] 因此，学习曲线其实是涵盖学习曲线、经验曲线与进步函数等相关研究的统称。

学习曲线的内涵是当产品价格随着生命周期下降时，学习曲线效应能更快降低成本，维持利润，并优化营收和最大化产品全生命周期的总获利。[26] 在产品导入期，由于研发成本和良率爬坡，成本可能比售价还高；进入成长期后，由于市场需求增加，形成供不应求的状态，领导厂商可以维持高价格和高毛利，此时必须加速学习曲线，如图 7.6 所示。

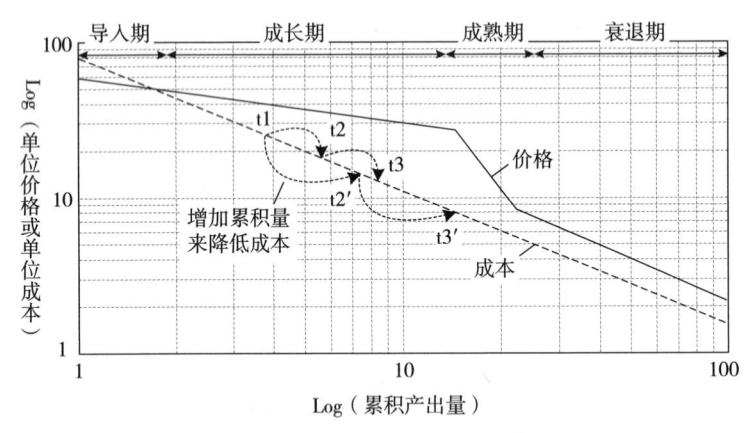

图 7.6 加速积累量来降低成本[27]

当同业成本下降时程为 t1 至 t2 至 t3 时，领导厂商积累产出量大；若能善用学习效应加快成本下降时程变为 t1 至 t2′ 至 t3′，则进入成熟

期。由于成熟期阶段的高价吸引竞争者进入市场，供给增加、产品创新性减少，形成价格大幅下降的压力。成本优势可以增加领导厂商的竞争优势，从而在利基的蓝湖市场维持市场占有率，并保持领先。

学习曲线与竞争策略

学习曲线理论可以洞察趋势并引导策略决策，但具体的量化分析会受到很多因素干扰。例如，某一个零部件或次系统可能为多项产品所共享，所以这个零部件或次系统的学习曲线会影响共享该模块的相关产品，若仅针对某一项产品分析学习曲线，不一定全面。因此，必须避免模型的过度适配而造成无意义的分析。

实际需求和积累的生产量会让厂商有机会发挥学习曲线，但并不一定能创造动态规模经济以降低成本。主要还是靠公司的知识管理、学习能力、资源利用效率和学习速度来完成满足需求与产品组合的生产规划，提升设备的利用率和生产力。通过加速良率爬坡、优化产能组合和提升瓶颈机台产出，更快地降低相对成本，超越竞争者并带给客户最大效益，以兼顾成本领先战略和差异化战略。

学习效果跟学习速度和积累的经验有关。因此市场占有率越高，学习的机会也越多，但不是市场占有率增加，成本就会自动降低。形成学习曲线的原因除员工积累经验的学习效果与知识管理外，还包括工业工程与精益管理的应用、全面质量管理、人因工程与设计、产品的改良、制程技术与参数优化、科技进步与设备精进、工具的改良与技艺的提升、工作流程的简化与组织效率的提升等。

通过知识管理与跨部门整合破解良率爬升的挑战

一方面，随着集成电路应用的日益广泛和多样化，半导体产品生命周期越来越短，制程技术亦每隔一段时间就换新的世代。需要将新世代制程技术重新导入工厂，再使良率爬升到量产阶段。因此，厂内的产品组合和制程共享也日益复杂。新制程越来越复杂冗长，集成电路逼近物理极限使得影响因素变得更多，因此良率爬升的挑战越来越严峻，技术门槛越来越高。面对巨额研发投资成本与产能资本支出的双重负担，企业必须加速学习曲线，快速提升纳米制程良率，才能抢先获得新制程刚上线时的高利润和高市场占有率以维持竞争优势。

由于在良率爬升阶段，新技术和新产品尚未完全成熟，产品的良率不高且波动大，加上研发成本和设备投资成本的摊提都将反映在产品刚推出时的单价上，导致新产品价格往往远高于市场上的其他既有技术和产品，影响客户购买意愿，这也成为持续遵循摩尔定律的经济挑战。

良好的策略亦需要有相应的组织配合以实现有效的管理与运作。从组织层面来看，一般由研发部门完成制程技术开发后转移到半导体厂，再由半导体厂接收并导入量产。

事实上，台湾半导体厂有许多资深的研发人员，因曾参与不同世代制程技术的开发及改善，积累了许多宝贵的经验。而每一个新制程的开发过程亦会产生许多知识与数据，这些知识与数据需要得到有效的收集、管理及运用，才能有效加速学习曲线，才不会因人员的异动或流失导致一切都需从头再摸索。

实务中，由于组织分工和目标的不同，企业在制程开发的阶段往往注重产品功能与特性，以解决制程开发的问题为主，往往忽略量产时可能发生的问题，甚至包括量产后的成本结构问题。因此在交接过程中，对口部门必须深入沟通、共同分析以解决后续的问题，使制程能顺利导入，进入量产阶段。换言之，组织间的合作模式应是紧密而连续的，不会因交接完毕就互不相关，其中又涉及组织的管理模式与管理思维。

全球代工服务是发"管理财"

半导体产业通过不断创新，提高生产力、降低平均成本，因而创造了更多的应用。台湾高科技产业和电子制造服务业的竞争优势在于卓越的制造能力、量产能力、速度和弹性。因此，制程技术转移并非单纯的任务权责转移，也是新制程的开发与导入、量产的管理与持续改善，以及在生产运营上做好制程转移与量产的管理。只有如此，才能提高生产效率，缩短从制程开发、导入生产到上市量产的时程，及时推出产品，并产生利润。

新技术导入初期技术尚未成熟，由于厂内不同的制程技术、设备能力、技术人才和既有产品组合等因素，实际产出和良率仍有较高变异性。再加上客户可能会指定制造程序和设备，甚至明确指定在哪个厂生产，这导致新技术和新产品导入初期实际产出率和良率都非常低，难以满足客户需求。

若因研发或设计不佳导致良率爬升的过程中不断出现质量异常问题，则需要花很长的时间反复修改才能实现良率与产出量均达到量产所要求的水准，而延误新制程推出及新产品上市的时间，更将影响公司的获利和市场占有率。

例如，台湾电子制造服务业持续提升大量定制化订单的弹性和速度。从早期的"955"（订单的95%在5天内完成）不断改善精进到"982"（订单的98%在两天内完成）。这需要各相关部门分工协作，排除各种困难，以确保产品开发、制程转移、良率爬升和供应链管理的每个环节都紧密结合，有效协助客户缩短产品上市时间，助力中国台湾成为全球代工重镇。

国际车厂的车灯的道路安全标准很高，所以车灯制造厂商以中国台湾厂商为主。然而，通常是等车款设计确定之后，售后市场才开始研发车灯，以降低投资风险。售后市场是副厂牌，客户主要是汽车零件通路商（有自主的品牌、研发能力等，但是没有生产产品的工厂的厂商）和大型卖场，具有需求量少、多样且重视价格、弹性和速度的特点。例如，台湾堤维西公司与我领导的团队合作研发出成形异常诊断处理决策支持系统，该系统可以加速异常诊断与良率爬坡到可量产阶段。此外，还研发了高级计划与排程智能系统，兼顾实务限制与多项商业目标，提升智能生产的调度、弹性和全面资源管理效能。

快速成长的产品市场最适合学习曲线策略

学习曲线适合应用于快速成长的产品市场，由于市场成长速度快，企业可以大量积累生产量和经验，以达到降低成本和节省时间的目的。学习曲线驱动产品性能提升且使成本下降，因而带动了更多市场需求。

企业切入的时机应在产品生命周期 S 曲线的成长阶段，市场后进者不一定要从头开始学习。例如，联发科进入 CD-ROM、手机等即将高速成长的市场，都是通过应用更快速的学习曲线，推出性价比更高的产品、扩大市场占有率并持续降低成本。适时且正确地应用学习曲线引导生产力与组织效率提升可以促进公司增加生产量、降低成本、提高产品质量和市场占有率。然而，当产品已迈入产品生命周期的成熟期，即使维持了学习率，能够降低的成本也越来越有限，只有通过创新找到下一条 S 曲线的重生和成长机会，才能维持企业竞争力并实现获利。

新冠肺炎疫情给各国政府和不同领域的决策者带来了极大挑战，高科技产业也不断地扩展新技术的应用领域，推动新兴产业发展。然而，新兴产业的产品应用和市场尚未稳定，可能会因为新的突破而导致需求与投资爆发性增长，或因竞争的生态系统或替代的技术而快速没落。

第8章
治病于未发 制胜于无形

运筹帷幄之中，制胜于无形，

子房计谋其事，无知名，无勇功，

图难于易，为大于细。

——《史记》

先进质量、过程、设备控制

产品质量直接影响产品的价值和成本。制造业常用统计过程控制来监控和评估制程是否仍处于控制状态，并侦测制程参数是否因为某些原因而改变。方差是描述数据分散程度的常用统计量，方差越大表示数据的离散程度越大。制造过程的变异来自"人机料法环"（人员、机器、原料、方法制程、环境）等各种因素，可以分为异常原因和正常原因。异常原因可以通过全面质量管理方法找出真因来改善以提高制程稳定性；正常原因则需要改善系统缺失以降低每一个环节的变异。因此，在生产线上可以利用各种管制图监控各个制程的变异，以即时诊断和改善，避免制造出更多不良品。

以半导体制造为例，12 英寸晶圆厂建厂资本支出超过 1 000 亿元新台币，月产能超过 10 万片晶圆。每片晶圆要经过数百道至近千道的制造程序，晶圆输入某个设备的反应室中，通过一组设定好的配方，执行这道制程设定好的参数，加工结束后再移至下一个设备执行后续制程。集成电路需要反复回流，经过微影、蚀刻、薄膜、离子植入、化学机械研磨等主要制程一层一层地进行加工。每个制程模块都有许多精密的多反应室设备可供选择，根据各种制程配方和参数设定来生产不同产品，因此晶圆厂内同一时间有各种产品组合和不同加工阶段的晶圆共享这些精密设备的产能。

提升良率，兼顾成本领先战略和差异化战略

迈克尔·波特提出，可以通过降低成本的成本领先战略或创造价值的差异化战略建立竞争优势。[1] 由于晶圆制造采用批量和回流的生产模式，台积电缩短生产周期，并依靠弹性的产能支援和精准的达交率（在采购行为中，商品于合约约定的预定到货日当天以前，实际的到货数量与订货数量的比例），扩大规模报酬。台积电还通过先进过

程控制、先进设备控制、先进质量控制等卓越制造能力提升 OWE 和良率，降低每颗晶粒的平均成本，并帮助客户创造最大效益。台积电兼顾成本领先战略和差异化战略，成为协助客户获得成功的伙伴，形成了难以被取代的竞争优势。

晶圆厂通过 MES（制造执行系统）、设备搭载的传感器和控制系统，以及 AMHS（自动化物料搬运系统）、厂务系统等自动化制造环境，自动收集生产过程中随着时间读取的几万种即时监控数据、近万种线上抽样检测的量测值和几百种在一片晶圆上不同位置测量出的电子特性测试值。平均每片晶圆上可以读到的相关数据就超过百万种，再加上集成电路反复回流和混批、拆批的复杂生产模式，制造大数据具备 Volume（大量）、Variety（多样性）、Velocity（变动性）和 Veracity（真实性）这"4V"特性，各个制程模块的工程师很难只靠领域知识和经验，或传统的统计过程控制和分析方法，就从大数据和海量信息中找出制程异常原因，以迅速减少质量损失。[2]

高科技产业随着产品生命周期缩短、制程技术进步而不断演进。一方面，在新产品研发和新制程导入时，必须加速良率爬坡，通过实验设计和制程参数优化改善系统性缺失以提升制程良率和稳健性；另一方面，在量产阶段，仍须持续诊断各种故障，排除各种可能造成制程变异或产品异常的原因，提升良率，达到卓越制造的目的。半导体产品精密度提升到纳米级，不断挑战物理极限，制程容许偏差日益紧缩，这是因为相对于纳米等级的集成电路，任何微小的噪声和制程变异都可能影响产品质量和可靠度，造成良率损失甚至产品报废。

先进质量控制：决胜于千里之外

因为高科技产品的制程技术越来越复杂、生产周期越来越长，而且尖端设备价格越来越昂贵，所以企业经常交叉使用设备以增加利用率。因此，高科技产品的影响因素更多，前后制程的交互作用更复杂，加工过程受到可控的某些参数的设定和执行的影响，还受到一些不可控因素的变异和噪声的影响。同时，制程加工后的晶圆的各种量测值也有相对的变异，再加上需要面对主效应不明显、数据分布不均衡等挑战。因此，企业不能等到完成所有制程后的良品检验之后，再回溯分析，寻找异常的真因，而是要找出可以先进控制的因素，并提前排查出一切潜在的问题。

传统组装业主要是采取品管检验的方式筛检零部件中的不良品，确保组装成品的质量，找出造成产品异常的真因，再采取改善行动。先进质量控制则是提高精密度，从源头减少制程与生俱来的变异所造成的异常，是一种"决胜于千里之外"的战略思考。

例如，我通过分析积累下来的大量历史数据找出了硅晶圆材料各种质量特征值和不同半导体产品的质量之间的关系，还找出了适合的原料质量特征，以提升产品良率[3]，并预先排除各种可能影响质量的变异因素。这就好像餐厅购买食材，都是合格的猪肉，但因为菜色和食谱不同，最适合的猪肉部位也不同。同时，我还协助测试厂分析电路板的电性特性并优化匹配的组态，以降低组装后的测试机台变异风险，增加测试信度。

先进过程与设备控制：治病于未发

国际半导体产业协会提出了智能制造的技术蓝图，包括设备工程能力、制造执行系统与设备整合能力，以及自动化物料搬运系统三个方向，如图 8.1 所示。[4] 其中，设备工程能力不断发展，包括 e-Diagnostic（电子化诊断）、维护保养、数据搜集、量测整合、FDC（故障侦测与分类）、R2R control（批到批控制），以及即时决策与其所需要的数据质量。

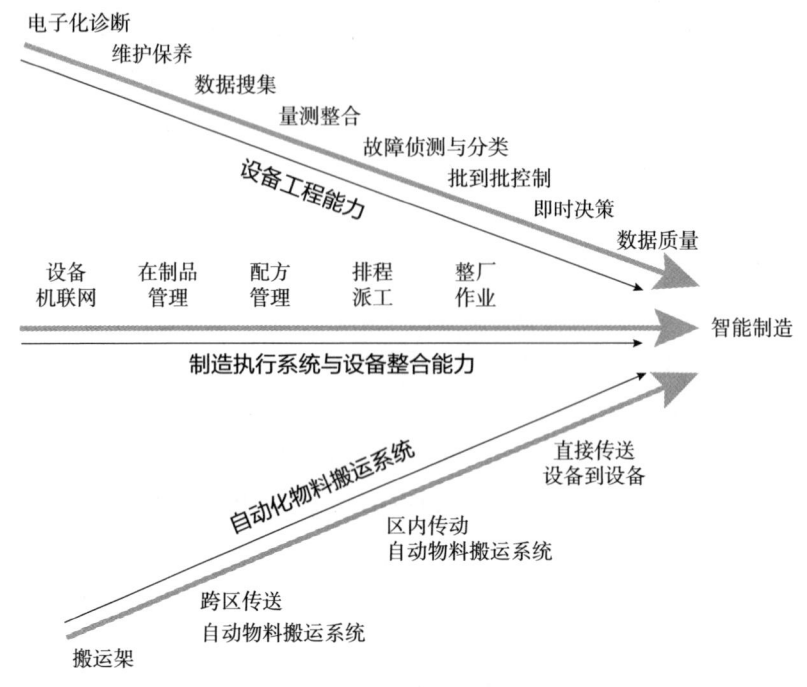

图 8.1　半导体厂智能制造技术蓝图[5]

先进过程控制和先进设备控制强化了自主决策和预测能力，而在每一个制程的现场，即时控制变异或补偿偏移以减少各种可能出现的异常，才能"治病于未发"。随着半导体制造技术不断挑战各种极限，过程的精准控制也越来越复杂、困难。先进过程控制和先进设备控制是要分析生产线上设备加工过程中收集的设备状况信息、过程参数的变化和量测结果，以更快地侦测基准的偏移和可能出现的变异。通过前后制程与设备控制补偿预期的偏移，确保制程稳健和设备表现良好。例如，我与决策分析研究室团队协助日月光半导体研发先进IC封装制程机台差异监控与预测系统，以及第二焊点参数优化模型，并将其导入先进过程控制和先进设备控制。

随着传感器技术、物联网和大数据分析的发展，设备工程技术和感知能力不断提升，先进过程控制和先进设备控制系统整合的技术和应用的范围也越来越广，包括电子化诊断、故障侦测与分类、批到批控制等。上述技术都能够分析设备加工时收集到的制程时间序列数据、制程参数变化与其他相关数据，如量测值、产品、配方等，以减少设备异常，提升制程良率，并针对设备健康状况与维修保养策略，发展 PdM（预测性维护）、PHM（设备预测与健康管理）等技术，提高设备健康程度和妥善率。

领域知识与技术发展齐头并进

推动先进过程与设备控制发展，应先收集、整合各种来源的相关数据，并建立大数据平台，以助力相关分析技术和优化模型的研发与实证。许多半导体制造公司都在原有 CIM（计算机集成制造）和工程数据分析等系统的基础上进行扩充。

不同于负责信息系统和信息安全等基础建设的信息部门，CIM 和工程数据分析系统利用通信科技、集成制造过程所有的自动化系统和机械手臂、设备和控制器、管理软件，以及数据库，以达到避免信息孤岛的目的。CIM 通常由运营部门和工厂应用端自行发展和维护。

2011 年起，由于有分析大数据的需求，台积电推动工程数据分析系统升级改版。当时虽有境外公司争取合作开发，但产业龙头面对的是最先进的制程挑战。为了避免合作开发的分析诀窍外溢，台积电委托我领导台湾清华大学决策分析研究室和跨部门团队，执行"智能制造以协助先进纳米制程提升良率"的产学合作项目，发展所需的大数据分析技术。[6]

由于之前在借调期间建立了团队默契，我不仅提供研发服务，还作为变革代理人和领域专家与团队密切合作。针对几个主要的需求，分别与各相关部门厘清需求、合作开发，建立包括多变量事故分析与诊断、良率爬坡与参数优化、超饱和实验设计与分析、晶圆图分析、故障侦测与分类、先进过程控制等多个功能模块[7,8,9]，并通过实证研究以检验效度，成功导入上线，创造具体价值。[10]

不同半导体厂和其他产业对先进过程控制和先进设备控制相关技术的应用情况，根据导入时间和应用技术而各有差异，各个名词的含义和技术内涵也随时间和空间而变化。随着智能制造和数字化转型日益受到各个产业重视，我在协助评估时，常常看到供应商仿佛提供"补丁"一般，几乎涵盖所有先进过程控制和先进设备控制相关的技术。对此，我通常会提出三点意见。

第一，各个名词和应用系统的定义彼此重叠，与其期待"满汉全席"，不如根据公司需求，建立系统架构以定义各个功能模块和决策流程，梳理信息流，才能发挥纲举目张的作用。

第二，应根据智能制造的关键决策和痛点以及公司信息系统和工厂自动化基础设施完善程度，决定技术蓝图和各个功能模块的导入验证步骤，配合变革管理与企业流程再造，持续创造具体贡献，促进创新扩散和数字化转型。

第三，智能制造解决方案不是自动化系统，其导入实施过程需要整合分析技术、领域知识和判断决策，并根据积累的大数据和实证研究，定期更新搭载模型或增加新的应用模块。因此，需要建立企业内部团队，培养具备领域知识且能善用大数据分析和人工智能技术的人才，并与外部的解决方案和分析服务结合，以创造综效，将其内化为公司的核心竞争力。

大数据分析与先进智能控制

人工智能和大数据分析技术近年来快速发展，主要是由于算法的研发、大数据的积累、深度学习和强化学习等技术的发展。同时，集成电路发展带来的高性能计算能力更能有效地分析大数据，加速新技术的研发。

然而，领域知识与数据准备依然重要，特别是因为制造离不开实体，分析技术和优化模型必须与现实现地结合，只有如此，才能实现弹性决策和智能生产的愿景。为提升资料品质和模型效度，在构建大数据分析与深度学习模式之前，必须先执行一系列数据准备的作业，包括数据取得、数据检查、数据整合与清理、数据转换与简化，以及数据分割、取样等工作，如图 8.2 所示。

在执行产学合作项目、协助台积电研发工程数据分析系统升级所需的大数据分析技术模块时，尽管我针对几个问题都曾做过相关的实证研究，但很快就发现以往擅长的数据挖掘方法已不足以应对纳米制程良率提升的难题。考虑到数据的时间性、共线性、集群性、异质性和联动性，必须结合理论技术和领域知识以提出合适的解决方案，而不是滥用大数据和电脑的计算能力。[11] 我带领的研究团队从长期产学合作实战中，积累了丰富的数据准备技巧和各种处理特殊形态数据的方式。通过完整的分析架构整合适当的功能模块和运算法则，将制造大数据转换为有价值的决策支援信息，缩短用户和新进工程师的学习曲线，完成纳米世代新制程良率快速提升的任务。

数据准备与处理是基本功

数据准备指优先了解产业知识和产业问题的背景，并与各个领域专家讨论，以找出大数据分析和产业智能化的需求，提出完整的解决方案并创造具体价值。数据准备与处理也是不断循环的过程，一方面是"以终为始"，通过实证研究的效度和数据推导的结果好坏，以检验数据准备与模型的成败；另一方面是导入上线后，持续分析积累的数据，以比对预测的结果，随时校准更新模型。

图 8.2 数据准备与处理[12]

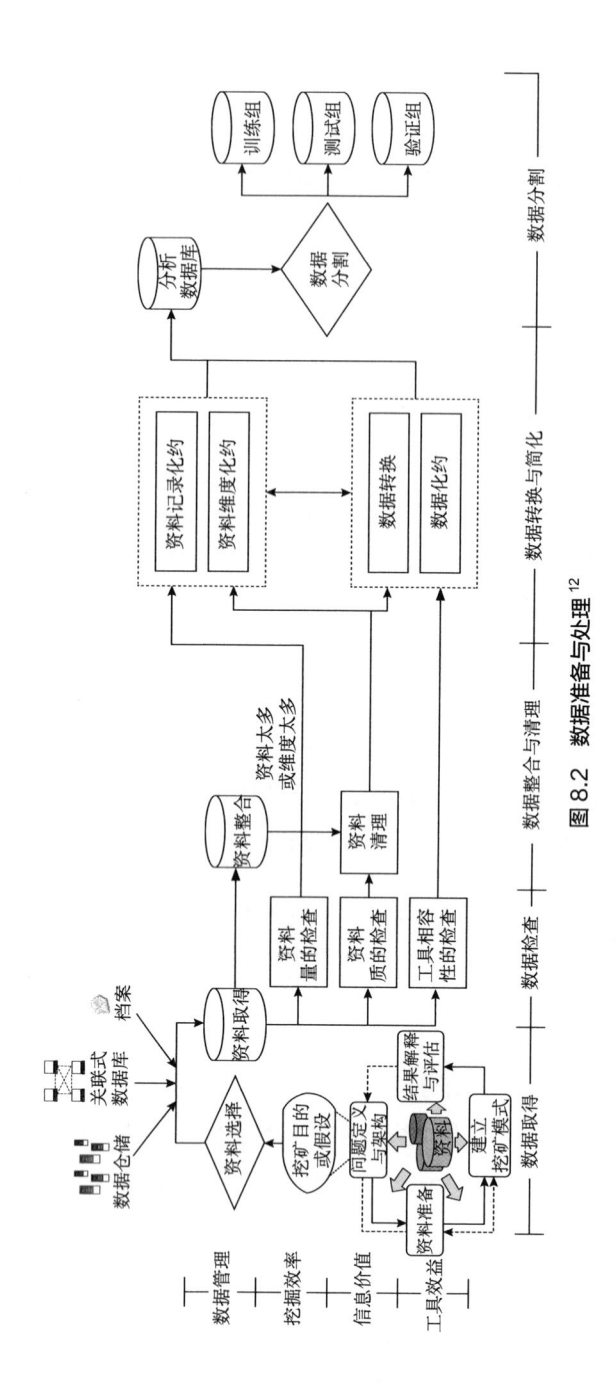

数据取得阶段是智能制造系统的基础,包括确认数据来源、数据类别、数据串流与数据整合等步骤。先进过程控制与先进设备控制所需的数据来源主要是设备加工过程中针对各个过程参数随时读取的各种监测值,通常是时间序列数据(此种数据的量测频率越来越高),如产品在生产线上的量测数据、产品批号、配方等生产履历,晶圆允收测试、晶圆针测等产品质量数据。[13、14]

半导体设备均已经达到 SEMI(国际半导体产业协会)定义的 SECS/GEM(设备通信标准),可以提供设备与工厂管理系统之间的通信协定和标准界面,定义机台状态信息及情境,使智慧工厂的控制主机能够直接与设备连线并收集数据,选择制程配方,下达开始执行或停止的指令,监控量测值以掌握设备执行状态,改变制程参数以调整结果,等等。

TPCA(台湾电路板协会)与 SEMI 合作,以 SECS/GEM 为基础,定义印制电路板厂与设备之间的通信协定和印制电路板设备各种信息的数据格式和传送方式,推广作为国际标准的 SEMI/PCBECI,降低设备和系统之间互联互通的成本,为实现工厂自动化、大数据分析和智能制造奠定基础。

事实上,随着集成电路封装技术的发展,IC 载板已越来越重要。标准的通信协定可以促进印制电路板产业载板生产与晶圆制造和芯片封装的信息整合,成为半导体产业价值链的一环,亦能协助产业生态系统健全发展。

数据转换与共线性影响模型质量

数据检视是指宏观探索数据的质量和完整性。数据整合与清理阶段是指将所收集到的制程、设备状态、量测值和产品生产履历等异质数据合并,并对齐校准不一致的数据,删除混杂其中的重复或不相关的数据,去芜存菁。随着智慧工厂和物联网的发展,越来越多的传感器被用来收集更多生产环境和周边设备的相关数据，在此过程中应确保合并的各种数据的完整性，以提升结构效度和内容效度。数据转换与化约是指改变数据的维度、组成新的混合变量或将其简化以产生适合分析的数据格式和变量。针对部分数据格式的转换，例如，生产履历中的加工日期、班次、工序等，应先了解其所代表的相对意义，再增加数据的维度，以符合分析工具的需求。

高科技制造设备都是复杂的软硬件集成系统，高维度的数据除了要面临计算复杂的问题，亦需要处理共线性的问题。由于制程数据具有非线性的特性，如果直接用所有完整制程的数据来分析，复杂程度会很高，分析效果也不一定好。

制程中收集的设备数据和各种监测值都是频率很高的时间序列数据，包括许多可控制的因素和正常原因。但是过多的数据不一定能保证模型质量，且会增加系统计算的负担，导致不能即时满足制造现场的决策需求。因此，必须从设备与传感器中撷取的时间序列数据中选择适合的取样比例和需要的 SVID（状态变数），并根据设备依顺序控制制程步骤的运作模式，确保每一个加工步骤只有某些因素的状态改变，其他因素则维持设定值或保持关闭状态。这样做可以事先定义某些状态变数，将数据分成不同阶段来描述设备的运作表现。例如，低温的平均值和变异数、加温的速度、高温的时间、降温的速度等。若某个设备在加工过程中的某个表现和平常不同，通常会造成加工的电子组件的异常，因此针对半导体制造高维度、大数据的特点，我提出了设备状态监测数据的转折点方法，以优化维修策略，提升设备健康度。[15]

先进设备控制，防患于未然

提升半导体良率可以分析 WAT（晶圆允收测试）的电子特性数据与对应的制程步骤和设备数据之间的关联，并以此作为事故诊断的基础。例如，若经过某个制程的设备之间的产品有不同的良率表现，很可能是某台设备产出已经偏移设定的基准。我利用非参数的K-W检验检测机台差异，以层别、制程站别或机台表现来找出造成变异和异常来源的机台，根据表现差异的显著程度找出可能的"嫌疑犯"，缩短领域专家排除故障所需的时间。[16、17、18]

由于集成电路制造过程中需要反复回流几种制造技术模块的设备，所以提升设备表现的一致性可以预先降低设备加工过程造成的变异。这也是英特尔要求"精准复制"或台积电提出"智能复制"的原因。

应根据量测结果和机台特性，建立机台相似度的聚类，以决定机台故障时备援设备的顺位，并结合排程系统，减少因为设备之间的差异而造成的产品质量变异，减少重工损失[19]，进而确保工厂一致性，使客户在不同厂区生产的产品保持一致的质量，增加调度和备援的弹性。

故障侦测与分类系统通过即时读取制造过程中的参数变化，检查其数值是否在管制范围之内，以即时监控机台健康状况。层别的故障分类可以降低故障所造成的质量损失，亦可以整合其他数据，包括量测值、晶圆允收测试数据等。应利用多变量分析或深度学习构建更复杂的事故侦测模型，以发出预警并采取适当的应对措施。

收集的数据越完备，故障侦测与分类的规则就越具体

晶圆允收测试的每一个参数都对应半导体组件的某个电子特性，如电阻、电压、漏电流等。同时，晶圆允收测试与某一层或多层的特定制程步骤有关，因此可根据制程参数和生产履历，如设备、材料、加工时间等数据，将晶圆允收测试数据聚类，以比较各个电子特性测试结果的聚类样型与低良率聚类之间的关联性，找出可能造成良率损失的特定电子特性测试参数及对应的工作站。然后，再用决策树等技术找出各个设备聚类的特征和参数因果关系，由领域专家诊断分析以找出异常原因[20]，并提升设备群组综合使用效益。[21]

故障侦测与分类模型通常是通过离线分析得到的原始数据与异常数据，或是以故障数据为反应变量而建立的诊断模型。可以用实际数据验证模型效度，再将验证后的规则和模型新增到故障侦测与分类系统中，进行即时监控与诊断。

随着半导体设备的发展，故障侦测与分类系统收集到的数据量越来越大，而且诊断新发现的故障可以增加更多事故的诊断规则，使系统功能更完整。此外，检验 WAT 测试参数对良率的敏感度也可以为优化制程参数设定并修正故障侦测与分类法则设计提供参考，以减少制程变异对晶圆良率的影响。

设备预测与健康管理

传统的 PM（预防性维护）是指根据可靠度测试规划设备维护保养的时程。PdM 则是通过分析机台操作时间、频率与积累生产量等因素与设备健康状况的关系，来预测设备基准偏移异常的变化情形，以决定最佳维修策略。

设备预测保养可以更精准地排定维修时间点，减少设备预防保养次数，以降低保养成本并提高设备可用时间和产能。通过预估设备健康状况，以及先进设备控制、基准的变化对良率的影响，可以更灵活地调整、维修排程。在产能供不应求时，提供生产排程参考，以权衡延后保养的风险和产能增加的效益，进一步达到智能生产的目的。[22]

设备预测与健康管理是指通过机台搭载的传感器与制程参数监测辅助系统分析制造大数据以评估设备健康状态，预测设备剩余可用寿命以决定维修保养策略，并避免因无预警宕机所造成的损失，提高设备妥善率和产能利用率。例如，根据设备最新的状态和预测，即时调整排程与派工，降低可能的质量损失风险和宕机风险。[23]

预后分析是一种医疗方法，即根据预测后果的前兆和症状，进一步推演疾病可能的发展情境，包括对进入不同病程后病人会发生何种情况的预测，以掌握诊断治疗的主动权。

以CNC（计算机数控）的精密加工为例，可以利用传感器随时读取的制程信号掌握设备健康状况及加工刀具的剩余可用寿命。我带领团队以此理论为基础与汉翔合作研发"基于AI大数据分析的工具机效率提升系统"，在现场噪声较多的情况下，仍能精准预测切削的前兆，并动态调整多个进给参数。上述系统能兼顾工件材料特性、刀具使用等实务需求及限制，还能提升设备效率并节能，亦荣获台湾科技事务主管部门2019年科技突破奖。

先进过程控制

对晶圆针测结果的晶圆图的分析是指通过故障晶粒呈现的特殊空间模式，追溯生产过程中异常的制程或设备，建立工程数据分析系统的晶圆图分类与诊断技术模块，以达到系统性地分类大量晶圆图的目的。在比对与诊断过的晶圆图的基础上，再结合领域知识与专家的事故诊断经验验证制程中可能出现的问题，可以缩短工程师排除故障与分析所需时间。同时，可以记录各种图形的共同表征和因果关系，通过将内隐知识分享交换外显化、系统化和组织内化的循环过程，达到知识管理和数字化转型的目的。[24,25] 由于设备状况和加工条件会随着时间与生产量的累积而逐渐偏移，因此累积一定的加工时间或生产量，就需要维护保养并调校设备、设定基准。[26] 然而，从设备重新设定后到下一次保养之间的状态是逐渐下降的，这也会造成产品质量特征逐渐偏移。先进过程控制是指通过大数据推导出产品的投入、制造过程与产出之间的关系。可以根据量测的回馈结果，调整相关的制程配方参数和设备设定值，以达到期望的产出结果。

随着集成电路线宽持续微缩，必须发展先进过程控制以防微杜渐，并更加严格地控制制程中各种可能的变异，以达到提升良率的目的。批到批控制是指以批次为单位，利用每批产品前一道制程的量测值，或是经过该制造程序后的实际量测数据，或是虚拟量测预估值，反复更新制程设定以达到控制目的。例如，通过改变施力以解决化学机械随时间慢慢磨损的问题。因此，批到批的先进过程控制可以分为三种模式：回馈、前馈以及前后回馈。

紫式决策架构，帮助建立整合的先进制程控制模型

回馈型的批到批控制是指分析每一个批次产品在加工后质量特征的量测值，或是实际量测数据，或是虚拟量测的预估值与设计的目标值之间的差异。经过控制算法计算之后，调整下一批或下下一批产品制程配方的参数设定，以达到降低批次产品的质量变异的目的。回馈型的批到批控制常用来解决设备随时间而偏移的问题。

例如，集成电路层与层之间的覆盖精度是影响制程微缩的关键。随着制程越来越复杂，覆盖误差越来越难控制，一方面，是因为异常原因不一定可控制；另一方面，则是因为实务中量测的样本很少，难以预估所有参数。我提出了符合设备先进控制特性的创新覆盖误差模式，并获得了多项发明专利[27、28、29]，亦根据实验设计与统计决策的原理，提出曝光区域内与区域间取样位置与取样点数的最佳抽样策略，进一步发展批到批控制技术以即时回馈，提高黄光制程的良率。实证研究表明，上述技术在各种情境下都能获得更稳健的过程控制效益。[30]

前馈型的批到批控制是指比对制程后产品质量特征的量测值，或实际量测数据，或虚拟量测的预估值与目标值之间的差异，经过控制算法计算之后，通知下一道制程以补偿其差异，通过前后制程的协作，使最后的结果达成目标。

例如，针对影响集成电路关键线宽的微影和蚀刻前后两个制程，可通过先进批到批控制研发出前授式机台派工控制器，以动态匹配前后制程的设备，冲销与补偿个别制程的变异，降低前后制程总变异，如图 8.3 所示。实证研究表明上述技术可以使制程质量平均提升 20%以上[31]，该技术凭借建立智能控制机制兼顾质量与生产力的综效，荣获美国发明专利。[32、33]

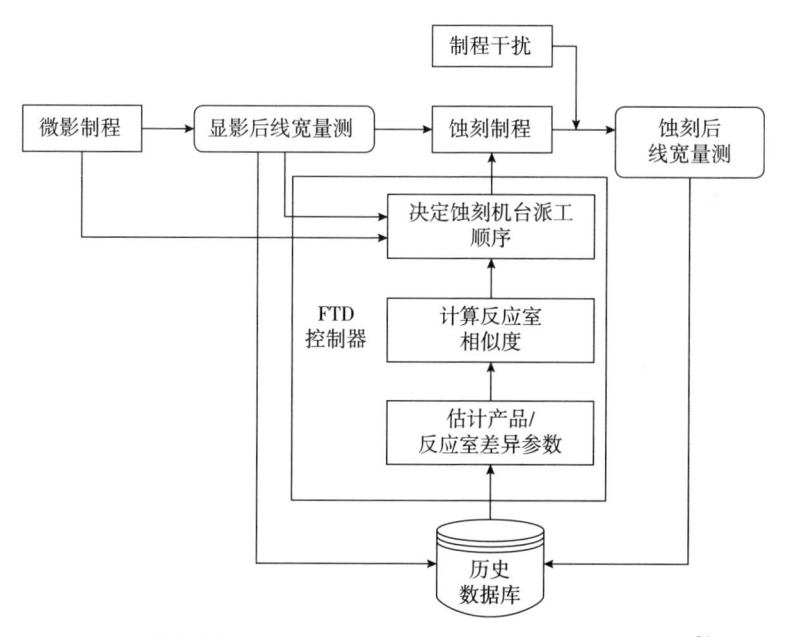

图 8.3 整合先进过程控制与前授式机台派工以降低前后制程总变异[34]

前后回馈型的批到批控制是指整合回馈型和前馈型的批到批控制。图 8.4 展示了整合人工智能与大数据分析技术，发展各制程的前馈型和回馈型控制，以及虚拟量测、制程参数优化与设备健康，建立先进质量、过程、设备控制架构的流程。

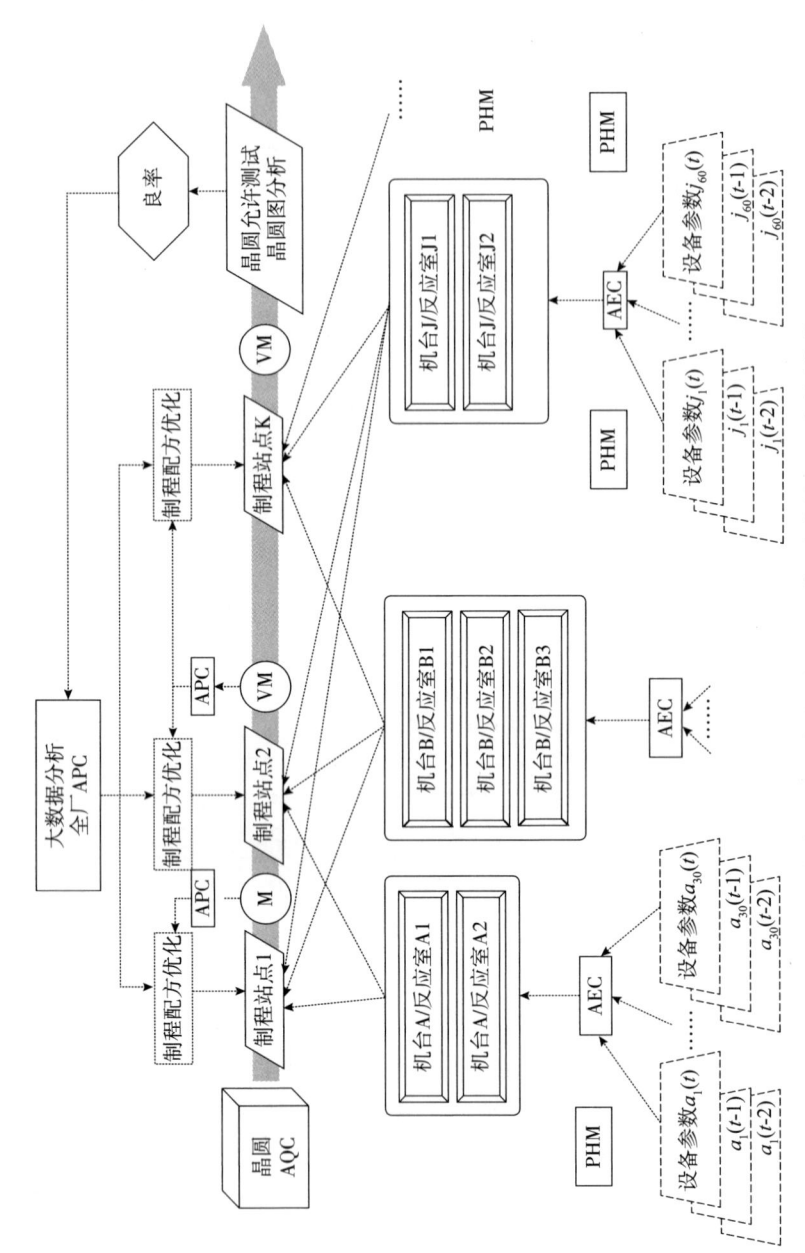

图 8.4 整合人工智能与大数据分析的整厂先进制程、设备控制架构

蓝湖战略

为应对整厂先进制程和设备控制的需求，我亦提出优化抽样量测决策模式与权衡机制。通过最小化最大可能风险和最大化最少样本的信息价值整合机台状况、制程技术、时间、加工步骤前后关系、产品特性、品质水准、可承受的风险损失等决策元素，通过紫式决策架构[35、36、37、38]厘清各因素的影响关系，以建立决策模型和选取规则等配套机制，优化各种组合的涵盖比率，设置稳健的选取规则，以结合生产排程与派工，确保全部制程与设备都在先进控制当中。同时，根据统计推论与信息价值，建立敏感度分析和备援机制，能在异常情况（如破片）发生时提出对应的解决方案，以减少期望的综合质量损失，降低可能出现的风险。

通过虚拟量测模型，提升晶圆厂综合空间效率

实务中，批到批控制导入生产线需要克服一些挑战。第一，半导体厂通常同时生产不同产品，特别是晶圆代工厂的产品组合更复杂，为了提高产能利用率，关键机台通常轮流共享。因此，设备制程表现容易受到不同产品、制程技术和加工材料等因素的交互影响，使得量测值的偏移随时间变动而越发复杂。因此，需要通过数据处理、配方管理和模型优化，区分不同因素的影响并减少复杂产品组合造成的随机误差。[39、40]第二，半导体厂主要靠投资生产设备增加产出，量测机台的数量通常不够。除了由于不同量测机台之间的变异增加的噪声和保养前后造成的差异等，还会因为抽样的产品从制程设备到量测机台之间的时间差而导致延迟回馈，有时甚至该批产品早已走到后续制程，却未及时得到量测结果。

因此，针对关键产品，有时必须采取急单、插单的方式，以更快获得所需的量测信息。为了应对量测机台数量不足的情况，可以优化量测机台的资源配置以涵盖关键的量测信息，也可以整合虚拟量测以提高决策质量并降低风险。[41]为了减小时间差的影响，需要整合量测的抽样策略、量测机台排程派工和决策模型。

虚拟量测可以整合制程监控数据与加工后的量测结果，建立制程结果的实证模式，分析制程参数的时间序列数据和状态变化情形，以预估产品质量特征的量测值，弥补实际量测由于量测机台数量和抽样频率不足而受到的限制，然后根据预估结果的量测值进行批次补偿，达到维持产品质量、降低变异的目的。

虚拟量测模型的预估值可以和抽样的实际量测值进行比较，以检验效标效度，并根据需要，动态修正估计误差或重新训练模型。虚拟量测模型在可允许的风险下，可以取代或适量减少抽样量测，节省量测机台的资本支出和占用无尘室的空间，提高 OSE（晶圆厂综合空间效率）。[42]

智能制造算法：整合大数据、机器学习、先进控制与决策

算法是先进过程控制与先进设备控制的核心，包括量测数据的处理、控制器的设计与补偿决策模型等。完整的批到批控制解决方案的根本目标是使产品质量特征达到设计的规格标准，工具目标是控制前后制程设备的参数达到预期的表现。每一次输入的数据都是产品在量测机台通过回馈或前馈传递而来的信息的结果。

为减少量测机台的差异与噪声的影响，量测大数据需要先经过图 8.2 中的数据准备与处理程序以提高数据质量。由于时间序列数据的特性、中间的噪声和递延效应，控制器算法需注意避免过度补偿，常用的有 EWMA（指数加权移动平均）、比例—积分—微分控制器，以及结合人工智能、时间序列模型的控制器等，以达到动态调适，提升效能的目的。举例而言，我研发智能化的先进过程控制，整合预测模式与数学规划的回馈控制模式，以适应生产环境的实际变动。该控制系统能够自适应地动态调整比例—积分—微分控制器的参数设定，达到随时优化、先进控制的目的。实证研究表明，该控制系统可以更有

效地补偿与降低制程变异，有效提升良率。[43]

智能化的先进质量、过程、设备控制等解决方案的算法，应搭载学习和自我修正功能，通过持续监控预估值和实际值的误差及其他使用绩效指标，动态地调整控制器的设定，以兼顾质量与生产力的综效，提升制造系统的自愈力和应变的韧性。

在执行产学合作项目，协助产业智能化的过程中，我发现建立模型和发展算法解决产业实际问题其实也和新制程技术一样，需要经历研发和爬坡量产阶段。往往解题的人只是提出和验证解题技术，就算成功，未必能涵盖实务中的各种情境，也不一定能考虑到所有配套设施，形成完整的解决方案。

先进智能控制：实现绿色制造与智慧节能

面对全球气候变迁的挑战，世界各国和各大跨国企业纷纷宣布2050年内实现净零碳排的中长期目标，绿色制造和可持续发展已成为 ESG（企业社会责任与环境、社会和公司治理）的重要目标，企业必须超前部署。

台积电建立企业风险管理机制，整合管理可能影响运营与获利的各种潜在风险，并设立具体目标及绩效衡量指标。台积电通过目标管理鉴别气候风险，找出机会与适应措施，达到了有效管控和系统性确立执行成效的目的。先进过程控制和先进设备控制等系统是在收集到的大数据和即时分析的基础上，发现造成异常的潜在制程或设备因素，通过可控的因素提前补救和应变，发展节能减碳的智能制造技术，以保持最佳的制程表现和生产结果。这不仅可以提升良率，还可以即时调整并优化资源分配，提高产出和生产力，构建低碳供应链，减少浪费和线上存货，实现绿色制造与智慧节能。

2016 年，联合国具体提出 17 项可持续发展目标，包括：第一，在全世界消除一切形式的贫困；第二，消除饥饿，实现粮食安全，改善营养状况和促进可持续农业；第三，确保健康的生活方式，促进各年龄段人群的福祉；第四，确保包容和公平的优质教育，让全民终身享有学习机会；第五，实现性别平等，增强所有妇女和女童的权能；第六，为所有人提供水和环境卫生并对其进行可持续管理；第七，确保人人获得负担得起的、可靠和可持续的现代能源；第八，促进持久、包容和可持续的经济增长，促进充分的生产性就业和人人获得体面工作；第九，建造具备抵御灾害能力的基础设施，促进具有包容性的可持续工业化，推动创新；第十，减少国家内部和国家之间的不平等；第十一，建设包容、安全、有抵御灾害能力和可持续的城市和人类住区；第十二，采用可持续的消费和生产模式；第十三，采取紧急行动应对气候变化及其影响；第十四，保护和可持续利用海洋和海洋资源以促进可持续发展；第十五，保护、恢复和促进可持续利用陆地生态系统，可持续管理森林，防治荒漠化，制止和扭转土地退化，遏制生物多样性的丧失；第十六，创建和平、包容的社会以促进可持续发展，让所有人都能诉诸司法，在各级建立有效、负责和包容的机构；第十七，加强执行手段，重振可持续发展全球伙伴关系。[44]企业应善用先进控制技术和智能科技发展循环经济，在迈向工业3.5以及向工业4.0的转型中，树立重新塑造全球经济模式的典范。[45]工业3.5绿色制造与循环经济包括五个推动方向：数字决策优化物料使用效率、智能绿色供应链、智能生产节能减碳、全面资源管理，以及循环经济的绿色智慧工厂。[46]

例如，高科技制造需要保持制造环境温度、湿度和洁净度，冷却水系统是半导体厂、面板厂的厂务系统中最耗能的设备。我带领团队研发的人工智能和大数据分析的冷却水系统调度优化节能技术，能即时预测晶圆厂冷却需求的变化，分析冷水机设备运转绩效，评估各冷水机的健康状况，优化冷水机的开机组合和配置，确保冷水机维持在最佳效率运转区间，用最节能的方式满足工厂的冷却需求。同时，该技术能预先侦测，提早预警设备的潜在运转风险，以避免突然宕机造成产品损失。我还带领团队研发了配套的决策支持系统，为厂务工程师的精准调度提供建议，包括开启或关闭哪一台冷水机、哪几台冷水机需要提早保养维护等，这样可以避免人员因经验差异所造成的决策不一致。[47] 上述技术荣获 2021 年台湾科技事务主管部门未来科技奖，并被推广至其他产业，创造具体价值。企业应构建 OPE（综合电力能源效益）指标架构，引导节能改善方向[48]，并利用大数据分析以节省半导体设备的耗能[49]，持续发展各种绿色创新技术。

智能精准制造与数字化转型

智能精准制造：整合先进过程控制与智能生产

随着物联网、大数据、人工智能、高性能计算和边缘计算等技术的快速发展，各种设备和工厂相关系统已配置大量的传感器以自动收集生产过程中产生的大量数据。德国工业 4.0 参考架构强调制造系统应具备自愈力，能够动态应对各种异常状况，并进行预警、管理或补偿，及时重新调整制程，避免因设备和制程的异常造成的产能及良率损失。[50]

半导体智能制造技术蓝图提出设备工程能力、制造执行系统与设备整合能力以及自动化物料搬运系统这三个方向，如图 8.1 所示。制造执行系统与设备整合能力从设备机联网、在制品管理、配方管理、高级计划与排程、生产调度与派工等生产管理系统等方面出发，扩展到个别机台、设备群组、生产线整厂作业管理，以达到扩大管理范围和提升应用复杂程度的目的。[51、52]

例如，台积电整合人工智能、大数据分析与机器学习技术，发展先进、敏捷、智能化的生产系统，包括智能化自动物料搬运系统，整合智能化移动装置、物联网和移动式机器人,以强化晶圆生产数据收集与分析,实现即时信息分析,并提升预测能力。同时,台积电将智能制造技术应用在生产排程与派工领域,建立集成制造管理平台,让客户获得相同的质量与可靠度,并加速学习曲线,缩短良率爬坡到量产的时间。台积电还提供高度的产能弹性,精简重新认证所需的流程,以快速满足客户的紧急需求,提升先进质量、过程、设备控制,给客户提供最大化效益。[53]

此外,台积电基于等候理论以及各个工作站在制品水位和线上等候时间等因素的影响关系,分析生产大数据以推导实证关系,找出每个可控因素的理想水位和敏感度,通过宏观调控机制维持整厂各个产品的生产排列组合和虚拟流水线的平衡。同时,维持加工流程的顺畅,有效缩短生产周期,并根据设备健康状况和预测保养的需求,配合生产系统的宏观调控,决定最佳的维修保养时间。台积电因此降低了保养维护成本,并减少因为生产状态变异造成在制品的波动而导致生产周期变长。[54、55]

从"自动化执行"迈向"智慧化决策"

制造执行系统是高科技工厂制造自动化和智能制造的基础,它可以协助制造工程师的作业管理,包括生产调度及派工、制造流程与配方的执行、监控与记录工厂各种状况变数。制造执行系统还可以下达适当的指令,提出因应对策,并提供即时而精准的生产信息,提高生产效益和产出。此外,制造执行系统能收集、提供即时的生产信息并进行数据分析,记录并追踪原物料与工件在厂内的流动、监控制程、选择制造处方、控制生产调度及派工等,可提供SCM(供应链管理系统)及ERP(企业资源计划系统)所需的即时且关键的信息。

高科技制造业的制造执行系统已从"自动化执行"迈向"智慧化决策",可以在不同机台间引入"即时决策系统",建立共同的标准沟通界面，进行整合以自动协调分配各机台资源。台积电发展先进过程控制与先进设备控制、即时故障侦测与分类系统，其能够分析与良率和设备效能相关的制程和设备参数，整合虚拟量测和统计过程控制等数据，完善自我诊断、自我反应等多个智能功能模块，以优化制程和机台效率。同时，该系统能够组合每一个制程所发展的精准控制模型，建立智能化的控制模块，结合高级生产计划与排程系统，并通过即时缺陷侦测分类系统、先进智能机台控制和先进智能过程控制系统等模块，即时监控并准确调整制程参数，达到实现智能精准制造，发挥最大制造效能的目的。[56]

提升良率是智能制造的根本目标之一。要保证高良率，同时提升产品质量，减少产品再制时间，降低重工成本，提高客户满意度和市场占有率，只有这样才更能提升公司在产业价值链的地位。因此，必须提升并整合企业规划层的决策力和制造执行层的应变能力，结合现有制造管理机制与先进生产规划和决策系统的混合策略，考虑不同产业的特性和弹性需求，发展先进质量控制、先进过程控制、先进设备控制的完整解决方案，有效提升弹性决策的韧性和即时决策的质量。

智能制造必要的基础建设

除了高科技产业，其他产业由于工厂自动化程度不高，大多数公司虽有 SCM 和 ERP 系统，却不一定有 MES 系统，因而造成规划和执行的落差。事实上，MES 系统的某些功能与 SCM 和 ERP 系统是有重叠部分的，各公司管理系统功能完整性和智能科技的应用程度也不一。例如，化学品是晶圆、面板、PCB 等高科技制造产业生产过程中的关键原料，然而由于其生产、储存、运送等方面的特殊限制，供应商需要导入智能制造，才能配合客户智能生产的需求。因此，我协助关东鑫林构建了高科技产业化学品多站点生产计划与排程的决策支援系统。

然而，不同于 SCM 和 ERP 系统，MES 系统是管理生产作业的执行系统，是需要配合制造实务与领域知识而量身定做的系统，包括工厂内所有加工流程的制造程序、设备指派与制程配方等执行决策与相关信息。

台湾半导体厂能处理全世界最复杂的生产模式，本应锻炼出较强的晶圆制造管理能力，但晶圆厂制造执行系统却是由早已退出晶圆制造的 IBM 所开发的，如应用于 8 英寸厂的 Poseidon 系统和应用于 12 英寸厂的 SiView 系统。由于无法完全掌握基础的软件系统，许多提升生产力和良率的技术，往往未必能发挥最大效益。面对日益严峻的竞争，为了守住智能制造的核心竞争力，各制造业领域的龙头应多支持本土软件产业和分析服务业发展。

智能制造所需的弹性调度和即时决策已不能只靠产销协调会议或只依赖日报表、周报表对于工厂状况和机台综合效率等绩效指标的回溯性统计分析，或只通过工厂利用每天晨会交办任务的方式。为了实现良率提升和智能生产，应拟定技术发展战略蓝图，逐步完善先进过程控制、先进设备控制等功能，成为完整的智能制造平台。

许多协助导入工业 4.0 和智慧工厂的系统厂商与信息服务业大多以建立"战情室"和"仪表盘"为初期目标，通过各种传感器、机顶盒和物联网收集工厂环境、不同类型的设备信息、人员、物料和产品等大数据，或通过搭载的模型，针对运营关键绩效指标，如设备稼动率、产出量和良率等，提供即时更新的分析结果，视觉化地动态呈现所有生产信息和现场即时影像，帮助决策者一目了然地即时掌握工厂状况和生产信息，加强决策者和作业现场之间的沟通，提升决策质量和应变速度。

相关的解决方案也许从"战情室"和"仪表盘"界面来看没有太大差别，根据我协助厂商评估的经验，关键在于决策支持的功能强弱、搭载模型的复杂程度以及是否善用大数据、人工智能物联网与数字决策等智能科技。

顺应"治病于未发"的先进决策模式，掌握数字化转型的契机

未来的机器设备越智能，工厂的人力需求和人力介入程度就越低，因此制造领域的竞争将逐渐变成尖端设备和制造平台的竞争，这势必影响国内制造业在价值链的地位和分得的利润，因此，国内企业应先将智能制造与智能生产的经验和能力数字化，并扶植周边产业。

在未来，资本越雄厚、越买得起智能设备的厂商，其效率就越高，竞争力就越强，就越能应对工业革命的挑战。然而，由于制造系统所收集的人、机、料、法、环等各种大数据具有复杂的共线性、异质性和联动性，若未能发展和善用有效的分析技术，反而会治丝益棼，即使有些零星的成功应用案例，若未能持续维护精进，其搭载的大数据模型也会因为缺乏维护而过时。

因此，国内企业必须抓住智能制造和数字化转型的契机，基于制造能力和领域知识，整合大数据分析、人工智能、先进质量、过程、设备控制、全面资源管理以及数字决策等智能科技，发展分析服务产业和软件产业，积累能力，留住人才，导入智能生产与智能制造的完整解决方案。

最重要的是先改变工程师和决策者的观念和心态，来预见问题，提前改善。同时，企业必须调整组织架构、领导和管理机制，以适应"治病于未发，制胜于无形"的决策模式以及组织运作和绩效考核方式，并逐步发展良率诊断、故障侦测与分类、虚拟量测、优化制程参数的组合、批次控制等具备适应性、弹性和即时决策的解决方案，达到数字化转型的目的。

第 9 章
产业数字化转型与决策型组织

帝者与师处,王者与友处,

霸者与臣处,亡国与役处。

——《战国策》

产业维新与数字化转型

数字经济、数字化、数字化转型有很多不同的定义和定位，布伦南与克赖斯将其定义为从模拟演变至数字的信息数字化和伴随数字沟通与媒体基础设施而重构的诸多社会生活领域，以及运用数字科技改变商业模式的数字化过程。[1]数字化转型以数字化智能科技驱动组织变革与流程再造，进而广泛扩散到各个层面，驱动经济与社会的系统性重构。因此，数字经济也可以用狭义的"数字的经济"和广义的"数字化经济"来区分上述从局部到整体的演进过程。

"信息数字化""技术数字化""数字化转型""数字化经济"是有先后顺序的技术蓝图。企业可以通过精确的定义和分类避免认知错误，更加系统性地衡量自身数字化的程度，协助企业了解自身数字化转型的阶段目标与技术蓝图的定位。但我在协助不同产业的过程中发现，对数字化的定义和人们对其的理解与想象其实会随着时间推移、语意变化、技术演进、社会变迁而改变。因此，即使是对某个精确定义的名词，不同的人或在不同的时空下，也可能会有不同的解读，有时反而会造成组织内外沟通的障碍，与其执着于某些名词的特定定义，而陷入"白马非马"的辩论，还不如行胜于言地去实证这个正在演变中的趋势。

数字化转型是产业维新，需要管理的科技和人才

现阶段的产业数字化转型主要是指借助大数据、物联网、人工智能、云技术、高性能计算、5G等数字科技驱动的决策流程再造与组织效能提升。因此我在《哈佛商业评论》的专栏文章《数字化转型是企业维新》中，将产业维新与"企业新五四运动"作为企业愿景。企业应推动"德先生"（公司治理与决策）和"赛先生"（科学管理与分析），构建决策型组织以提升自身在数字化经济时代的竞争力，同时

达到企业智慧升级和产业数字化转型的目的。[2]

推动产业数字化转型，为什么要优先推动数字决策与构建决策型组织呢？因为决策型组织也是学习型组织。工业3.5主张先从"操之在我"的组织效率与管理能力提升开始，结合系统性思考和智能科技提升群体决策的质量和效率，顺应工业4.0的智能生产和数字化经济时代的弹性决策趋势。事实上，公司创业初期，由于同人们彼此熟识，大小事务往往面对面沟通就可以了，就算偶尔有意见不合或业务冲突也可以靠熟人居间协调化解或是老板拍板定案。虽然不一定能从根本上解决问题，但可以找到大家都能接受的均衡的处理方法。随着企业成长，公司规模日益壮大，组织分工也越来越复杂，跨部门之间合作分工和协调也越来越繁多，群体决策的会议成本越来越高，很多事务难以靠开会沟通解决。

当组织逐渐僵化，如果没有适时进行改组与流程再造，将越来越难即时调整，适应外在变化。因此，很多事情需要授权现场的负责人，让其有随机应变的弹性。[3]

台积电创办人张忠谋于2008年在台湾清华大学台积馆开幕演讲时表示，目前企业最需要的是管理技术与管理人才，因为很多结构化的技术，如，国外开发的制程技术，可以直接将技术转移，导入生产线；而管理和决策是半结构化的，必须考虑组织文化等因素，因地制宜。有些人在某个单位是一流的高级主管，到另外的地方则未必能发挥作用，反之亦然。

彼得·德鲁克在《卓有成效的管理者》[4]一书中指出，晋升为高级主管的员工，应该原本就具备良好的管理和执行力，因此作业方面的工作绩效仅是成为高级主管的必要条件，高级主管要能领导和做决策，特别是做出战略性的决策，这才是真正脱胎换骨转型成为高级主管的关键。管理者的高度越高，影响也越大。张忠谋还分享了培养接班人的重点特质，即以台湾清华大学校歌的"器识为先"作为主要标准,强调高级主管更应该"器大识广"。

知识管理与共享:组织加速学习持续创新

台积电创办人张忠谋认为,在数字经济时代,要想建立成功的经营模式,组织必须持续创新,成为一个学习型组织。要想成为学习型组织要先做到四点。第一,认清公司的知识资产,善加运用并发挥最大的功效。例如,台积电就是以技术研发、卓越制造与客户伙伴关系为核心的,好的知识管理就是扩散共享的文化。第二,提高公司决策、执行,以及对问题的反应速度。第三,利用智能科技重新定义对客户的服务,提升客户最大的总利益。第四,利用网络与大数据,降低市场的不确定性和交易成本。

在2005年借调台积电之前,我已经在MTC(制造技术中心)的制造技术委员会担任资深顾问,是当时制造技术委员会唯一的外部委员。制造技术中心是台积电推动知识管理的平台,除了向国际一流企业标杆学习,制造技术中心还通过跨部门的分享、讨论、评估和标准化再扩散不断积累研发创新、技术精进、设备改善与制造管理等各个领域的专业知识。制造技术中心下辖的各种技术委员会按照晶圆制造模块、设备和技术相关知识领域分类,例如,黄光、蚀刻、制程整合、自动化、制造和厂务等各个领域的技术委员会分别作为跨厂区、跨部门的学习平台。各厂部门主管和相关人员都依其专业领域加入某个技术委员会,例如,蚀刻技术委员会是由各厂区蚀刻部门主管组成,并由一位蚀刻或化工背景的厂长或处长担任委员会主席。

一方面,技术委员会的各厂各部门代表在定期会议中分享经验,争取绩效表现,通过领域专家会议讨论出哪一种制程改善方式、哪种设备最适合等,或在跨厂区验证后,将大家公认的最佳实务写进工作守则和制造技术中心的知识管理平台,并扩散到其他工厂。另一方面,某个工厂若有重大异常或突发事件,也可以通过委员会一起解决问题，避免类似问题再度发生，并修改相关的标准化作业程序。

若出现不同意见，也可以由该专业领域出身的高级主管仲裁，避免"一人一把号，各吹各的调"。因此，客户也不用担心台积电生产规划部门将其订单分配到不同厂导致良率或交期的差异，同时也增加了资源调配的弹性和产能利用率。

台积电知识管理成功的关键

台积电知识管理之所以能够成功，除跨部门技术委员会的组织设计、信息科技的支持和绩效管理与发展（PMD）制度的配合外，推动组织效率优化和数字化转型成功也是关键因素。[5] 台积电人力资源组织建立了严谨的绩效管理与发展制度，要求每年绩效考核都要明确排序，凸显绩效杰出和有待改善的同人，以此激励同人不断学习成长，除了完成既有的工作，还要不断创新。一方面，台积电主管的升迁不仅是由个人工作表现决定的，也要看其领导力和决策能力，而领导力的成果之一就是带出来的干部是否优秀。另一方面，测评打分的人不只是直属上司，也包括上一层的其他主管，因此表现杰出的干部需要主管的共同认可，这也可以避免部门本位主义和拉帮结派。

因此，各个技术委员会成为各厂区主管呈现其创新成果和组织领导绩效的重要平台，厂区主管通常会在会议上安排有潜力的干部报告创新和改善成果，以便各部门主管认同并认识这些新秀。如何确认某个厂区的改善成果是否如报告得这么好并且能被其他单位采用？台积电要求，除提出创新的母厂外，必须至少有另外一座晶圆厂已经导入并获得改善效益，才能得到技术委员会的认可，因此巧妙地省去了评估检验的工作，直接促成了交叉验证与创新扩散。

然而，与其他结构化的制程技术不同的是，制造管理是半结构化的技术。因此，在某个厂区最佳的制造管理实务，不一定能直接应用在其他厂区，而是需要"智能复制"。这也是我从原本只是执行产学合作项目，后来应邀加入制造技术委员会成为资深顾问，之后再被借调到台积电，并越来越深入实证过程的原因。

作为参加制造技术委员会相关会议的讨论和访谈的领域内专家，我以学术理论为基础，将复杂的实际方法与领域专家结合，建立分析架构与模型，并与跨部门的领域专家反复实证，开发可以随时空环境转换的决策模式、参数调整与决策支持系统，如导入制造大数据分析以缩短生产周期的方法、研发提升综合晶圆效益的运算法则、优化IC设计布局，以及增加晶粒产出的设计服务系统等。

决策型组织与台积电案例

决策型组织的发展步骤

我在2020年台湾地区行政管理机构第11次科学技术会议中特别以"发展管理科技，驱动产业数字化转型与高附加值经济"为题发表演讲，提出以标杆企业为例，推动以决策引导组织再造。台积电早在20年前就推动了企业转型，张忠谋董事长亲自授课建立共识，推动台积电转型为决策型的流体组织。决策型组织的发展步骤包括以下几方面。[6]

第一，找出组织的关键决策。

第二，决定组织的哪个层级和哪些单位做这些关键决策。

第三，依照价值的来源规划组织宏观架构。

第四，搞清楚决策者所需要的权限水准。

第五，调校组织系统的其他元素，包括激励诱因、信息流、流程等决策相关因素。

第六，协助管理者完善决策所需的技术。

数字化转型的拟人化、无人化、超人化

台积电曾用拟人化、无人化、超人化来比喻数字化转型的三个阶段。第一个阶段"拟人化"是让电脑和设备学会人做的事情，并推动企业流程再造和组织效率提升；第二个阶段"无人化"是用自动化系统取代人做的事情，并进行企业与供应链的数字化整合，成为客户的虚拟晶圆厂；第三个阶段"超人化"是建立数字大脑，聚集众人智慧以超越个人表现，并整合大数据、人工智能等科技领域专家的决策智慧和知识管理，同步提升决策的质量、速度与效率，使积累的集体智慧转化为公司的核心竞争力。

台积电信息科技和自动化系统已经成为智能企业的公用系统，该系统能够最大限度地满足公司内外部顾客的需求。2017年台湾半导体产业协会举行年会，恰逢晶体管发明70周年，因此特别邀请了FGM（浮栅存储器）效应发明人——施敏院士发表专题演讲。2017年台湾半导体产业协会还举办了制造高峰论坛，由台湾地区行政管理机构前负责人张善政主持，台积电左大川资深副总经理兼首席信息官、工研院刘军廷副院长和我担任引言人，并进行座谈。

台积电首席信息官将推动智能制造分为三个阶段。第一个阶段是2000年进入全自动和数字企业；第二个阶段是2012年发展大数据分析和整合平台；第三个阶段是2016年通过人工智能、高性能云端计算和团队协作创新，开展全面数字化转型。

《iThome电脑报周刊》针对台积电数字化转型进行了完整的报道。以生产力提升为例，第一个阶段，导入全自动化的12英寸晶圆厂，生产力较8英寸厂提升3倍；第二个阶段，随着大数据收集和大数据分析，生产力再提升62%；第三个阶段，导入人工智能，生产力预估将可以再提升19%以上。[7、8、9]

台积电的董事长刘德音应邀担任AIMS中心理事，并在2018年

人工智能制造系统研究中心启动会议上发表专题演讲,分享台积电推动智能制造的经验。他表示,台积电预计每年要培养几百位 AI 相关工程师,各大学理工科应提早将 AI 纳入大学课程,推动跨领域 AI 人才培育。因此,AIMS 中心亦在台湾清华大学开设"智能制造跨院高级主管硕士在职学位课程",整合跨领域专家学者提供大数据分析、数据科学、人工智能、深度学习、决策分析、产业工程等课程,让高级主管通过学以致用的实践,掌握解决实际问题的技术,并获得模型开发经验。上述课程培养了产业数字化转型所需的领导人才,达到产业 AI 化与 AI 产业化的目的。

企业转型第一步:找出最重要的决策

第一步,将找出最重要的关键决策作为战略目标,这是因为目标决定努力的方向。彼得·德鲁克提出"目标管理"[10],以建立整体组织的共同目标为依据,通过目标设定、目标达成和成果评价阶段的过程管理,促进组织不同层级、跨部门以及个人间的沟通与交流,使组织成员皆有一致的努力方向。通过目标设立、分层负责、充分授权、自我控制与自我评价的方式,激发各级人员的工作愿望与潜力,这是一种以团队合作完成工作为目标的管理制度。

以高科技产业为例,"产能规划与产销决策"是推动工业 3.5 和工业 4.0 的关键决策,只有这样才能实现工业革命"生产一件仍然能获利"的弹性决策,满足智能生产要求。换言之,获利是企业的根本目标,而"生产数量少至一件仍然能获利"是满足个性化消费趋势的工具目标。然而,资源调度和产能利用率会影响资本效率和营收管理,而位于产业链上游的半导体产业,会受到经济景气循环影响,且终端市场需求变动传到上游时,会因长鞭效应而放大。

建一座晶圆厂或封装测试厂需要高昂的支出费用和很长的前置时间,扩充产能所购买的精密设备也需要很长的交货时间,工厂还要随时应对不同客户的需求，调整产能组合并优化资源调度。因此，产能规划与产销决策等一系列相关决策会决定客户对订单的满意程度和市场占有率，从而影响公司的营收、获利和成长。

启动企业变革与数字化转型的项目，除要考虑领导者的建议和组织的授权，应先找到关键决策作为重点和切入的利基，这样做会比一开始就全面推动更容易获得成功。通过投资小、价值大的先期项目培养跨领域团队的默契，提振士气，并通过成果分享和主管的表扬，吸引更多人参加，促进良性循环。

企业转型第二步：决定决策的组织层级和负责的部门

第二步，决定组织的哪个层级和部门负责这个决策。公司必须根据价值的来源决定此关键决策的负责部门，并根据决策的影响关系来规划组织架构的主从关系和决策流程。只有这样才能避免"尾巴摇狗"的情况出现。公司还要根据决策分析架构逐步推动，扩大改善效益。

以产能规划与产销决策为例，这一过程其实需要生产、规划和销售业务等部门非常复杂和反复的协调。狭义的定义只是如何满足某个订单，但更广义的则涉及相关订单如何重新调配与资源分配，这需要完整地考虑定价、需求规划、产能分配、资本支出、成本结构和营收管理等跨组织部门的决策。

2019年，张忠谋在台湾清华大学发表题为"总经理的学习"的演讲时曾提到："CEO最大的责任就是把外面的市场带进来，动员公司所有的资源来迎接外部挑战，满足市场的需求，以创造公司的营收。"他强调自己早年任职德州仪器时就重视定价，而要维持高价格，其实是靠高价值定制产品，高价值才能守住高定价。

然而，很多公司只看到外部市场，偏重订单，这是因为有订单才有生意做。因此，客户要什么，公司大多选择尽量满足客户，却没注意这笔订单的价格合不合理；为了接这单生意，会不会挤兑到其他的订单；这单生意会不会很难做；若要额外再多增加设备，未来是否有长期的订单足以摊提折旧成本等各种问题。

台湾企业降低成本的持续创新能力非常强，但随着从少量多样到"生产数量少至一件仍能获利"的智能生产模式的导入，资源调度优劣所增减的成本远比个别项目调整的成本大。所以张忠谋才特别强调"动员"的精神，并实施全面资源管理。商场如战场，企业必须动态优化资源配置。

企业转型第三步：按价值来源规划组织宏观架构

企业转型第三步是根据价值来源规划宏观的组织架构和管理结构。目标可以分为战略目标、根本目标、工具目标和一般目标。战略目标指导努力的大方向，可以分解为根本目标的层级架构，并与组织设计、决策流程和绩效考核相结合，通过PDCA改善循环，发挥纲举目张的综效。台积电工业工程处除扮演传统的生产力提升和各种资源规划调度的角色外，还负责提升运营效率，即通过流程梳理和组织架构调整，不断提高组织效能和决策速度。

因此，应配合PDCCCR制造策略架构和各种相关决策的价值来源，梳理决策流程和信息流，以规划宏观的组织架构。举例而言，一个产能管理决策涉及众多复杂的因素，需要组织架构中各部门的相互配合。决策型组织的优点在于清楚的权责划分，这意味着各项决策能快速推进，从而快速适应企业运营环境的变动和各种需求的变化，为企业组织带来最大的效益。

产业升级需要先进智能制造解决方案。这意味着产业需要软硬件整合的系统导入，以及与制造系统的人员、机器、原料、方法、环境等因素融合，才能实现具体落地的挑战。因此，有很多关于组织转型与流程再造的议题。对企业而言，当管理科技不断地导入应用，就会冒出更多新的挑战，但随着处理的范围越大，积累的成果也会越多。

大量定制化和个性化的需求，供应链重构中以及短链、断链趋势，再加上新冠肺炎疫情的冲击和不同阵营日益紧张的贸易争端，进一步使企业全面资源管理的挑战和弹性决策的复杂程度有所提升。不同客户和产品因为共享产能，彼此竞争设备、制程技术、人力资本等运营资源，其组合复杂度已经超过个别决策者所能负荷。企业应根据价值来源和决策流程而重新梳理规划。企业还可以开发数字大脑，配合组织架构作为群体决策的协作机制，动员"兵、马、钱、粮"等相关部门，提高决策的质量和效率，以维持获利和市场占有率并持续成长。

企业转型第四步：厘清决策者权限并适当授权

企业转型的第四步是厘清决策者所需要的权限水平和职责范围。高级主管不能完全靠自己亲力亲为，而应发挥领导力和战略决策能力，调整组织架构以掌握整个组织各个部门的执行权限，调兵遣将，并授权给第一线处理相关决策的人。如何择人而任势，是高级主管带领企业数字化转型的关键。

在数字经济时代，组织上下层级分明的官僚结构已不符合未来产业的需求。如果所有人都要坐等高级主管做决策后才开始行动，反应速度一定无法达到智能生产所需的弹性决策的要求，决策的延宕将增加管理成本和风险。张忠谋董事长推动企业转型时强调建立"流体组织"，即每个层级的员工都可以和其他部门任何一个层级直接接洽，以改变只能依据组织层级单方向向上或向下的传递方式，但也要知会相关人员，避免令出多门。

产业波动这么大，龙头企业却能够在营收、获利等各方面都实现稳定增长，主要是要靠规划、决策、执行以及借助大数据和现代化管理科技，而不是仅靠景气或运气。例如，随着台积电的成长和规模的扩大，台积电工业工程处历经多阶段的重组与组织再造，组织功能和权限亦不断演进。产能建置和扩充所需的前置时间长，再加上需求变动大、不确定性高，导致半导体企业资源规划困难。决策型组织应根据决策价值来源的重要性排序，规划组织架构和分工模式。因此，台积电工业工程处扮演了"军机处"的角色，用"兵、马、钱、粮"对应到人力、设备、资本及订单等企业运营资源，再赋予各个负责部门的决策者所需要的决策权限，配合日益复杂的生产模式所需要的资源规划和调度极限。台积电工业工程处转型为具备企业资源整合与优化等企业规划决策辅助功能的运营资源规划处，其原本的运营功能则随着范围扩大，扩大为"商业流程整合"功能。

企业转型第五步：调整组织系统以支持决策

企业转型第五步是调整组织系统的其他元素，包括激励诱因、信息流、流程以及人机协作的分工模式。同时，要建立有效的考核和控制机制，确保决策各个阶段的落实。就像是面对战争就需要全面动员一般，组织每个环节的相关部门也需要根据任务需要和优先顺位去调整配合，然后才能迅速执行决策。现代企业的组织架构应该定期梳理优化，提升组织效率，使公司能比竞争对手更好、更快地做出决策。

因此，根据运营资源规划处的任务和定位，企业规划组织也应依据 PDCCCR 制造策略架构调整其组织架构，整合市场定价、需求规划、产能调度、生产规划、资本支出等相关部门。同时，开设"军机处"学院训练课程，促进企业规划组织内各个部门互相了解彼此工作的影响关系，以支持整合决策。通过数字化的群体决策平台，汇总幕僚规划和分析结果，整合 AI、大数据和决策分析等智能科技。这样做可以帮助企业更系统地分析复杂数据，提供支持决策所需的相关信息，建议可行的最佳方案。决策者可以把精力和资源用在关键的地方，更专注于战略思考、战略规划和组织学习，以改善决策质量，减少"瞎忙"的情形。

台积电的项目团队通常包括负责的功能部门、提供解决方案的部门和提供决策相关数据的部门，三个部门在信息平台上整合并且依据改善建议调整组织系统，因此推动的变革方案大多能够成功落地。

高科技制造业已从自动化和执行系统，发展为具备大数据分析、数字决策与优化的智能精准制造系统，并将卓越制造从规划、管理和执行的完整过程中，落实到各项决策的效能中，从而优化整个企业的运营绩效。

对半导体公司来说，持续地进行技术研发成为技术领先者，推行卓越制造和智能生产成为制造领先者，以及提供完善服务带给客户最大的综合利益是三合一的战略愿景。在其背后支撑的是完善的决策型组织、适合智能科技人才发展的企业文化，以及评估、计算风险容错与风险控管机制。因此，企业要具备规划组织的运筹帷幄和智能制造系统的执行力，以适应市场需求的快速变化和产品组合日益复杂的局面。

企业转型第六步：发展智能化管理科技以提升决策速度

企业转型第六步是协助管理者发展迅速决策的技术。传统的群体决策会经过很多的跨部门协商过程，往往只能找到可行解，而且需要花很多时间，难以即时反应。管理要与科技相结合而成为管理科技，通过构建决策型组织与数字决策系统，减少参与组织决策的层级和部门数量，使组织各个环节的所有决策关系人都能在一个平台协同决策。通过输入相关的信息、偏好和判断，借助平台搭载的决策模式和人工智能，大幅缩短沟通时间，强化第一线决策参与者的权力和能力，缩短决策流程，优化决策质量。配合PDCCCR制造策略架构为基础的组织设计，发展数字大脑作为群体决策平台，将决策变数和相关信息整合在平台上，各部门依其职能和权限提供决策支持信息、修正决策变数的参数和判断,结合搭载的大数据分析、人工智能和决策模型,发挥群体决策的决策优化效能。

数字决策平台就如同金融市场的交易平台,股票买卖都是在市场交易平台自动撮合,交易双方各自可以靠AI、分析软件寻求最佳解。然而,许多公司的产销协调仍靠当面沟通协调来决策,就像在传统市场是靠人为撮合的交易模式。这类公司每天要开晨会交代任务,单是把相关部门的人找齐就需要花费时间,各部门主管开完会回去交代各自的下属,又花了一些时间,而且各部门逐层交办的过程中,也不一定能交代得清楚完整,所以做事的基层同人常常要自己私下沟通,影响组织效能和决策的速度与质量。

企业应配合组织的数字化转型来发展各种智能科技,将运营资源的动态优化与弹性决策的能力融入制造系统,协助决策者系统地分析并及时将数据所萃取的智慧内化,让管理者有能力迅速做好决策,以达成科学管理和数字决策的目标。例如,推动"IE十大建设"来发展相关分析技术和决策支援系统,以对企业运营资源做有效的整合、规划、管控、绩效考核与回馈改善,积极促进决策流程再造以提升组织效率,持续提升运营绩效,实现全面资源管理。

紫式决策提出"龙卷风排序法"。[11、12] 架构运营绩效的影响因素包括产能利用率、良率、成本等,可以用大数据分析每个因素对运营目标的影响,再根据每个因素变动对总目标的敏感度,像龙卷风一般从大到小排列,这样就可以先改善影响最大的关键因素,再改进下一个因素,像龙卷风一样滚动起来,即可创造巨大的效益。

国际半导体界智能制造技术蓝图的终极目标就是即时决策和提高数据的质量,因为"天下武功,唯快不破"。智能制造可以通过发展第8章介绍的APC、AEC、AQC等洞察先机的弹性决策解决方案,做到"治病于未发"。[13、14、15]

为了加速数字化转型,台积电引入人工智能、大数据分析和高性能计算等技术，将既有的制造系统升级为智能精准制造系统。举例来说，包括提升设备搭载的决策能力以成为智能设备，将先进过程控制升级为人工智能过程控制，发展智能生产排程与物料传送系统，将工程数据分析系统升级为人工智能工程数据分析系统，以及在新冠肺炎疫情背景下加速导入的 AR 与 MR 等技术，以促进远程协同合作。同时，台积电利用先进制程的质量要求、良率快速爬坡和产能调度弹性，大幅提高卓越制造能力与组织效率。

友达光电与宏远兴业案例

友达光电数字化转型从建立共识、改变心态开始

首先，企业高级主管需要了解数字科技与决策型组织，与领导一起推动企业数字化转型，并掌握数字化的具体细节。友达光电的董事长彭双浪和主管们深知企业转型的第一步是找出最重要的决策，也就是先改变决策者的心态。2015 年，友达光电的总裁彭双浪亲自举办读书会，了解大数据、工业 4.0、人工智能等技术，建立内部共识，决定启动智能制造 2.0 项目，开始推动智能制造和数字化转型。2015 年 2 月 6 日是小年夜，那天是大部分公司的最后一个工作日，但大学校园里大部分的学生早已返家过年，只剩少数全年无休的教授。为了节省时间、专注本业，我平时都由秘书管理行程，协调会议时间，在 2 月 6 日那天，日历提醒我下午有演讲日程，我心想会不会是秘书登记错时间了，但仍依约前往友达光电新竹总部，主持人介绍后，我半开玩笑地说，老板过年不在大家还这么认真？听众哄堂大笑，不约而同地往中排看，没想到彭双浪总裁低调地坐在同人中间。2015 年开始，我有幸连续三年担任友达光电智能制造 2.0 项目顾问，并从与友达光电伙伴们的合作中学习了更多导入和转型的经验。

数字化转型的第二步是决定负责这些关键决策的组织层级和部门。因为导入 AI、大数据分析及智能制造需要改变原有决策流程和工作方式，若没有提前建立组织内部共识，只引进软硬件技术是难以推进的。友达光电以我提出的工业 3.5 为架构，推动大数据、人工智能、物联网、数字大脑发展，并聚焦价值转型、技术创新和智能制造三大战略，提升产品价值、生产力、智能化水平，迈向绿色生产与可持续的目标。[16]

友达光电在内部打造了一个生态系统，该系统可以根据价值的来源规划组织宏观架构。友达光电发展跨厂区的智能制造服务平台，将工厂所需的各种服务归类成几种数字大脑，包括工程技术、制造管理、设备健康和环境安全等[17]，以厘清决策者所需要的权限和工具。

友达光电经过四个阶段实现智慧转型

友达光电经过四个阶段转型为数据驱动的智能化企业，以配合组织的激励诱因、信息流、流程等决策相关因素。第一，合理化与标准化，以精益管理所有流程；第二，数字化与流程整合，推动公司所有信息的数字化和所有流程的整合，建立整合所有数据的大数据平台，以利后续的分析和应用；第三，自动化，包括自动化生产系统、流程自动化和人机协作；第四，智能化，包括预测制造、预测研发、先进控制管理。2015 年，友达光电开始推动智慧工厂建设以及大数据平台的基础建设；2016 年，进一步整合 OT（操作技术）和 IT（信息技术）的数据，建立大数据平台，通过传感器和物联网搜集人、机、料、法、环等生产过程中的大数据，启动与台湾清华大学决策分析研究室团队等研究部门的产学合作项目和教育训练，并举办成果发表会以激励变革。

做好决策需要分析技术和数字系统。工程技术是要把试产最小化，加速良率爬坡的学习曲线，设计预测模型去预测并优化新产品的制程配方和参数设定。通过批到批的先进过程控制，自动调整配方参数，在发生异常前就先自我修复以增加系统韧性，实现全方位的产品质量监测。例如，研发了自动化光学检测瑕疵辨识与分类技术、虚拟量测与大数据分析提升良率技术，以及大数据分析技术，以评估机台差异，减少变异来源，提升良率，减少质量损失。[18]

制造管理与智能生产是指通过收集制造大数据，分析生产设备和加工过程的状态变数，整合制造执行、即时监控、即时通知、动态优化。例如，以研发即时动态项目优化引擎为核心，整合模拟系统以掌握工厂动态，设计高级计划与排程系统，每隔一段时间做出预测，与目前的状况比较以校准模型[19、20]，并以模拟系统为基础，优化产能调度、动态排程与派工方法[21]。例如，当某加工站发生生产延迟情况时，可以即时提供重新调配的决策支持，并自动通知相关人员，确认最后决策，达到智能生产的目的[22]，使整体解决方案更接近实务需求。

设备健康与保养是指通过传感器搜集机器加工过程中的数据（特别是关键设备的数据）进行设备状态异常侦测、故障诊断和分类以及预测剩余使用寿命，以优化保养维修决策。例如，我与决策分析研究室团队协助研发CVD（化学气相沉积）设备参数大数据分析与设备健康状况监控模型，并运用大数据发展虚拟量测技术，弥补实际量测样本不足的限制，以监控设备健康状况，优化保养维修策略。[23]

环境安全监控是为了推动可持续发展与循环经济，通过计算机视觉和人工智能主动辨识环境风险、侦测危险行为。例如，台湾清华大学决策分析研究室团队的产学合作项目，整合了AI、大数据分析与优化决策，提出了优化冷却机系统节能的解决方案，该技术也获得台湾科技事务主管部门的未来科技奖。[24]

友达光电把大数据分析和AI应用扩散到研发、供应链管理和人事管理等其他应用领域，每年举办盛大的智能制造展和友达技术趋势论坛与学术界和产业界交流分享。友达光电还发展产业化的技术服务，成立了友达数字、友达智汇、艾聚达等子公司，提供从云技术到边缘计算的数字化转型、智能制造架构和智慧工厂人工智能物联网解决方案。友达光电也积极培养大数据分析和 AI 人才，邀请台湾清华大学、台北科技大学的专家学者来友达光电内部讲授大数据分析技术与实证案例，还选派人才去台湾人工智能学校受训，营造数据驱动的企业文化。

友达光电进而垂直延伸价值链，通过面板加软件、加解决方案的方式，以显示器为沟通界面，结合人工智能物联网与大数据，延伸智能零售、智能制造、智能娱乐、智能医疗和智能交通等智能领域的经营，通过数字化转型建立稳健的获利结构，不再受面板景气循环影响而大幅波动。

宏远兴业：工业 3.5 智能调度系统

传统产业与中小企业更需要面对升级转型与传承的问题，以垂直整合创新材料的研发、原料、制程、产品的宏远兴业为例说明这一点。推动工业 3.5 的数字化转型的第一阶段是要找出组织的关键决策和痛点。考虑到产品的生命周期缩短，产品日益多样化、短单、急单等越来越多的交易模式，面对日益复杂的智能生产挑战，不能靠拆东墙补西墙，只有正面应对才不会陷入"忙于救火"的恶性循环。企业若未能善用智能科技并发展数字决策系统，传统的产销协调虽然能进行局部优化，但也会使存货损失和调机成本越来越高。

推动产业升级与数字化转型的第二阶段是决定改善的利基和问题范围，厘清组织的哪些部门负责相关决策。要先打好传统产业的合理化、标准化、精益管理及全面质量管理等工业工程的基本功，以改善作业流程和信息流，准备决策所需的数据和信息，并推动数字化。国内中小企业和传统产业陆续面临二代接班或高级主管人交棒的问题，若只是依靠少数决策者内隐的经验和心法进行决策，将会使传承接班变得困难，也会影响产业升级。

企业应根据价值的来源规划组织架构，建立流体组织，以导入自动化和数字化，最后再建成智慧化、决策型组织。由于各个部门和不同设备各有应用的软件、独立的数据库和纸质文档，容易形成"信息孤岛"。因此，需要调整决策流程以建立数字决策平台，整合不同系统与数据，并提供配合各部门使用习惯的图形化界面，让各部门主管可以看到自己需要的信息，包括每一个工作站的状况、对应的管理表单，以及各工作站的工单。传统产业或中小企业应该先推动工业3.5，收集数据、建立以大数据分析为基础的科学管理和群体决策平台，推动决策流程再造，以建构决策型组织与数字决策系统。这样做可以大幅提高决策的质量，并使智能科技发挥事半功倍的效能。

企业还需要开发协助管理者迅速做好决策的技术和系统。我带领的研究团队与宏远兴业的领域专家合作，补充了深耕半导体智能制造的优化调度模型，使其成为优化引擎，以建立染色机台排程与智能调度系统[25、26]，系统架构如图9.1所示。

宏远兴业染色机台排程与智能调度系统整合了制造执行系统、可程序化逻辑控制器及其他相关系统，并结合库存信息，将其汇集到解决方案的控制器中，再将控制器收集到的大数据作为决策支持系统的输入参数开始执行排程与智能调度。第一部分分析染色机工作负荷，建立优先顺序列表，找出稼动率低或已停机机器的故障原因。例如，当机台被识别为停机时，系统将检查机台状态是否为正在清洁中或正在执行其他任务。第二部分负责染色机台产能分类和订单指派，以机台的稼动率最大化为目标进行排程，使所有订单依照制造执行系统的设定，分配到指定的染色机台上，配合机台当前正在进行染色或前一笔的订单信息，达到染色机台排程与资源分配优化的目的。[27、28]

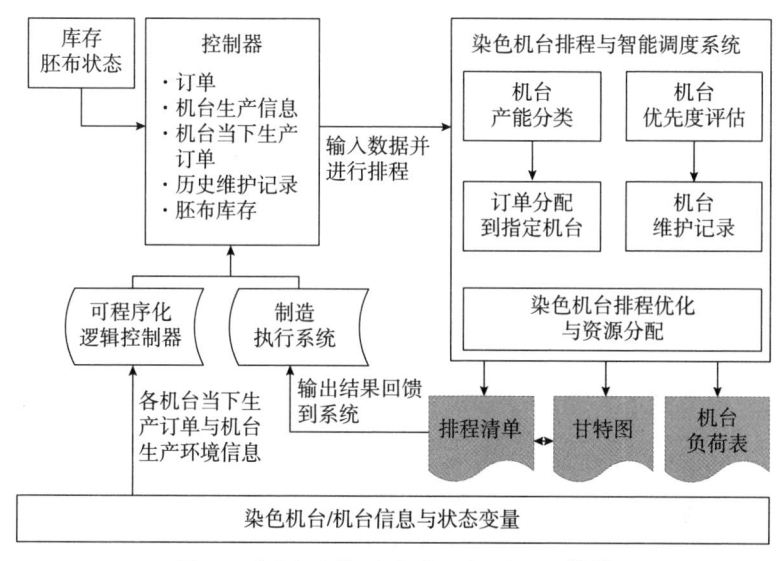

图 9.1　染色机台排程与智能调度系统架构[29、30]

此外，企业要迅速判断决策所需的系统和组织行为，消除"信息孤岛"，进行决策流程再造，而不再是只依靠个人做决策。系统操作界面亦可以配合用户体验和人因工程，利用甘特图等各种图表和仪表盘将排程和调度结果图示化，帮助管理者尽快适应智能生产所需的弹性决策能力和速度。关键决策的相关部门包括生产、业务、采购、物料等，相关部门可以在平台上输入信息，通过数字大脑求解、优化生产决策，然后同时产出不同部门所需的各种信息、表单，减少跨部门之间沟通上的误差和时间差等，推进传统产业数字化转型。

宏远兴业推动工业 3.5 并导入上述系统后，不仅有效整合了各部门的大数据，而且通过数字决策平台的分析技术和优化模型，以图示化的界面增加可读性来协助决策者和生产线主管，工厂整体稼动率提高了 4.5% 以上，提升了决策弹性且降低了存货。宏远兴业持续与我带领的研究团队合作开发了其他智能制造解决方案，并尝试将分析职能和系统维护职能外包，这样做是因为传统产业难以招募和留住人工

第 9 章　产业数字化转型与决策型组织　207

智能及大数据分析的人才。

虽然纺织业曾被称为夕阳产业,但存活的工厂已通过不断创新,发展成为全球最大的机能面料与成衣制造产业。面对其他新兴经济体的竞争,工业3.5的智能制造和数字化转型能够协助企业在既有基础上形成智能制造与弹性决策的能力,并务实地结合智能科技和领域专家的判断。从小范围的关键决策开始,创造具体价值,增加持续变革的信心。

智能制造关键能力与数字化转型路径

2018年,世界经济论坛与麦肯锡共同提出"灯塔工厂"的概念,评选出运用自动化、人工智能、大数据、物联网、5G等数字化技术效果显著的智慧工厂,归纳这类工厂的推动策略、发展路径、重点应用及改善绩效,将其作为推动工业4.0的标杆,供其他公司学习,已有群创高雄厂、友达台中厂等获选。

德勤与我领导的人工智能制造系统研究中心合作调研"台湾智能制造关键能力",以盘点电子、半导体、金属制品、机械设备和化学制品这五大产业数字化转型的现状与智能制造关键能力,通过案例研究和深度访谈,根据数字化转型的进行程度、数据资产质量、企业规模、运营形态、现有资源与数字基础设施建设,提出产业转型升级的战略路径与发展蓝图。[31]

我建议处在不同数字化转型阶段的厂商制定最适合自己的发展战略和阶段性目标,短期先聚焦具体问题,以取得可感知的成果,驱动转型变革。同时,流程合理化应先于数字化与智能化,企业要设计协作机制以扩大组织内外的参与度,长期则须处理人才培育、创新扩散、数据治理及信息安全等议题,进一步深化改革。

在大数据与人工智能物联网时代,企业将数字化决策、AI和大数据等管理科技与众人的智慧相结合,成为企业的数字大脑。以半导体产业为例，随着集成电路线宽不断微缩，不仅制程前段的晶圆制造持续挑战物理极限，制程后段的晶粒封装与测试也因为不同半导体组件的特性而持续面临各种异质整合和材料精密加工的挑战，更需要导入人工智能、高效能计算和大数据分析，满足少量多样的定制化生产需求和产业趋势。[32,33]

建立决策型组织与数字化转型也是公司由"人治"迈向"法治"的契机，成功的数字化转型通常需要结合组织内部的领域专家和意见领袖，以及外部的数字化人才与变革代理人的意见。有些传统产业或家族企业若过度强调在公司的资历或公司内部熟人间的默契，固然有助于强化公司的凝聚力，但容易让讨论和决策因人而异，使公司习惯于"人治"，因而不利于引进外部人才，更不利于组织创新与重生。

勤奋优质的人才是企业的人力资本，卓越企业应该是以人为本的决策型组织，在未来，每位员工都是决策者，越来越多的工作可以借助自动化系统和智能科技来提升决策反应的速度和质量。

决策问题可以分成结构化问题、非结构化问题和半结构化问题。智能制造和弹性决策的问题大多是半结构化问题，也就是兼有非结构化问题和结构化问题的成分。针对非结构化问题的部分需要因时制宜、因地制宜，针对结构化问题的部分则可以善用人工智能和大数据分析技术，来协助、强化人的决策能力，使每位员工都能借助智能科技变成"钢铁侠"，提升组织相关决策的参与度和员工的工作满意度，并以此推动"德先生是公司治理与决策"和"赛先生是科学管理与分析"的企业维新和数字化转型。[34]

在全球化和国际分工的背景下，产业转型应培养包容多元文化价值和尊重区域差异的跨国运营人才，企业高级主管的角色和定位必须改变，应转变为制定战略、创新价值和整合决策的领导者。企业应通过目标层级架构规划组织不同阶层，规范组织各层级决策者的权责和决策流程，推动决策流程再造，搭建群体决策平台，厘清每个人的决策所有权和关键绩效指标。

面对市场需求快速变化、产品组合日益复杂、对弹性决策和执行力的要求越来越高的情况，企业必须以管理科学提升组织效能，授权一线员工借助大数据分析与数字决策系统自主决策，及时处理问题，并掌握决策契机，以科学管理和透明的系统化决策为依据，强化企业稳定性与组织韧性。

第10章
高筑墙 广积粮 缓称王

惟仁者为能以大事小,是故汤事葛,文王事昆夷;

惟智者为能以小事大,故太王事獯鬻,句践事吴。

以大事小者,乐天者也;以小事大者,畏天者也。

乐天者保天下,畏天者保其国。

——《孟子》

蓝海战略与蓝湖战略的异同

本书从产业垂直整合与水平分工两种结构循环变换的大势出发，回顾了产业价值链的演进，特别介绍了半导体产业水平分工与模块化发展，探讨了商业生态系统与产业的共生关系，介绍了生态系统中作为中立者和互补者的利基型厂商。本书还讨论了产品生命周期的切入时机与破坏性创新，加速量产速度与学习曲线，先进质量、过程、设备控制等智能制造能力，以及建立决策型组织以推动数字化转型。本章针对水平分工的产业结构以及以中小企业为主的产业生态提出"蓝湖战略"。

蓝海战略八要点

《蓝海战略》是2005年出版的一本畅销书，该书作者W. 钱·金与勒妮·莫博涅两位学者将传统的抢夺市场份额、增加规模报酬以削价竞争、压低成本、大量倾销的商业模式称为"红海战略"；将通过不断创新，以差异化、创造独特价值，开创尚未被开发的蓝海市场的商业模式称为"蓝海战略"。由于新市场竞争者少或尚未有竞争者，运用蓝海战略的企业可以享受高售价和高获利。

《蓝海战略》于2016年出版扩展版。[1] W. 钱·金和勒妮·莫博涅两位学者整理了"蓝海战略八要点"以回应蓝海战略受到的质疑。[2]

第一，蓝海战略是以数据为根基的。

第二，蓝海战略兼顾差异化和低成本。

第三，蓝海战略旨在创造无人竞争的市场空间。

第四，蓝海战略提供赋能工具和架构。

第五，蓝海战略提供执行的流程。

第六，蓝海战略旨在创造最大商机并降低风险。

第七，蓝海战略将执行力置于策略之中。

第八，蓝海战略详细说明了如何创造双赢结果。

第一点强调他们耗时10年研究了30多个产业的150多种战略，分析了创造蓝海的赢家和受困于红海的竞争对手之间的异同。第四点到第八点则从已经开创蓝海的成功案例中归纳共同的战略和运营模式，并提出系统性分析架构和执行流程，包括策略草图、价值曲线、拟定原则、执行原则等工具，以整合创新策略和价值主张，发掘商机并降低风险，同时扩大市场或重新建构产业的边界，创造客户、企业和内部外部利害关系人多赢的局面。[3]

虽然蓝海战略整理的分析架构、工具和执行流程能给企业提供参考的系统性方法，但仅凭这些分析架构、工具和执行流程，公司并不足以开创新蓝海。

《孙子兵法·虚实篇》中有这样一句话："人皆知我所以胜之形，而莫知吾所以制胜之形；故其战胜不复，而应形于无穷。"换言之，战略与决策必须配合适当的时机和情境才能提供支持，化为有力量的行动。同时，要结合自身和组织的资源条件，以因时制宜、因地制宜的形式来执行，以达到根本目的。因此，我在台湾清华大学讲授"紫式决策分析"[4]第一堂课时，以"策、势、时、形"的动态关系，提醒学生不能"事后诸葛亮"，只看案例的成败，却忽略战略取得成功的时空因素、公司本身的资源和决策者的执行力。

跳脱蓝海红海之争，勇创蓝湖厚植实力

根据30多年来在不同产业深入的产学合作研究和实证观察，我对"蓝海战略八要点"中的第二点和第三点的战略定位和价值主张提出了不同的看法，以厘清蓝湖战略和蓝海战略的异同。

蓝海战略第二点的主旨为"价值创新"，具体做法包括消除、降低某些产业争夺的要素，或提高、创造其他尚未提供的要素，旨在改善成本结构，创造新价值和新需求，改变新价值曲线，兼顾差异化

和低成本，争取最多的价值和消费者剩余，同时提升获利和生产者剩余。

蓝海战略第三点是蓝海战略的精髓，即通过重新建构产业的边界，创造无人竞争的市场空间以超越竞争。决策者不应受限于产业既有的边界，而必须有计划、系统性地跨越各种边界，开创由新需求组成的高成长、高获利且无人竞争的新蓝海市场。

许多企业都被蓝海战略的愿景吸引，希望开创蓝海新商机。但是市场的竞争机制中，蓝海无法维持稳态。换言之，就算运用蓝海战略的分析架构、工具和执行流程，真正开创出蓝海市场，但规模大、利润高的新蓝海市场如果没有专利或特许权保障，即使一开始无人竞争，也会很快吸引大企业竞逐和后进者模仿抢进。最后仍会因为越来越多的竞争者瓜分市场而减少获利，导致创新趋缓，只好靠杀价竞争，终究会沦为微利的红海市场。

蓝海战略不见得适合以中小企业为主的产业结构，因为中小企业难以持续投入资源以维持价值创新，很容易成为"一代拳王"。

云蒸龙变、乘势转型的产业

工业 3.5 蓝湖战略是针对产业的特性和需求，特别是水平分工的产业结构，以及以中小企业为主的产业生态系统的解决方案。蓝湖一方面是指整体潜在市场规模小，相较而言不会吸引具备更多竞争优势的大企业进入，不会很快转为竞争激烈的红海的细分市场；另一方面，蓝湖是指规模比较小的利基产品、关键或特殊零部件市场，在此类市场可以维持高毛利率。蓝湖的市场区隔是动态的，就像湖面大小受附近山川雨露等外在环境资源影响而发生动态变化，因此企业必须在技术、知识、产品和服务方面不断创新，引进活水。华人具备创业精神，还需要发展完整的配套机制、国际分销渠道和创新生态系统，让中小企业的创新有机会获得转让或与大企业合作，以快速实现量产和规模化或是被并购。

蓝湖战略是战略性地细分产品等级、价值主张、批量与服务模式，将市场划分为大小不同的蓝湖或蓝池塘，主动创造公司可以成为蓝湖市场的领导厂商的空间，并通过专注于蓝湖市场区隔的创新和差别取价，满足其势力范围的蓝湖市场的需求，善用先进者优势以抢尽经济剩余，将消费者剩余尽量转换成自己的利润。

工业3.5蓝湖战略并非画地自限，而是更务实的、进可攻退可守的战略。企业应通过速度和弹性决策在适当时机快速进入市场，通过创新提高价值并快速进入量产阶段，吸引其他尚未被满足的客户，并渗透到其他新市场，积累持续发展的实力，逐渐扩大蓝湖规模。

蓝湖战略的三大方针

可以用朱升建议明太祖朱元璋的开国策略："高筑墙、广积粮、缓称王"（《明史·列传·卷二十四》）来说明蓝湖战略的执行方针。

"高筑墙"：提高竞争门槛，提防潜在竞争者

方针1：蓝湖战略"高筑墙"的意义是强化竞争力，提高进入门槛，专注于核心竞争力和中小型利基市场，通过创新创造差异化，加强定制化、本土化以提升价值和客户满意度，以企业愿景和中长期战略为目标持续改善，以提升在细分领域和市场区隔的相对竞争优势，成为蓝湖市场中市场占有率和获利率第一名的厂商。

换言之，企业是以成为某个市场区隔的"一方之霸"为目标。企业要主动定义蓝湖市场，创造有利的发展条件，并提防潜在的新晋竞争者。企业应建立相对竞争优势提高竞争门槛，针对蓝湖的内外部环境、竞争态势与自身条件进行客观分析，掌握蓝湖市场结构与产业集中度的变化与敌我的消长，分析公司和竞争厂商数量与规模分布的情

况，以了解市场结构是否趋于完全竞争、寡占或独占的状态。产业集中度越高，就表示领导厂商的独占地位越高。产业集中度受潜在竞争者进入难易程度的影响，若进入门槛高、产能扩充速度慢，则产业集中度也会增加。

企业自主研发持续创新，通过产学合作研究引进外部研发资源，提供创新活水促进蓝湖生态系统的健康发展。同时，创造新的成长曲线，维持企业在蓝湖市场的价值和高毛利。其实，国内学术界积累了很多研发能量和各个领域的人才，企业只要有心，很容易就可以找到一个对的合作研究伙伴，以解决企业创新能量不足的问题，就好像企业找到一位了解自己的家庭医生。此外，若能给年轻学者长期的产学合作项目和更多历练成长的机会，其积累的研究成果和学习曲线将成为双赢的资产。

"广积粮"：逐步扩大蓝湖规模，活得更好、更久

方针2：蓝湖战略"广积粮"的意义有三点。一是通过企业数字决策和全面资源管理，优化运营资源调度与使用效能；二是创造价值吸引更多潜在的客户，逐步扩大蓝湖市场的规模；三是避免资源成为竞争者的粮草，要让企业能够活得比竞争对手更好、更久。

2008年，我结束台积电三年的借调回到台湾清华大学时，因将实证研究观察撰写为哈佛商学院案例《台积电之道：台积电如何满足客户需求》（以下简称"《台积电之道》"）[5]，非常荣幸获得了一对一和张忠谋董事长对话请益的机会。张忠谋董事长分享了一些他刚从国际智库得到的信息和对金融海啸冲击的预测，虽然2008年初金融危机已经风声鹤唳，但起初台湾仅有股市受到波及，5—7月股市从9 300多点跌到6 700多点。由于台湾当局出手护盘，也有分析师鼓励投资人逢低买进，当时台湾并未明显感受到金融危机的冲击，可见张忠谋董事长早就分析各种信息来源，洞察先机。

因为当天讨论的是《台积电之道》哈佛商学院案例的撰写，主旨是台积电如何动态调度资源以满足各种客户的产能需求，我先报告了最小最大后悔值法的产能规划方法[6]，具体分析了供过于求和供不应求两种可能的情境，以及其分别带来的可能的意义和影响。

张忠谋董事长当时就以斯大林格勒战役比喻产能规划的战略思考，并指出晶圆代工业务对于台积电的意义，近两小时的聆听和对话也是我借调台积电时学到的最宝贵的一堂课。

当时，由于苏德双方都不计代价，斯大林格勒战役的规模和伤亡人数非常大，但因为苏联寸土必争、坚壁清野，攻进斯大林格勒的德军最后因为冬季酷寒、弹尽粮绝，不是战死、饿死就是投降被俘，这次德国惨败也成为第二次世界大战的转折点。

2009年，张董事长重任台积电总裁后，大幅调高资本支出，扩大对先进制程设备的投资，积极回聘员工，延揽人才，寸土必争，化解客户的不满，夺回订单，并扩充产能以避免因产能不足而可能流失的订单。张董事长领导台积电安然克服三星转做代工和其他竞争者的威胁，并大幅拉开和其他竞争者之间的差距。

2008年下半年，次贷危机正式引爆。2008年9月7日，美国政府接管濒临破产的两大房贷龙头企业房利美与房地美；2008年9月14日，全球最大的证券零售商和投资银行美林证券被美国银行收购；2008年9月15日，全美第四大投资银行雷曼兄弟破产。投资雷曼兄弟金融商品的金融业和个人受到严重波及，引发全球效应和金融海啸。消费下降、工业生产指数和制造业生产指数等经济指标均下滑，企业纷纷推出无薪假甚至裁员，失业率大幅上升。

当时在陈力俊前校长和蔡明祺处长的领导下，台积电推动了一系列应对措施。因为我借调台积电三年，了解园区厂商的考虑和需求，上述两位请我担任"科学园区固本精进计划"办公室主任，负责规划产学合作研究机制和政府经费重点补助，固守科学园区厂商核心研发能量，并有效处理以往让厂商望而却步的技术知识产权归属等问题，让厂商积极参与。台积电通过产学合作研究机制投资未来，达成精进的根本目标，顺利渡过危机，同时完善相关机制并转型为"科学园区研发精进计划"，继续通过产学合作研究协助产业精进与技术研发。[7]

"缓称王"：当利基产业中的"一方之霸"

方针3：蓝湖战略"缓称王"的意义是避免直接挑战整个产业生态系统的主宰，而是从产业价值链中选择周边零部件市场或较小的产品市场当"一方之霸"。换言之，蓝湖战略虽然"缓称王"，但实质上是要成为利基产业的第一名，而且越快成为有话语权的"显著首位"越好，这样才能在产业链中享受高毛利。随着市场成长，等到其他潜在竞争者想进来时，企业已经有足够能力承受竞争者的威胁。

举例而言，蓝海战略不断强调成为苹果公司的好处，但能够成为苹果公司的有几家？过去个人计算机市场刚开始发展的时候，台湾曾有几家厂商积极建立自有品牌并进军国际市场，一度在某些地区排名不错，可惜因为台湾内需市场规模太小，企业积累的资源难以长期支撑国际市场的品牌经营并兼顾研发制造的投资，不久就面临企业解组的压力[8]，因此后来陆续将制造与品牌分家而转型。

蓝湖战略思考的是如何成为苹果公司的供应商，然后成为其供应链中获利最高的伙伴。例如，台湾个人计算机产业中，某些零部件供应商和电子制造代工服务，如晶圆代工厂，先切入国际大厂模块化分工架构，并努力成为其分工模块的第一名，进而带动相关产业链与卫星工厂。在这个"赢者通吃"的市场上，能赚钱的只有前几名，企业收益通常和其市场占有率的平方成正比。

其实，当苹果公司等国际大厂的供应商，即使是周边零部件或制造代工，若不是该领域的第一名，也是难以长久的，这是因为供应商会被不断压榨直到被榨干或被取代为止。为了尽量压榨生产者剩余，国际大厂常常让供应商彼此竞标争夺订单，并利用掌握知识产权、关键零部件和经常轮换采购人员等方式，维持对生态系统追随厂商的控制。

在模块化水平分工竞争的背景下，当代工利润越来越低时，有些人就用"毛三到四"或"保一保二"来揶揄代工产业，质疑制造的价值。工业3.5则主张产业应普遍升级，循序渐进。

所有人都同意产业需要升级转型，但不一定所有的厂商都需要创立品牌，行销国际。电子代工产业虽然毛利率逐渐变低，但存活下来的公司仍是其中的佼佼者。存活下来的企业掌握了更大的市场，总获利和每股盈余仍然能维持不错的表现。在水平分工的产业结构下，产业升级更应扎根基础技术的研发和管理科技的智能化，以实现制造技术领先和卓越制造管理的目标。只有成为国际大厂难以忽视的供应链伙伴，成为价格的领导者，企业才有定价权，才能可持续发展。

创造局部优势，"农村包围城市"

蓝湖市场仍具有持续发展的潜力，也可以"农村包围城市"，但是需要洞察产业大势，厚植实力。其实，蓝湖就是产业生态系统的价值溪流的各个汇聚点，与图2.4所示的产业价值链分配不同[9]，有些区块因为过度竞争只是"过路财神"，正如《孟子》"源泉混混，不舍昼夜，盈科而后进，放乎四海"所言。

当企业在某个产业链站稳利基开拓蓝湖后，就要观察这个产业领域何时会变"红"，并开始寻找并转移到下一个产业生态系统的蓝湖。各个国际大厂的周边零部件种类繁多，企业只要能创新，就有机会，许多隐形冠军企业其实就是蓝湖战略的实践者。

蓝湖战略的蓝湖是复数，若公司不是目前蓝湖市场的老大，那就通过"高筑墙"战略，通过更聚焦的定制化和本土化的创新拉开差异，甚至想办法把目前的"湖"切割成几个更小的"湖"，让自己所在的"湖"变成蓝湖或蓝池塘，而成为这个湖的老大，实施蓝湖战略。

兰彻斯特法则提出，"总战力是以初期投入兵力的平方倍数增加"。因此初期拥有市场占有率的第一名会比后进者更有优势。举例而言，当市场竞争激烈时，就必须集中资源，区隔出某个"蓝湖"，若能在该蓝湖市场的占有率达到对手的 1.73 倍，则相当于总竞争力是对手的 3 倍，就好像敌众我寡时，仍可以分散敌军兵力，将战力集于一处，以创造局部优势。

基于市场竞争机制，蓝海市场迟早会因激烈竞争变成红海市场。蓝湖市场也可能因竞争而"转红"，但因为蓝湖市场规模小，无法提供大公司所需的获利和成长，因此竞争程度相对较低，蓝湖市场"转红"的速度比较慢。因此蓝湖的开拓者可以细水长流赚更多，并有更充足的时间进行创新，开辟另一条成长曲线。

蓝湖战略通过定制化、差异化和差别定价，让消费者难以做出价格上的比较。同时，由于竞争相对少，客户没有太多选择，领导企业得以定下较成本高出甚多的售价，实现高毛利，抢尽蓝湖市场的经济剩余，减少其他新进竞争者的获利空间。

企业为了降低低端市场破坏性创新者进入市场的可能性，常通过副厂和副品牌满足低端市场或留下一些已经没有威胁性的敌人，以满足其他需求，把经济剩余耗尽，并减少意想不到的新竞争者。其实，大客户也不希望供应链的某个模块只有单一供应商，因此会培养其他供应商，"老二哲学"[①]也可以是某些企业的生存秘籍。

---

① 老二哲学是指，在市场竞争中不去执意争做行业内的老大，而是甘做身后的老二，基于自身实际做出一个正确取舍，选择最适合发挥核心竞争力和比较优势的目标市场。——编者注

韧性永续的蓝湖生态系统

发展数字管理科技，盈科后进，迈向千湖之蓝

　　站稳某个蓝湖之后，企业可以善用管理技术和核心竞争力，复制到其他市场区隔，开拓其他蓝湖。例如，Garmin公司（台湾国际航电股份有限公司）凭借导航的核心竞争力，成为航空、航海及车用卫星导航与行车记录仪的龙头企业，扩展至运动及智慧穿戴等各种移动装置的利基市场，并以台湾为主要生产基地。为应对少量多样的复杂产品需求，我协助台湾国际航电公司研发整合前段流线型生产排程与后段弹性零工式生产排程的先进规划排程系统，并引入工业3.5智能生产。在产业生态系统"转红"过程中，会有公司陆续退场，管理能力强的企业不仅能活得久，而且能吸纳剩余市场。在疫情冲击、芯片缺料和中美贸易争端的影响下，全球企业更应警觉供应链的韧性和风险分散的重要性，鸡蛋绝对不能再放入同一个篮子里。

　　全球供应链迈向"短链"或"碎链"的趋势给企业提供了更多切入不同供应链和产业生态系统的契机。企业若能虚拟整合更多蓝湖市场的业务，就能积累更多的利润和资源，迈向"千湖之蓝"的稳健生态系统。例如，历史悠久的大型企业集团，大多避开竞争激烈的蓝海或红海市场，而争夺有特许权保障的产业，或在各个利基市场发展不同业务或投资子公司，以维持集团整体稳健获利和成长。

　　工业3.5针对企业制造策略与运营关键决策，发展PDCCCR制造策略架构，以整合定价策略、需求规划、产能组合、资本支出、成本结构等攸关公司营收和报酬的策略决策，建立搭载AI大数据分析与优化决策的数字大脑平台，并推动企业决策流程再造，通过"军机处"，帮助企业主管对"兵"（人力）、"马"（设备）、"钱"（资本支出和成本）、"粮"（订单）等进行全面资源管理。

"蓝湖"作为一种价值定位，寻找和巩固高毛利的利基市场

蓝湖战略和蓝海战略有何异同？如表10.1所示蓝海战略强调的是价值创新，即专注于高毛利的新市场的开创以超越竞争。与此相对，蓝湖战略强调的是价值定位，即主动开创并巩固高毛利的利基市场。蓝海战略的市场越广阔越好，但蓝湖战略强调利基市场，越细分越好。

蓝海战略强调可适合各行各业，但其实更适合大型企业；蓝湖战略则专注于高毛利且规模相对小的市场，适合想成为"隐形冠军"的中坚企业，这类企业不一定要生产终端消费品，也可以生产关键零部件或成为价值链的某个水平分工，然后再逐步成长。例如，元太科技成立于1992年，该公司原本是中小尺寸面板厂，于2009年并购美国EInk公司，获得电子纸的关键技术和专利后淡出TFT-LCD（薄膜晶体管液晶显示）市场，成为专注于电子纸研发与制造的领导厂商，并成为亚马逊电子书的供应商。面对其他显示器技术的竞争，元太科技领导上下游战略联盟厂商组成电子纸生态系统，扩大电子纸显示技术的各种应用，包括电子标签、彩色电子纸、电子笔记本等，维持蓝湖市场的发展。

蓝海战略的分析主体不是公司或产业，而是战略行动，包括开拓市场的一连串措施和决策，以及战略行动产生的产品或服务。蓝湖战略的决策主体是企业本身，企业根据自身的资源和相对竞争优势，通过专业化经营和动态竞争战略来占领蓝湖市场，最大限度地获取其中的收益，以维持企业在蓝湖市场的领导地位。

由于台湾的产业结构为中小企业的水平分工，虚拟垂直整合更符合产业生态，供应链伙伴厂商的配合度和互相依存关系有时更胜于大企业的不同业务部门。因此，工业3.5蓝湖战略是根据比较优势决定

导入的优先顺序。

四种关键能力，打造蓝湖生态系统

推动蓝湖战略应具备维持蓝湖生态系统的四种关键能力。第一，现有制造优势和管理经验系统化、数字化；第二，产品生命周期和营收管理；第三，软硬件设备和分析能力垂直整合；第四，可持续发展和绿色供应链。企业应善用 AI、大数据等破坏性创新科技以强化核心竞争力，实现工业 3.5 阶段的五大根本目标，即数字决策与企业数字大脑、智能生产与弹性决策、智慧工厂与绿色生产、全面资源管理与循环经济、智能供应链与产业生态系统，并根据最小阻力原则，"先摘容易摘的果子"，耐心地逐步推进，不好大喜功，厚植公司管理科技和智能制造能力。

表 10.1 工业 3.5 蓝湖战略与蓝海战略比较

	工业 3.5 蓝湖战略	蓝海战略
战略思考	战略定位	价值创新
战略定义	通过定制化、差异化和差别定价，区隔出高毛利的利基市场，并巩固蓝湖市场的领先地位	差异化、创造独特价值，开创尚未被开发的高毛利新市场，追求扩大市场边界
价值主张	通过弹性决策，细分产品等级、价值主张、批量与服务模式，主动创造公司可以成为领导厂商的空间	重新建构产业的边界，创造无人竞争的市场空间以超越竞争
决策主体	战略行动	企业或企业中的部门
适合企业规模	关键零部件或价值链中某个水平分工的中坚企业与"隐形冠军"，潜在市场规模小，竞争也小	大型新市场，刚开始规模大、利润高，后来竞争激烈

续表

	工业3.5蓝湖战略	蓝海战略
具体行动	三项运营策略： （1）高筑墙：通过增强定制化、本土化，创造差异、提高竞争门槛 （2）广积粮：企业数字决策和全面资源管理，优化运营资源调度与使用效能；创造价值吸引潜在客户，扩大市场规模 （3）缓称王：成为产业价值链周边零部件或较小产品市场的领头企业，增强核心竞争力，成为"千湖之蓝"	四项行动策略： （1）"消除"：哪些产业内习以为常的因素被消除 （2）"降低"：哪些因素应低于产业标准 （3）"提升"：哪些因素应高于产业标准 （4）"创造"：还有哪些产业尚未提供的因素
市场转变	蓝湖是价值溪流的汇聚点，包括关键零部件、原物料、知识产权、价值链的某个产品模块或服务；让一个蓝湖变成多个蓝湖，增强核心竞争力，建立完整生态系统与配合机制	当蓝海变红海时，易吸引大企业竞逐和后进者模仿抢进，导致市场被瓜分、获利降低、创新趋缓，难以维持稳态

蓝湖战略是把市场零碎化、利基化，让各水平分工的中小企业通过智能制造、智能生产、弹性决策，升级至工业3.5，成为各蓝湖的"隐形冠军"。至于湖与湖之间的交流，则通过集团"军机处"的数字决策平台、"产业医生"的分析服务，以及云端服务和信息系统等第三方企业进行虚拟垂直整合，从而壮大国内产业的实力与影响力，与国际企业竞合。国内产业不必依赖国外大型软件、硬件系统和制造平台，而是可以通过"产官学研"合作，自主研发更符合自身所需的解决方案。

善用医疗保健大数据，发展智慧医疗的蓝湖战略

进入人工智能物联网和 5G 时代，蓝湖市场的机会将越来越多。举例而言，新冠肺炎疫情的全球扩散与新型冠状病毒的威胁，刺激了全球新一波的生物医学产业需求。以色列有完备的医保制度，该国和辉瑞制药达成双赢协议，加速研发 BioNTech 疫苗，成为全球最早完成群体免疫的国家，交换的条件是辉瑞制药可以获得所有接种者的年龄、性别等疫苗接种中的大数据，持续追踪疫苗效果和后续的副作用，对于疫苗研发与疫情控制都有帮助。

事实上，国内有较好的医保体系，医疗水平、公共卫生管理水平与医护人员素质亦受国际肯定，在这次抗击新冠肺炎疫情的过程中，大数据和人工智能物联网等创新科技也被纳入智慧医疗与公共卫生应用，比如将数据传输到电子围栏智能监控系统中，使用"防疫手机"追踪居家隔离者，并上传各地点的二维码以降低社区感染的风险，等等。疫情之后，面对医疗服务网络与医院设计的改变，以及医疗设备数字化、智能化等机会，若能整合 ICT 产业优势，通过开放架构让更多擅长水平分工模块的国内厂商参与进来，国内智慧生物医学与健康医疗产业将在全球占有一席之地。

然而，医疗保健大数据受限于相关法规，未能发挥先进者的优势，创造更多应用以引导新创产业。若能善用国内通信技术的优势，结合医疗保健大数据和 Biobank（人体生物样本库），一方面，可以促进智慧生物医学产业的蓝湖甚至蓝海市场；另一方面，可以利用半导体产业通过大数据与人工智能物联网提升产品良率和机台健康的智能精准生产技术，提出预防疾病和健康管理的智慧精准医疗解决方案，并在全球生物医学产业扮演更重要的角色。

蓝湖战略：成为"隐形冠军"的关键

赫尔曼·西蒙研究了全球超过 2 700 家中小企业，他发现在各个产业细分领域中，有些优秀的中小型企业虽然产品不外显、知名度低，公司行事低调，却能发展成为全球范围或区域市场的领导企业，这种企业被称为"隐形冠军"，成为隐形冠军有四大关键。第一，立志成为产业细分领域最佳，不是全球前三大，就是其所在大洲的首位；第二，专注技术研发，丰沛的创新能量将使企业立于不败之地；第三，放眼全球市场，越是专注于某项技术，国际化的程度就必须越高，这样才能不断成长；第四，重视员工训练与留才。[10]

例如，信骅科技意识到云端应用的趋势将使集中的服务器的管理需求大量增加，因此信骅科技专注研发管理远程服务器的BMC（基板管理控制器）芯片，该芯片可以远程管理数据流量、协助微处理器运作、故障预测、效能调教等，并以自主研发技术满足定制化需求，发展成为全球第一大远程服务器管理芯片的供应商。勤美集团以翻砂的铸造业起家，其不断进行技术升级及产品转型，加强智能制造及自动化，成功转型为汽车、农机所必备的发动机系统、传动系统、刹车系统、油压系统等精密零部件的金属成型制造服务商。

赫尔曼·西蒙研究发现德国经济历经几次全球金融风暴仍能持续成长，靠的就是这些隐形冠军的稳定发展。这些隐形冠军企业创造了更多就业机会，成为稳定经济的重要基石。[11]制造业是驱动经济的重要引擎，能够为国家赚进外汇并支持内需市场。

中小企业：社会韧性的根基

台湾经济事务主管部门发布的《2020年中小企业"白皮书"》显示，2019年台湾中小企业超过149万家，占台湾全体企业的97%以上；中小企业就业人数占台湾全体就业人数的80%[12]，这显示出中小企业在稳定经济及创造就业方面的重要基石作用。

服务业应引入智能科技，推动数字化转型，并发展蓝湖战略成为各个领域的隐形冠军，促进各个产业和中小企业普遍升级，维持产业生态系统的健全和多样性，增加更多元的就业机会，创造社会福祉。工具机是制造业发展的引擎，而台湾是全球工具机的主要出口地区和制造基地，已经建立了工具机及其零部件的完整供应链，形成了完整的产业聚落，并有许多隐形冠军企业。除了同业公会等组织，"机械业二代协进会"成功构建了年青一代一起成长、共同学习的平台，积极协助跨世代的传承接班，促进产业升级转型。然而，台湾工具机产业虽然产值高，但产业链分工太细，且大多数是中小型企业，分配下来的每个公司的平均利润不高，难以积累足够资源，实现大幅度的变革。此外，工具机历史悠久，不易制定统一的零部件规格和标准，影响组装的弹性、速度和质量，也增加库存成本和管理复杂程度，难以满足少量多样的智能生产需求。

工具机和机械产业的整合，可先参考个人计算机产业模块化的水平分工与发展模式，逐步制定产业共同标准，建立共享平台。可以通过一致的界面规格和隐藏模块，兼顾产业链综效和厂商内隐的核心竞争力，发展预测保养以及先进质量、设备、过程控制等智能科技，成为软硬件融合的智能机械产业，整合加值的分析服务，形成完整的解决方案，以创造更高的附加价值。[13] 例如，台中精机为生产车床、铣床、复合加工机和特殊类型专用机的智能机械专业制造者，为了达成工业最佳整合与制造者的目标，台中精机已建立智能化工厂，并与笔者团队合作研发先进规划排程系统的核心算法与决策支持系统，以快速改善插单排程与产线平衡，提高少量多样的智能生产能力和韧性。

此外，高科技产业依赖全球供应链提供的设备材料，受大国制造业回流和贸易竞合的影响，先进设备、关键技术与材料的出口逐渐受到管制。当先进国家开始"圈地养牛","因为想喝牛奶而养头牛"的策略已不再适用。因此,高科技产业设备国产化和科技自主化,将成为攸关科技产业兴亡的重要战略。

国内设备行业从业者可以顶住高科技产业持续降低成本的压力,务实地发展即将成熟的制程领域和蓝湖市场,并借力半导体、面板产业龙头的话语权,建立利基市场。因为先进制程发展太快会导致竞争激烈,高科技厂往往不计代价采用最先进、最有效的设备,所以没有时间与后进设备商慢慢磨合。然而,即将成熟的制程领域正是 S 曲线可以进入的时机,因为此时成本效益会越来越重要,而且国内已具备完整的产业生态,可提供设备导入试用的场地。[14]

制造大数据和产业知识是制造业发展的资本,工业 3.5 策略是制造业稳健升级的机遇,而蓝湖战略则是"进可攻退可守"的战略。对于以中小企业为主的产业结构而言,工业 3.5 蓝湖战略更能维持产业生态系统的健康发展,并能创造更高价值和多元多样的工作机会。企业在实力不足以称霸整个市场时,更应通过定制化策略主动让蓝海市场更细分、更碎片化,形成更多的蓝湖甚至蓝池塘。因为蓝湖的市场总额不够大,跨国大企业一时之间无暇顾及,这意味着每一项产业都能有更多的时间在快速变化、竞争激化的全球制造赛局中结合弹性决策和工业工程的优势,发展成为蓝湖或蓝池塘的"隐形冠军"。

新冠肺炎疫情已经改变了人类的生活方式与商业运作模式。自动化无人工厂的建设成本和生产成本将随着规模效益而日益降低,机器恐怕将以更快的速度取代人力,而影响制造的竞争优势。因此,企业应先积累数字化管理经验与领域知识,借助人工智能和大数据提升"操之在我"的核心竞争力,并利用数字化的群体决策平台,让管理与智能科技更紧密地结合在一起,整合制造大数据和制造实力,推动产业维新和数字化转型,有效地促进价值链整合,提高供应链韧性,使以水平分工为主的企业成为全球各个制造网络中不可或缺的中坚力量和隐形冠军。

推动产业智能化，可以参考图 1.2 半导体产业结构的演进。除了专业晶圆代工促进水平分工，源头的芯片产品和 IC 设计是因为有 IC 设计服务、硅知识产权、EDA 软件和 OIP 平台等协作平台，才能蓬勃发展。因此，应该发展配套的分析服务产业，AI 和大数据算法产业，提供具备智能制造软件和运算能力、信息安全和大数据管理等功能的云端平台等配套产业，培养具备不同领域知识的各种"产业医生"，以解决各个产业生态系统遇到的难题和有些企业目前不易找到适合的 AI 和大数据分析人才的困境。这可以使数量众多的中小企业和传统企业在产业医疗体系的协助下成功转型升级，继续蓬勃发展。政府鼓励跨产业与跨领域合作，同时积极培育更多具备国际视野的创新人才，通过政策工具、创投基金、创业基地等完整的配套机制建立跨产业联结与跨世代联结，形成软硬件与虚实整合的机制，促进新创生态系统的发展、人力资本优化和资源共享循环，形成健全的产业生态系统。

面对全球化市场，企业应掌握产业价值链分工和产品生命周期的切入时机，通过战略愿景和创新研发找到属于自己的蓝湖或蓝池塘，并研发破坏性创新技术，提升良率爬坡到量产的速度，集中资源和全面资源管理，快速在定位好的蓝湖市场中成为隐形冠军，争取市场占有率以加速学习曲线，导入先进制程、设备、质量控制等卓越制造能力，提升良率和弹性生产效率，降低成本，给客户提供最大化的价值，兼顾成本领先战略和差异化战略的竞争优势，努力在多个蓝湖成功占据第一名的位置，并通过虚实整合和数字决策平台将这些蓝湖串联成一个蓝湖联盟。

例如，台积电 12 座晶圆厂年产能约为 1 200 万片 12 英寸晶圆，可提供约 300 种制程技术，为全球 600 家客户的 12 000 种产品代工。[15] 平均而言，台积电每座晶圆厂年产能为 100 万片晶圆，需要提供 25

种制程技术，服务50位客户，制造1 000种产品；为每位客户提供平均20种产品，每种产品每年需求只有1 000片，这意味着台积电尤其需要AQC、APC、AEC智能制造技术。台积电通过技术领导、卓越制造和客户最大整体利益这三项核心竞争力，以台积电大联盟创造共生的生态系统。台积电拥有600家客户和12 000种产品的"千湖之蓝"，即使有少数客户被竞争者抢走，也能有效分散风险，维持竞争优势，让局部突围的竞争者事倍功半，难以撼动整个产业生态。

企业虽然可以将实体生产基地外移至新兴经济体，利用当地资源借力发展，但还应将核心竞争力留在国内，先强化在先进智能制造和弹性决策的领导地位，满足各个产业蓝湖市场需求，再外溢到新兴经济体的市场。同时，应结合各领域制造网络的弹性和华人的勤奋，通过蓝湖战略和工业3.5解决方案，卡位全球产业价值链的各个利基，提高跨国企业的竞争门槛和进入成本，成为全球范围内的弹性制造中心。

结　语
念念不忘 必有回响

莫听穿林打叶声，何妨吟啸且徐行。

——《定风波》

2008年，台积电创办人张忠谋在台湾清华大学"台积馆"揭幕仪式上发表演讲，凭借在台湾经营企业20多年的经验，他发现，台湾最需要的是管理技术和管理人才。他说："境外的管理人才，在台湾却不一定适用。因此必须在台湾开展一流的管理研究，发展管理技术。"张忠谋在2021年台湾《经济日报》主办的"大师智库论坛"上发表"珍惜台湾半导体晶圆制造的优势：对台湾当局、社会以及台积电的呼吁"专题演讲，其中提到台湾在晶圆制造有三大优势，其中第二点为："主管都是台湾人。他们在台湾一流，在境外未必一流；相反也是如此。"

因此，除台积电配合台湾教育事务主管部门捐献资金兴建台湾清华大学台积馆作为科技管理学院的建筑外，张忠谋也非常关心并愿意支持在台湾建设世界一流的管理学院。然而，受限于目前大学的法规、薪资、人才发展条件和相关资源等配套条件，相关负责人认为短期内难以实现目标而不敢轻易承诺。然而，器大识广的创新与领导人才是最重要的人力资本和竞争优势。

企业主管处理的大多是半结构化、非结构化问题。管理研究需要兼顾硬性的量化分析与软性的质性研究，学术理论贡献高的管理学者未必为产业实务界所熟知，而且他们提出来的理论也不一定能直接应用在某个产业和公司，需要对理论进行因时制宜、因地制宜的转译。管理学的研究、人才培育和管理技术的发展需要结合理论与实践，必须与国际接轨，也需要扎根本土产业的实证，这是因为符合各地区社会文化、产业结构和公司治理的管理人才和技术无法外求，更须自强不息、行胜于言。

"企业新五四运动"，产业维新一起升级

老子有云："千里之行，始于足下。"比起科学和工程领域，现代的企业管理和管理科学仍是年轻的学科，各种理论和思潮百家争鸣，国内企业仍有机会迎头赶上。我们应以制造为主场优势，借助各个制造产业领域的代表性企业和管理典范[1]，强化在制造产业的管理研究和实务案例的学术领导地位，建立华人管理科技和研究的利基，将其扩大为新兴市场的管理研究和人才培育机制，并建立以产业为基础的管理产学研生态系统[2]。通过工业3.5混合策略在全球产业价值链中占据一席之地，发展虚实整合商业模式以结合AI大数据和制造实际经验，提供满足各个产业领域所需的解决方案，培养全球化的运营管理、智能生产与分析服务人才，创造高价值经济活动和更多优质、高薪的海内外工作机会，以滋养让产业继续升级转型，促进全球布局的运营人才和学术研究人才。

2019年，我再度应邀参加"《天下》经济论坛"十周年活动，并发表演讲。在大国制造业回流的背景下，我特别回顾了工业革命历史，提出数字化转型是企业维新的路径。百年之后，面对第四次工业革命，应推动"企业新五四运动"，其中"德先生"是公司治理与决策，"赛先生"是科学管理与分析，应结合先进的智能科技与管理软实力，使整个产业生态系统共同演化，一起升级。2020年，我于台湾地区行政管理机构第11次科学技术会议上发表演讲，题目为"发

展管理科技，驱动产业数字化转型与高值经济"[3]，主张应先提升"操之在我"的管理科技和核心竞争力，将制造核心竞争力数字化、智慧化，并以高科技制造提升中小企业和传统产业竞争力，使全民共享产业共同升级的价值和福祉[4]。

诚如电影《一代宗师》中的台词："凭一口气，点一盏灯，要知道念念不忘，必有回响，有灯就有人。"谨以本书向各领域的宗师们致敬，并纪念在拙作撰稿期间，先后逝世的先父简福宗先生、刘炯朗校长和陈玮学弟。

歌　诀

器识为先　千湖之蓝

天下大势　分合循环　器识为先　自强不息
大盖天下　能容天下　厚德载物　行胜于言

信盖天下　能约天下　观敌之变　后发先至
择人任势　上驷对下　图难于易　为大其细

仁盖天下　能怀天下　惟精惟一　允执厥中
天时地利　人尽其才　产业生态　共生同荣

权盖天下　以小事大　运筹帷幄　治病未发
制胜无形　无名无功　徐图霸业　云蒸龙变

恩盖天下　以大事小　帝者师处　王者友处
造局创价　策势时形　盈科后进　蓝湖永续

大道甚夷　吟啸徐行　念念不忘　必有回响
呼群保义　同行致远　群龙大吉　千湖之蓝

简祯富

参考文献

前　言　器识为先 无问西东

1. Chien, Chen-Fu, Hsu, S.-C., and Chen, C.-P. (2002), *Procedure of Alignment for Optimal Wafer Exposure Pattern*, USA Invention Patent US6368761B1.
2. 徐绍钟，陈志萍，简祯富. 提高晶圆产出之方法：128800［P］. 2000.
3. 简祯富，施义成，林振铭. 半导体制造技术与管理［M］. 新竹：台湾清华大学出版社，2005.
4. 张忠谋. 董事长谈管理学之新课题［J］. 晶圆杂志，2001（56）.
5. Shih, W., Chien, Chen-Fu, Shih, C., et al. (2009), *The TSMC Way: Meeting Customer Needs at Taiwan Semiconductor Manufacturing Co.*, Harvard Business School Case Study (9-610-003).
6. 简祯富. 工业 3.5：台湾企业迈向智慧制造与数字决策的战略［J］. 台北：天下杂志出版社，2019.

第1章　产业大势 分久必合 合久必分

1. Fine, C.H. (1998), *Clockspeed: Winning Industry Control in the Age of Temporary Advantage*, Basic Books, New York, NY.
2. Fine, C.H., and Whitney, D.E. (1996), *Is the Make/Buy Decision Process a Core Competence?* Working Paper of Sloan School of Management, Massachusetts Institute of Technology, Boston, MA.
3. Fine, C.H., and Whitney, D.E. (1996), *Is the Make/Buy Decision Process a Core Competence?* Working Paper of Sloan School of Management, Massachusetts

Institute of Technology, Boston, MA.

4. Moore, G.E. (1965), "Cramming More Components onto Integrated Circuits," *Electronics*, 38(8), 114-117.

5. 台湾集成电路制造股份有限公司年报［R］.新竹：台湾集成电路制造股份有限公司.

6. 台湾集成电路制造股份有限公司年报［R］.新竹：台湾集成电路制造股份有限公司.

7. Moore, G.E. (1965), "Cramming More Components onto Integrated Circuits," *Electronics*, 38(8), 114-117.

8. 简祯富，史钦泰，陈亭蓁.创意的典范转移——智慧财产的设计服务模式：台湾教育事务主管部门补助大专院校推动产业案例撰写计划报告［R］.台北：台湾教育事务主管部门，2008：光华管理案例收录库 1–08045–11.

第2章 技术演进驱动的产业价值

1. Moore, G.E. (1965), "Cramming More Components onto Integrated Circuits," *Electronics*, 38(8), 114-117.

2. Leachman, R., Ding, S., and Chien, Chen-Fu (2007), "Economic Efficiency Analysis of Wafer Fabrication," *IEEE Transactions on Automation Science and Engineering*, 4(4), 501-512.

3. Ricardo, D. (1817), *On the Principles of Political Economy and Taxation*, John Murray, London.

4. 简祯富.半导体产业结构演进与价值创新：清华管理评论［J］.2011（3）：86-91.

5. Chien, Chen-Fu, Wang, J.-K., Chang, T.-C., et al. (2007), "Economic Analysis of 450mm Wafer Migration," *Proceedings of 15th International Symposium on Semiconductor Manufacturing*, Santa Clara, CA, 283-286.

6. Taiwan Semiconductor Manufacturing Company (2008, May 7), *Intel, Samsung Electronic, TSMC Reach Agreement for 450mm Wafer Manufacturing Transition*, 2021/9/1 retrieved from https://pr.tsmc.com/

english/news/1497.

7. Chien, Chen-Fu, Wang, J. K., Chang, T. C., et al. (2007), "Economic Analysis of 450mm Wafer Migration," *Proceedings of 15th International Symposium on Semiconductor Manufacturing*, Santa Clara, CA, 283-286.

8. Chien, Chen-Fu, Hsu, C.-Y., and Chang, K.-H. (2013), "Overall Wafer Effectiveness (OWE): A Novel Industry Standard for Semiconductor Ecosystem as a Whole," *Computers & Industrial Engineering*, 65(1), 117-127.

9. Chien, Chen-Fu, Hsu, C.-Y., and Chang, K.-H. (2013), "Overall Wafer Effectiveness (OWE): A Novel Industry Standard for Semiconductor Ecosystem as a Whole," *Computers & Industrial Engineering*, 65(1), 117-127.

10. Chien, Chen-Fu, and Hsu, C.-Y. (2014), "Data Mining for Optimizing IC Feature Designs to Enhance Overall Wafer Effectiveness," *IEEE Transactions on Semiconductor Manufacturing*, 27(1), 71-82.

11. Wang, H.-K., and Chien, Chen-Fu. (2020), "An Inverse-Distance Weighting Genetic Algorithm for Optimizing the Wafer Exposure Pattern for Enhancing OWE for Smart Manufacturing," *Applied Soft Computing*, 94, 106430.

12. Lin, C.-W., Chou, H.-H., Wang, Y.-J., et al. (2008), *Methods for Optimizing Die Placement*, USA Invention Patent US7353077B2.

13. 林志伟，周宏昕，汪业杰，等．芯片布局之优化方法：I302334［P］．2008.

14. Chien, Chen-Fu, and Hsu, C.-Y. (2013), *Method for Enhancing Wafer Exposure Effectiveness and Efficiency*, USA Invention Patent US8407631B2.

15. Chien, Chen-Fu, Wang, J.-K., Chang, T.-C., and Wu, W.-C. (2007), "Economic Analysis of 450mm Wafer Migration," *Proceedings of 15th International Symposium on Semiconductor Manufacturing*, Santa Clara, CA, 283-286.

16. Grove, A.S. (1996), *Only the Paranoid Survive: How to Exploit the Crisis Point That Challenge Every Company and Career*, Currency Doubleday, New York, NY.

17. Christensen, C.M., Raynor, M.E., and Verlinden, M. (2001), "Skate to Where

the Money Will Be," *Harvard Business Review*, 79(10), 72-83.

18. Baldwin, C. and Clark, K. (1996), "Managing in an Age of Modularity," *Harvard Business Review*, 75(5), 84-93.

19. Christensen, C.M., Raynor, M.E., and Verlinden, M. (2001), "Skate to Where the Money Will Be," *Harvard Business Review*, 79(10), 72-83.

20. Christensen, C.M., Raynor, M.E., and Verlinden, M. (2001), "Skate to Where the Money Will Be," *Harvard Business Review*, 79(10), 72-83.

21. 简祯富, 胡志翰. 旺宏电子公司——制造策略决策［J］. 中山管理评论, 2011, 19（1）: 1-27.

22. 简祯富, 林雁雯. 世界先进——卢志远的抉择和 DRAM 厂转型：台湾教育事务主管部门补助大专院校推动产业案例撰写计划报告［R］. 台北：台湾教育事务主管部门, 2009：光华管理案例收录库 1-09042-11.

23. Leachman, R., Ding, S., and Chien, Chen-Fu (2007), "Economic Efficiency Analysis of Wafer Fabrication," *IEEE Transactions on Automation Science and Engineering*, 4(4), 501-512.

24. Shih, W., Chien, Chen-Fu, Kuppuswamy, V., et al. (2009), *Powerchip Semiconductor Corporation*, Harvard Business School Case Study (9-609-063).

25. 简祯富, 蒯彦良, 吴吉政. 瑞晶电子——虚拟整合的 DRAM 策略联盟：台湾教育事务主管部门补助大专院校推动产业案例撰写计划报告［R］. 2009, 光华管理案例收录库 1-10003-11.

26. 简祯富, 蒯彦良, 吴吉政. 瑞晶电子——虚拟整合的 DRAM 策略联盟：台湾教育事务主管部门补助大专院校推动产业案例撰写计划报告［R］. 2009, 光华管理案例收录库 1-10003-11.

27. Baldwin, C. and Clark, K. (1996), "Managing in an Age of Modularity," *Harvard Business Review*, 75(5), 84-93.

第3章 半导体产业水平分工与硅知识产权模块化

1. Shih, W., Shih, C., and Chien, Chen-Fu (2008), *Horizontal Specialization and Modularity in the Semiconductor Industry*, Harvard Business School Case

Study (9-609-001).

2. Shih, W., Shih, C., and Chien, Chen-Fu (2008), *Horizontal Specialization and Modularity in the Semiconductor Industry*, Harvard Business School Case Study (9-609-001).

3. Shih, W., Shih, C., and Chien, Chen-Fu (2008), *Horizontal Specialization and Modularity in the Semiconductor Industry*, Harvard Business School Case Study (9-609-001).

4. 简祯富，石涌江，黄咏舜. 安谋公司——硅知识产权的半导体生态系统：台湾教育事务主管部门补助大专院校推动产业案例撰写计划报告［R］. 台北：台湾教育事务主管部门，2011.

5. 简祯富，石涌江，黄咏舜. 安谋公司——硅知识产权的半导体生态系统：台湾教育事务主管部门补助大专院校推动产业案例撰写计划报告［R］. 台北：台湾教育事务主管部门，2011.

6. 简祯富，石涌江，黄咏舜. 安谋公司——硅知识产权的半导体生态系统：台湾教育事务主管部门补助大专院校推动产业案例撰写计划报告［R］. 台北：台湾教育事务主管部门，2011.

7. 简祯富，石涌江，黄咏舜. 安谋公司——硅知识产权的半导体生态系统：台湾教育事务主管部门补助大专院校推动产业案例撰写计划报告［R］. 台北：台湾教育事务主管部门，2011.

8. Chien, Chen-Fu, Lin, K.-Y., and Yu, A. P.-I. (2014), "User-Experience of Tablet Operating System: An Experimental Investigation of Windows 8, iOS 6, and Android 4.2," *Computers & Industrial Engineering*, 73, 75-84.

9. Chien, Chen-Fu, Kerh, R., Lin, K.-Y., et al. (2016), "Data-Driven Innovation to Capture User-Experience Product Design: An Empirical Study for Notebook Visual Aesthetics Design," *Computers & Industrial Engineering*, 99, 162-173.

10. Chien, Chen-Fu, and Lin, K.-Y. (2019), *Optimization Method and System of Matching Product Experiencing Activity with Participants*, USA Invention Patent US20190197569A1.

11. Moore, J.F. (1993), "Predators and Prey: A New Ecology of Competition,"

Harvard Business Review, 71(3), 75-86.

第4章 商业生态系统与产业共生

1. Iansiti, M. and Levien, R. (2004), "Strategy as Ecology," *Harvard Business Review*, 82(3), 68-78.
2. Moore, J.F. (1993), "Predators and Prey: A New Ecology of Competition," *Harvard Business Review*, 71(3), 75-86.
3. Moore, J.F. (1996), *The Death of Competition: Leadership & Strategy in the Age of Business Ecosystems*, Harper Business, New York, NY.
4. Moore, J.F. (1993), "Predators and Prey: A New Ecology of Competition," *Harvard Business Review*, 71(3), 75-86.
5. Moore, J.F. (1993), "Predators and Prey: A New Ecology of Competition," *Harvard Business Review*, 71(3), 75-86.
6. Moore, J.F. (1993), "Predators and Prey: A New Ecology of Competition," *Harvard Business Review*, 71(3), 75-86.
7. Moore, J.F. (1993), "Predators and Prey: A New Ecology of Competition," *Harvard Business Review*, 71(3), 75-86.
8. Moore, J.F. (1993), "Predators and Prey: A New Ecology of Competition," *Harvard Business Review*, 71(3), 75-86.
9. Shih, W., Chien, Chen-Fu, and Wang, H.K. (2015), *Epistar and the Global LED Market*. Harvard Business School Case Study 9-615-053, Boston, MA.
10. Moore, J.F. (1993), "Predators and Prey: A New Ecology of Competition," *Harvard Business Review*, 71(3), 75-86.
11. 简祯富, 史钦泰, 陈亭蓁. 创意的典范转移——智慧财产的设计服务模式：台湾教育事务主管部门补助大专院校推动产业案例撰写计划报告[R]. 2008, 光华管理案例收录库 1-08045-11.
12. Shih, W., Shih, C., Chien, Chen-Fu, et al. (2008), *System on a Chip 2008: Global Unichip Corp.*, Harvard Business School Case Study 9-608-159, Boston, MA.
13. 简祯富, 史钦泰, 陈亭蓁. 创意的典范转移——智慧财产的设计服务模式：台湾教育事务主管部门补助大专院校推动产业案例撰写计划报告［R］．台北：台湾教育事务主管部门，2008：光华管理案例收录库 1-08045-11.

14. 简祯富，史钦泰，陈亭蓁．创意的典范转移——智慧财产的设计服务模式：台湾教育事务主管部门补助大专院校推动产业案例撰写计划报告［R］．台北：台湾教育事务主管部门，2008：光华管理案例收录库 1-08045-11.

15. Chien, Chen-Fu, and Huynh, N.-T. (2018), "An Integrated Approach for IC Design R&D Portfolio Decision and Project Scheduling and a Case Study" *IEEE Transactions on Semiconductor Manufacturing*, 31(1), 76-86.

16. Shih, W., and Chien, Chen-Fu (2012), *Global Unichip Corporation (A)*, Harvard Business School Case Study 9-613-048, Boston, MA.

17. 简祯富，史钦泰，陈亭蓁．创意的典范转移——智慧财产的设计服务模式：台湾教育事务主管部门补助大专院校推动产业案例撰写计划报告［R］．台北：台湾教育事务主管部门，2008：光华管理案例收录库 1-08045-11.

18. Shih, W., and Chien, Chen-Fu (2012), *Global Unichip Corporation (A)*, Harvard Business School Case Study 9-613-048, Boston, MA.

19. Shih, W., and Chien, Chen-Fu (2012), *Global Unichip Corporation (B)*, Harvard Business School Supplement 9-613-049, Boston, MA.

20. 台湾集成电路制造股份有限公司年报［R］．新竹：台湾集成电路制造股份有限公司．

21. 台湾集成电路制造股份有限公司年报［R］．新竹：台湾集成电路制造股份有限公司．

22. Moore, J.F. (1993), "Predators and Prey: A New Ecology of Competition," *Harvard Business Review*, 71(3), 75-86.

23. Iansiti, M. and Levien, R. (2004), "Strategy as Ecology," *Harvard Business Review*, 82(3), 68-78.

24. Iansiti, M. and Levien, R. (2004), "Strategy as Ecology," *Harvard Business Review*, 82(3), 68-78.

25. 简祯富，史钦泰，陈亭蓁. 创意的典范转移——智慧财产的设计服务模式：台湾教育事务主管部门补助大专院校推动产业案例撰写计划报告［R］. 台北：台湾教育事务主管部门，2008：光华管理案例收录库 1-08045-11.

26. Shih, W., Shih, C., Chien, Chen-Fu, et al. (2008), *System on a Chip 2008: Global Unichip Corp.*, Harvard Business School Case Study 9-608-159, Boston, MA.

27. Porter, M.E. (1979), "How Competitive Forces Shape Strategy," *Harvard Business Review*, 57(2), 137-145.

28. Porter, M.E. (2008), "The Five Competitive Forces That Shape Strategy," *Harvard Business Review*, 86(1), 78-93.

29. Grove, A.S. (1996), *Only the Paranoid Survive: How to Exploit the Crisis Point That Challenge Every Company and Career*, Currency Doubleday, New York, NY.

30. 台湾集成电路制造股份有限公司年报［R］. 新竹：台湾集成电路制造股份有限公司.

31. 郭仲仁，薛国强，简祯富等. 维修决策方法与使用其之半导体组件测试系统：182169［P］. 2003.

第5章 产业生态系统的中立者和互补者

1. Chien, Chen-Fu, Wang, H.-J., and Wang, M. (2007), "A UNISON Framework for Analyzing Alternative Strategies of IC Final Testing for Enhancing Overall Operational Effectiveness," *International Journal of Production Economics*, 107(1), 20-30.

2. Chien, Chen-Fu, Hsu, C.-Y., and Chen, P.-L. (2013), "Semiconductor Fault Detection and Classification for Yield Enhancement and Manufacturing Intelligence," *Flexible Services and Manufacturing Journal*, 25(3), 367-388.

3. Liu, C.-W., and Chien, Chen-Fu (2013), "An Intelligent System for Wafer Bin Map Defect Diagnosis: An Empirical Study for Semiconductor Manufacturing," *Engineering Applications of Artificial Intelligence*, 26(5-6),

1479-1486.

4. Chang, K.-H. , Chien, Chen-Fu, and Chen, Y.-J. (2015), *Method of Defect Image Classification through Integrating Image Analysis and Data Mining*, USA Invention Patent US9082009B2.

5. 张国浩，简祯富，陈暎仁.整合影像分析与数据挖掘之自动光学检测缺陷影像分类方法：I525317［P］. 2016.

6. 简祯富，史钦泰，陈亭蓁.晶圆的专业健检——欣铨晶圆测试服务［J］.管理评论，2010，29（2）：1–18.

7. Shih, W., Chien, Chen-Fu, Shih, C., et al. (2008), *System on a Chip 2008: Ardentec Corporation*, Harvard Business School Case Study 9-609-026, Boston, MA.

8. 简祯富，史钦泰，陈亭蓁.晶圆的专业健检——欣铨晶圆测试服务［J］.管理评论，2010，29（2）：1–18.

9. 简祯富，史钦泰，陈亭蓁.晶圆的专业健检——欣铨晶圆测试服务［J］.管理评论，2010，29（2）：1–18.

10. 简祯富，史钦泰，陈亭蓁.晶圆的专业健检——欣铨晶圆测试服务［J］.管理评论，2010，29（2）：1–18.

11. 简祯富，史钦泰，陈亭蓁.晶圆的专业健检——欣铨晶圆测试服务［J］.管理评论，2010，29（2）：1–18.

12. 简祯富，史钦泰，陈亭蓁.晶圆的专业健检——欣铨晶圆测试服务［J］.管理评论，2010，29（2）：1–18.

13. 台湾集成电路制造股份有限公司年报［R］.新竹：台湾集成电路制造股份有限公司.

14. 台湾集成电路制造股份有限公司年报［R］.新竹：台湾集成电路制造股份有限公司.

15. 谢咏芬.材料科技的趋势与创业的机会［C］.新竹：清华学堂讲座，2013.

16. 中华精测科技股份有限公司.中华精测科技股份有限公司官网［EB/OL］.［2021–09–01］. https://www.chpt.com/ xmdoc/cont?xsmsid=0G328579881270649160.

17. 闳康科技. 闳康科技2020企业社会责任报告书［R］. 新竹：闳康科技股份有限公司，2021.
18. 简祯富. 工业3.5：台湾企业迈向智慧制造与数字决策的战略［J］. 台北：天下杂志出版社，2019.
19. Fu, W., and Chien, Chen-Fu (2019), "UNISON Data-Driven Intermittent Demand Forecast Framework to Empower Supply Chain Resilience and an Empirical Study in Electronics Distribution," *Computers & Industrial Engineering*, 135, 940-949.
20. Chien, Chen-Fu, Lin, Y.-S., and Lin, S.-K. (2020), "Deep Reinforcement Learning for Selecting Demand Forecast Models to Empower Industry 3.5 and an Empirical Study for a Semiconductor Component Distributor," *International Journal of Production Research*, 58(9), 2784-2804. (Top-Cited Paper)
21. Levitt, T. (1965), "Exploit the Product Life Cycle," *Harvard Business Review*, 43, 81-94.

第6章 产品生命周期的切入时机与破坏性创新

1. Adolphs, P., Bedenbender, H., Dirzus, D. et al. (2015), Reference Architecture Model Industrie 4.0 (RAMI4. 0), VDI/VDE Society Measurement and Automatic Control (GMA), Germany.
2. Christensen, C.M. (1992), "Exploring the Limits of the Technology S Curve. Part 1. Component Technologies," *Production and Operations Management*, 1(4), 340.
3. Christensen, C.M. (1992), "Exploring the Limits of the Technology S Curve. Part 1. Component Technologies," *Production and Operations Management*, 1(4), 340.
4. 蔡明介，林宏文. 谁是IC设计业的下一代拳王？［J］. 今周刊，1999：20.
5. Bass, F.M. (1969), "A New Product Growth for Model Consumer Durables," *Management Science*, 15(5), 215-227.

6. Bass, F.M. (1969), "A New Product Growth for Model Consumer Durables," *Management Science*, 15(5), 215-227.
7. Chien, Chen-Fu, Chen, Y.-J., and Peng, J. (2010), "Manufacturing Intelligence for Semiconductor Demand Forecast Based on Technology Diffusion and Product Life Cycle," *International Journal of Production Economics*, 128(2), 496-509.
8. Chen, Y.-J., and Chien, Chen-Fu (2018), "An Empirical Study of Demand Forecasting of Non-Volatile Memory for Smart Production of Semiconductor Manufacturing," *International Journal of Production Research*, 56(13), 4629-4643.
9. Fu, W., and Chien, Chen-Fu (2019), "UNISON Data-Driven Intermittent Demand Forecast Framework to Empower Supply Chain Resilience and an Empirical Study in Electronics Distribution," *Computers & Industrial Engineering*, 135, 940-949.
10. Chien, Chen-Fu, Lin, Y.-S., and Lin, S.-K. (2020), "Deep Reinforcement Learning for Selecting Demand Forecast Models to Empower Industry 3.5 and an Empirical Study for a Semiconductor Component Distributor," *International Journal of Production Research*, 58(9), 2784-2804. (Top-Cited Paper)
11. Fu, W., and Chien, Chen-Fu (2019), "UNISON Data-Driven Intermittent Demand Forecast Framework to Empower Supply Chain Resilience and an Empirical Study in Electronics Distribution," *Computers & Industrial Engineering*, 135, 940-949.
12. Chien, Chen-Fu, Lin, Y.-S., and Lin, S.-K. (2020), "Deep Reinforcement Learning for Selecting Demand Forecast Models to Empower Industry 3.5 and an Empirical Study for a Semiconductor Component Distributor," *International Journal of Production Research*, 58(9), 2784-2804. (Top-Cited Paper)
13. Henderson, B. (1970), *The Product Portfolio*. The Boston Consulting Group, Boston, MA.

14. Henderson, B. (1970), *The Product Portfolio*. The Boston Consulting Group, Boston, MA.

15. Chien, Chen-Fu, and Huynh, N.-T. (2018), "An Integrated Approach for IC Design R&D Portfolio Decision and Project Scheduling and a Case Study," *IEEE Transactions on Semiconductor Manufacturing*, 31(1), 76-86.

16. 蔡明介. B2B 市场的赢家胜经 洞悉企业客户需求［C］. 新竹：台湾清华大学学堂讲座，2013.

17. 简祯富，倪诗昀. 联发科技——开创手机生态系统新蓝海：台湾教育事务主管部门补助大专院校推动产业案例撰写计划报告［R］. 台北：台湾教育事务主管部门，2010.

18. 简祯富，倪诗昀. 联发科技——开创手机生态系统新蓝海：台湾教育事务主管部门补助大专院校推动产业案例撰写计划报告［R］. 台北：台湾教育事务主管部门，2010.

19. Christensen, C.M. (1997), *The Innovator's Dilemma: When New Technologies Cause Great Firms to Fail*, Harvard Business School Press, Boston, MA.

20. Christensen, C.M., Anthony, S.D., and Roth, E.A. (2004), *Seeing What's Next: Using the Theories of Innovation to Predict Industry Change*, Harvard Business School Press, Boston, MA.

21. Christensen, C.M., Anthony, S.D., and Roth, E.A. (2004), *Seeing What's Next: Using the Theories of Innovation to Predict Industry Change*, Harvard Business School Press, Boston, MA.

22. 简祯富，倪诗昀. 联发科技——开创手机生态系统新蓝海：台湾教育事务主管部门补助大专院校推动产业案例撰写计划报告［R］. 台北：台湾教育事务主管部门，2010.

23. Shih, W., Chien, Chen-Fu and Wang, J. (2010), *Shanzhai! MediaTek and the "White Box" Handset Market*, Harvard Business School Case Study 9-610-081, Boston, MA.

24. 蔡明介. B2B 市场的赢家胜经 洞悉企业客户需求［C］. 新竹：台湾清华大学学堂讲座，2013.

25. 蔡明介. B2B 市场的赢家胜经 洞悉企业客户需求［C］. 新竹：台湾

清华大学学堂讲座，2013.

26. 廖志德. 联发科 vs. 高通 5G 之战九局上半领先［J］. 能力杂志，2021，784，42–43.

27. 简祯富，倪诗昀. 联发科技——开创手机生态系统新蓝海：台湾教育事务主管部门补助大专院校推动产业案例撰写计划报告［R］. 台北：台湾教育事务主管部门，2010.

28. Christensen, C.M., Anthony, S.D., and Roth, E.A. (2004), *Seeing What's Next: Using the Theories of Innovation to Predict Industry Change*. Harvard Business School Press, Boston, MA.

29. Porter, M.E. (1980), *Competitive Strategy*, Free Press, New York, NY.

第7章 量产速度与学习曲线

1. Porter, M.E. (1980), *Competitive Strategy*, Free Press, New York, NY.

2. Chien, Chen-Fu, Chen, Y.-J., and Peng, J. (2010), "Manufacturing Intelligence for Semiconductor Demand Forecast Based on Technology Diffusion and Product Life Cycle," *International Journal of Production Economics*, 128(2), 496-509.

3. Chen, Y.-J., and Chien, Chen-Fu (2018), "An Empirical Study of Demand Forecasting of Non-Volatile Memory for Smart Production of Semiconductor Manufacturing," *International Journal of Production Research*, 56(13), 4629-4643.

4. Chien, Chen-Fu, Lin, Y.-S., and Lin, S.-K. (2020), "Deep Reinforcement Learning for Selecting Demand Forecast Models to Empower Industry 3.5 and an Empirical Study for a Semiconductor Component Distributor," *International Journal of Production Research*, 58(9), 2784-2804. (Top-Cited Paper)

5. Chien, Chen-Fu, and Wu, J.-Z. (2014), *Photolithography Capacity Planning System and Non-Transitory Computer Readable Media Thereof*, USA Invention Patent US8863047B1.

6. 简祯富，吴吉政，郑家年. 半导体产品多目标产能规划系统及其方法：I502523［P］. 2015.

7. 简祯富，吴吉政. 黄光制程产能规划系统及其规划方法：I529633［P］. 2016.

8. Chien, Chen-Fu, Wu, J.-Z., and Zheng, J.-N. (2017), *Multi-Objective Semiconductor Product Capacity Planning System and Method Thereof*, USA Invention Patent US9563857B2.

9. Chien, Chen-Fu, and Zheng, J.-N. (2012), "Mini-Max Regret Strategy for Robust Capacity Expansion Decisions in Semiconductor Manufacturing," *Journal of Intelligent Manufacturing*, 23(6), 2151-2159.

10. Chien, Chen-Fu, and Kuo, R.-T. (2013), "Beyond Make-or-Buy: Cross-Company Short-Term Capacity Backup in Semiconductor Industry Ecosystem," *Flexible Services and Manufacturing Journal*, 25(3), 310-342.

11. Wu, J., and Chien, Chen-Fu (2008), "Modeling Strategic Semiconductor Assembly Outsourcing Decisions Based on Empirical Settings," *OR Spectrum*, 30(3), 401-430.

12. Chien, Chen-Fu, Wu, J.-Z., and Weng, Y.-D. (2010), "Modeling Order Assignment for Semiconductor Assembly Hierarchical Outsourcing and Developing the Decision Support System," *Flexible Services and Manufacturing Journal*, 22(1-2), 109-139.

13. Zheng, J.-N., Chien, Chen-Fu and Wu, J.-Z. (2018), "Multi-Objective Demand Fulfillment Problem for Solar Cell Industry," *Computers & Industrial Engineering*, 125, 688-694.

14. Chien, Chen-Fu, and Hu, C.-H. (2012), *Factor Analysis System and Analysis Method Thereof*, USA Invention Patent US8200528B2.

15. 简祯富，胡志翰. 因素分析系统及其分析方法：I571808［P］. 2017.

16. Chien, Chen-Fu, Chang, K.-H., and Wang, W.-C. (2014), "An Empirical Study of Design-of-Experiment Data Mining for Yield-Loss Diagnosis for Semiconductor Manufacturing," *Journal of Intelligent Manufacturing*, 25(5), 961-972.

17. Chien, Chen-Fu, and Chen, C.-C. (2021), "Adaptive Parametric Yield

Enhancement via Collinear Multivariate Analytics for Semiconductor Intelligent Manufacturing," *Applied Soft Computing*, 108, 107385.

18. Wright, T.P., (1936), "Factor Affecting the Cost of Airframes," *Journal of the Aeronautical Science*, 3, 122-128.
19. Wright, T.P., (1936), "Factor Affecting the Cost of Airframes," *Journal of the Aeronautical Science*, 3, 122-128.
20. Wright, T.P., (1936), "Factor Affecting the Cost of Airframes," *Journal of the Aeronautical Science*, 3, 122-128.
21. Wright, T.P., (1936), "Factor Affecting the Cost of Airframes," *Journal of the Aeronautical Science*, 3, 122-128.
22. 张忠谋. 学习曲线谨慎应用企业获益不浅［C］. 新竹：张忠谋董事长经营管理讲座，1998.
23. Porter, M.E. (1980), *Competitive Strategy*, Free Press, New York, NY.
24. Boston Consulting Group, (1972), *Perspectives on Experience*, Boston Consulting Group, Boston, MA.
25. Hammond, J. S., and Allan, G. B. (1975), *Note on the Use of Experiences Curves in Competitive Decision Making*, Harvard Business School Case Study 9-175-174 (revised November 20, 1986), Boston, MA.
26. Hammond, J. S., and Allan, G. B. (1975), *Note on the Use of Experiences Curves in Competitive Decision Making*, Harvard Business School Case Study 9-175-174 (revised November 20, 1986), Boston, MA.
27. Porter, M.E. (1980), *Competitive Strategy*, Free Press, New York, NY.

第8章　治病于未发 制胜于无形

1. 简祯富. 台积电以大数据提升制造智慧, 哈佛教你精通大数据［M］. 台北：哈佛商业评论出版社，2014.
2. Chien, Chen-Fu, Chen, Y.-H., and Lo, M.-F. (2020), "Advanced Quality Control of Silicon Wafer Specifications for Yield Enhancement for Smart Manufacturing," *IEEE Transactions on Semiconductor Manufacturing*, 33(4), 569-577.

3. International SEMATECH (2003), *e-Diagnostics and EEC Guidance 2003*, SEMATECH, Austin, TX.
4. International SEMATECH (2003), *e-Diagnostics and EEC Guidance 2003*, SEMATECH, Austin, TX.
5. 简祯富. 台积电以大数据提升制造智慧，哈佛教你精通大数据 [M]. 台北：哈佛商业评论出版社，2014.
6. Chien, Chen-Fu, Hsu, S.-C., and Chen, Y.-J. (2013), "A System for Online Detection and Classification of Wafer Bin Map Defect Patterns for Manufacturing Intelligence," *International Journal of Production Research*, 51(8), 2324-2338.
7. 简祯富，许嘉裕，陈薇如. 晶圆图之分析系统及其分析方法：I483216 [P]. 2016.
8. 简祯富、庄世钟（2016），《动态实验设计方法》，中国台湾发明专利第 I519986 号。
9. 简祯富. 台积电以大数据提升制造智慧，哈佛教你精通大数据 [M]. 台北：哈佛商业评论出版社，2014.
10. Chien, Chen-Fu, and Chuang, S.-C. (2014), "A Framework for Root Cause Detection of Sub-Batch Processing System for Semiconductor Manufacturing Big Data Analytics," *IEEE Transactions on Semiconductor Manufacturing*, 27(4), 475-488.
11. 简祯富，许嘉裕. 大数据分析与数据挖矿（第二版）[M]. 新北：前程文化，2018.
12. Hsu, S., and Chien, Chen-Fu (2007), "Hybrid Data Mining Approach for Pattern Extraction from Wafer Bin Map to Improve Yield in Semiconductor Manufacturing," *International Journal of Production Economics*, 107(1), 88-103.
13. Chien, Chen-Fu, Liu, C.-W., and Chuang, S.-C. (2017), "Analysing Semiconductor Manufacturing Big Data for Root Cause Detection of Excursion for Yield Enhancement," *International Journal of Production Research*, 55(17), 5095-5107.

14. Yu, H.-C., Lin, K.-Y., and Chien, Chen-Fu (2014), "Hierarchical Indices to Detect Equipment Condition Changes with High Dimensional Data for Semiconductor Manufacturing," *Journal of Intelligent Manufacturing*, 25(5), 933-943.
15. Chen, Y.-J., and Chien, Chen-Fu (2018), "An Empirical Study of Demand Forecasting of Non-Volatile Memory for Smart Production of Semiconductor Manufacturing," *International Journal of Production Research*, 56(13), 4629-4643.
16. Chien, Chen-Fu, Wang, W.-C., and Cheng, J.-C. (2007). "Data Mining for Yield Enhancement in Semiconductor Manufacturing and an Empirical Study," *Expert Systems with Applications*, 33(1), 192-198.
17. Khakifirooz, M., Chien, Chen-Fu, and Chen, Y.-J. (2018), "Bayesian Inference for Mining Semiconductor Manufacturing Big Data for Yield Enhancement and Smart Production to Empower Industry 4.0," *Applied Soft Computing*, 68, 990-999.
18. Chien, Chen-Fu and Hsu, C.-Y. (2011), "UNISON Analysis to Model and Reduce Step-And-Scan Overlay Errors for Semiconductor Manufacturing," *Journal of Intelligent Manufacturing*, 22(3), 399-412.
19. Chien, Chen-Fu, Hsu, C.-Y., and Chen, P.-L. (2013), "Semiconductor Fault Detection and Classification for Yield Enhancement and Manufacturing Intelligence," *Flexible Services and Manufacturing Journal*, 25(3), 367-388.
20. Chien, Chen-Fu, Chen, H., Wu, J., et al. (2007), "Construct the OGE for Promoting Tool Group Productivity in Semiconductor Manufacturing," *International Journal of Production Research*, 45(3), 509-524.
21. Wang, H.-K., Chien, Chen-Fu, and Gen, M. (2015), "An Algorithm of Multi-Subpopulation Parameters with Hybrid Estimation of Distribution for Semiconductor Scheduling with Constrained Waiting Time," *IEEE Transactions on Semiconductor Manufacturing*, 28(3), 353-366. (Best Paper Award).
22. Chien, Chen-Fu, and Chen, C.-C. (2020), "Data-Driven Framework for Tool

Health Monitoring and Maintenance Strategy for Smart Manufacturing," *IEEE Transactions on Semiconductor Manufacturing*, 33(4), 644-652.

23. Chien, Chen-Fu, Hsu, C.-Y., and Chen, P.-L. (2013), "Semiconductor Fault Detection and Classification for Yield Enhancement and Manufacturing Intelligence," *Flexible Services and Manufacturing Journal*, 25(3), 367-388.

24. Liu, C.-W., and Chien, Chen-Fu (2013), "An Intelligent System for Wafer Bin Map Defect Diagnosis: An Empirical Study for Semiconductor Manufacturing," *Engineering Applications of Artificial Intelligence*, 26(5-6), 1479-1486.

25. Chien, Chen-Fu, and Chen, C.-C. (2020), "Data-Driven Framework for Tool Health Monitoring and Maintenance Strategy for Smart Manufacturing," *IEEE Transactions on Semiconductor Manufacturing*, 33(4), 644-652.

26. 简祯富，张国浩，陈志萍，等．覆盖误差模式及其取样策略程序以及使用该模式与策略程序之装置：190932［P］. 2003.

27. Chien, Chen-Fu, Chang, K.-H., Chen, C.-P., et al. (2005), *Overlay Error Model, Sampling Strategy and Associated Equipment for Implementation*, USA Invention Patent US6975974B2.

28. Lin, S.-L., Chien, Chen-Fu, Hsu, C.-Y., et al. (2009), *Method for Analyzing Overlay Errors*, USA Invention Patent US7586609B2.

29. Chien, Chen-Fu, Chen, Y.-J., Hsu, C.-Y., et al. (2014), "Overlay Error Compensation Using Advanced Process Control with Dynamically Adjusted Proportional-Integral R2R Controller," *IEEE Transactions on Automation Science and Engineering*, 11(2), 473-484.

30. Chien, Chen-Fu, Chen, Y.-J., and Hsu, C.-Y. (2015), "A Novel Approach to Hedge and Compensate the Critical Dimension Variation of the Developed-and-Etched Circuit Patterns for Yield Enhancement in Semiconductor Manufacturing," *Computers & Operations Research*, 53, 309-318.

31. 简祯富，许嘉裕，陈暎仁．半导体批次生产派工方法：I523129［P］. 2016.

32. Chien, Chen-Fu, Hsu, C.-Y., and Chen, Y.-J. (2016), *Method of Dispatching*

Semiconductor Batch Production, USA Invention Patent US9513626B2.

33. Chien, Chen-Fu, Wang, H.-J., and Wang, M. (2007), "A UNISON Framework for Analyzing Alternative Strategies of IC Final Testing for Enhancing Overall Operational Effectiveness," *International Journal of Production Economics*, 107(1), 20-30.

34. Chien, Chen-Fu, Chen, Y.-J., and Hsu, C.-Y. (2015), "A Novel Approach to Hedge and Compensate the Critical Dimension Variation of the Developed-and-Etched Circuit Patterns for Yield Enhancement in Semiconductor Manufacturing," *Computers & Operations Research*, 53, 309-318.

35. Fu, W., and Chien, Chen-Fu (2019), "UNISON Data-Driven Intermittent Demand Forecast Framework to Empower Supply Chain Resilience and an Empirical Study in Electronics Distribution," *Computers & Industrial Engineering*, 135, 940-949.

36. Chien, Chen-Fu and Hsu, C.-Y. (2011), "UNISON Analysis to Model and Reduce Step-And-Scan Overlay Errors for Semiconductor Manufacturing," *Journal of Intelligent Manufacturing*, 22(3), 399-412.

37. 简祯富. 决策分析与管理：紫式决策分析以全面提升决策品质［M］. 台北：双叶书廊，2014.

38. Khakifirooz, M., Chien, Chen-Fu, and Fathi, M. (2019), "Compensating Misalignment Using Dynamic Random-Effect Control System: A Case of High-Mixed Wafer Fabrication," *IEEE Transactions on Automation Science and Engineering*, 16(4), 1788-1799.

39. Khakifirooz, M., Chien, Chen-Fu, Fathi, M. et al. (2020), "Minimax Optimization for Recipe Management in High-Mixed Semiconductor Lithography Process," *IEEE Transactions on Industrial Informatics*, 16(8), 4975- 4985.

40. Khakifirooz, M., Chien, Chen-Fu, and Chen, Y.-J. (2020), "Dynamic Support Vector Regression Control System for Overlay Error Compensation with Stochastic Metrology Delay," *IEEE Transactions on Automation Science and Engineering*, 17(1), 502-512.

41. Chien, Chen-Fu, Hu, C.-H., and Hu, Y.-F. (2016), "Overall Space Effectiveness (OSE) for Enhancing Fab Space Productivity," *IEEE Transactions on Semiconductor Manufacturing*, 29(3), 239-247.

42. Chien, Chen-Fu, Chen, Y.-J., Hsu, C.-Y., et al. (2014), "Overlay Error Compensation Using Advanced Process Control with Dynamically Adjusted Proportional-Integral R2R Controller," *IEEE Transactions on Automation Science and Engineering*, 11(2), 473-484.

43. United Nations (2021), *The 17 Goals*, 2021/9/1 retrieved from https://sdgs.un.org/goals.

44. Tseng, M.-L., Tan, R.-R., Chiu, A.-S.-F., Chien, Chen-Fu, and Kuo, T.-C. (2018), "Circular Economy Meets Industry 4.0: Can Big Data Drive Industrial Symbiosis?" *Resources, Conservation and Recycling*, 131, 146-147.

45. 简祯富，郭财吉，曾明朗，等．第4章工业3.5制造战略、绿色供应链与循环经济［C］//黄宗煌．台湾循环经济发展论．台北：现代财经基金会，2020.

46. Chien, Chen-Fu, Chen, Y.-J., Han, Y.-T., et al. (2021), "Industry 3.5 for Optimizing Chiller Configuration for Energy Saving and an Empirical Study for Semiconductor Manufacturing," *Resources, Conservation and Recycling*, 168, 105247.

47. Chien, Chen-Fu, Peng, J.-T., and Yu, H.-G. (2016), "Building Energy Saving Performance Indices for Cleaner Semiconductor Manufacturing and an Empirical Study," *Computers & Industrial Engineering*, 99, 448-457.

48. Yu, C.-M., Chien, Chen-Fu, and Kuo, C.-J. (2017), "Exploit the Value of Production Data to Discover Opportunities for Saving Power Consumption of Production Tools," *IEEE Transactions on Semiconductor Manufacturing*, 30(4), 345-350.

49. Kagermann, H., Helbig, J., Hellinger, A., et al. (2013), *Recommendations for Implementing the Strategic Initiative INDUSTRIE 4.0: Securing the Future of German Manufacturing Industry*, Final Report of the Industrie 4.0 Working Group, Forschungsunion, Germany.

50. Chien, Chen-Fu, Hsu, C.-Y., and Hsiao, C. (2012), "Manufacturing Intelligence to Forecast and Reduce Semiconductor Cycle Time," *Journal of Intelligent Manufacturing*, 23(6), 2281-2294.

51. Wang, H.-K., Chien, Chen-Fu, and Gen, M. (2015), "An Algorithm of Multi-Subpopulation Parameters with Hybrid Estimation of Distribution for Semiconductor Scheduling with Constrained Waiting Time," *IEEE Transactions on Semiconductor Manufacturing*, 28(3), 353-366. (Best Paper Award).

52. 台湾集成电路制造有限公司. 敏捷与智能生产［N］. 2021. https://www.tsmc.com/chinese/dedicatedFoundry/manufacturing/ intelligent_operations.

53. Kuo, C.-J., Chien, Chen-Fu, and Chen, C. (2011), "Manufacturing Intelligence to Exploit the Value of Production and Tool Data to Reduce Cycle Time," *IEEE Trans. Automation Science and Engineering*, 8(1), 103-111. (Best Paper Award).

54. Chien, Chen-Fu, Kuo, C.-J., and Yu, C. (2020), "Tool Allocation to Smooth Work-in-Process for Cycle Time Reduction and an Empirical Study," *Annals of Operations Research*, 290, 1009–1033.

55. Lee, C.-Y., and Chien, Chen-Fu. (2022), "Pitfalls and Protocols of Data Science in Manufacturing Practice," *Journal of Intelligent Manufacturing*, 33, 1189-1207.

56. Brennen, J.S., and Kreiss, D. (2016), "Digitalization", in Jensen, K.B., Rothenbuhler, E.W., Pooley, J.D. and Craig, R.T. (Eds), *The International Encyclopedia of Communication Theory and Philosophy*, Wiley-Blackwell, Chichester.

第9章　产业数字化转型与决策型组织

1. 简祯富. 企业新五四运动［J］. 哈佛商业评论, 全球繁体中文版, 2019, 32.
2. 施鑫泽, 杨乃仁. 建构决策型组织 助力产业数字化转型［J］. CIO

IT 经理人，2021：53–55.

3. Drucker, P. F. (1966), *The Effective Executive*, Harper and Row, New York, NY.

4. 台湾集成电路制造股份有限公司年报［R］. 新竹：台湾集成电路制造股份有限公司．

5. Blenko, M.W., Mankins, M.C., and Rogers, P. (2010), "The Decision-Driven Organization," *Harvard Business Review*, 88(6), 54-62.

6. 王宏仁. 台积电数字化转型的下一步，靠 AI 推动全面转型（上）［J］. iThome 电脑报周刊 2021，https://www.ithome.com.tw/ news/142462.

7. 王宏仁. 台积电数字化转型的下一步，靠 AI 推动全面转型（下）［J］. iThome 电脑报周刊 2021，https://www.ithome.com.tw/news/142463.

8. 王宏仁. 台积电 30 年 IT 和 AI 发展史（1996~2020 和未来）［J］. iThome 电脑报周刊 2021，https://www.ithome.com.tw/news/142465.

9. Drucker, P. F. (1954), *The Practice of Management*, Harper and Row, New York, NY.

10. 简祯富. 决策分析与管理：紫式决策分析以全面提升决策品质［M］. 台北：双叶书廊，2014.

11. 简祯富. 紫式决策工具全书［M］. 台北：双叶书廊，2014.

12. Chien, Chen-Fu, Chen, Y.-H., and Lo, M.-F. (2020), "Advanced Quality Control of Silicon Wafer Specifications for Yield Enhancement for Smart Manufacturing," *IEEE Transactions on Semiconductor Manufacturing*, 33(4), 569-577.

13. Chien, Chen-Fu, and Chen, C.-C. (2020), "Data-Driven Framework for Tool Health Monitoring and Maintenance Strategy for Smart Manufacturing," *IEEE Transactions on Semiconductor Manufacturing*, 33(4), 644-652.

14. Chien, Chen-Fu, Chen, Y.-J., Hsu, C.-Y., et al. (2014), "Overlay Error Compensation Using Advanced Process Control with Dynamically Adjusted Proportional-Integral R2R Controller," *IEEE Transactions on Automation Science and Engineering*, 11(2), 473-484.

15. 郭芝榕. 友达光电逆风而行！价值转型从 CEO 彭双浪带领的读书会

开始乘风破浪［J］. 未来商务，2020.

16. 郭芝榕. 友达光电逆风而行！价值转型从 CEO 彭双浪带领的读书会开始乘风破浪［J］. 未来商务，2020.

17. Chu, P.-C., Chen, C.-C., and Chien, Chen-Fu (2016), "Analyzing TFT-LCD Array Big Data for Yield Enhancement and an Empirical Study of TFT-LCD Manufacturing in Taiwan," *International Journal of Industrial Engineering: Theory, Applications and Practice*, 23(5), 318-331.

18. Chien, Chen-Fu, Hong, T.-Y., and Guo, H.-Z. (2017), "An Empirical Study for Smart Production for TFT-LCD to Empower Industry 3.5," *Journal of the Chinese Institute of Engineers*, 40(7), 552-561.

19. Hong, T.-Y., Chien, Chen-Fu, Wang, H.-K., et al. (2018), "A Two-Phase Decoding Genetic Algorithm for TFT-LCD Array Photolithography Stage Scheduling Problem with Constrained Waiting Time," *Computers & Industrial Engineering*, 125, 200-211.

20. Chou, C.-W., Chien, Chen-Fu, and Gen, M. (2014), "A Multi-Objective Hybrid Genetic Algorithm for TFT-LCD Module Assembly Scheduling," *IEEE Transactions on Automation Science and Engineering*, 11(3), 692-705.

21. Hong, T.-Y., and Chien, Chen-Fu (2020), "A Simulation-Based Dynamic Scheduling and Dispatching System with Multi-Criteria Performance Evaluation for Industry 3.5 and an Empirical Study for Sustainable TFT-LCD Array Manufacturing," *International Journal of Production Research*, 58(24), 7531-7547.

22. Chien, Chen-Fu, and Chen, C.-C. (2020), "Data-Driven Framework for Tool Health Monitoring and Maintenance Strategy for Smart Manufacturing," *IEEE Transactions on Semiconductor Manufacturing*, 33(4), 644-652.

23. Chien, Chen-Fu, Chen, Y.-J., Han, Y.-T., et al. (2021), "Industry 3.5 for Optimizing Chiller Configuration for Energy Saving and an Empirical Study for Semiconductor Manufacturing," *Resources, Conservation and Recycling*, 168, 105247.

24. Huynh, N.T., and Chien, Chen-Fu (2018), "A Hybrid Multi-Subpopulation

Genetic Algorithm for Textile Batch Dyeing Scheduling and an Empirical Study," *Computers & Industrial Engineering*, 125, 615-627.

25. Ku, C.-C., Chien, Chen-Fu, and Ma, K.-T. (2020), "Digital Transformation to Empower Smart Production for Industry 3.5 and an Empirical Study for Textile Dyeing," *Computers & Industrial Engineering*, 142, 106297, 1-11.

26. Huynh, N.T., and Chien, Chen-Fu (2018), "A Hybrid Multi-Subpopulation Genetic Algorithm for Textile Batch Dyeing Scheduling and an Empirical Study," *Computers & Industrial Engineering*, 125, 615-627.

27. Ku, C.-C., Chien, Chen-Fu, and Ma, K.-T. (2020), "Digital Transformation to Empower Smart Production for Industry 3.5 and an Empirical Study for Textile Dyeing," *Computers & Industrial Engineering*, 142, 106297, 1-11.

28. Ku, C.-C., Chien, Chen-Fu, and Ma, K.-T. (2020), "Digital Transformation to Empower Smart Production for Industry 3.5 and an Empirical Study for Textile Dyeing," *Computers & Industrial Engineering*, 142, 106297, 1-11.

29. 简祯富，辜建竣．工业3.5智慧制造之数字化转型与企业维新［J］．智慧自动化产业期刊，2020，32（3），18–25．

30. 勤业众信联合会计师事务所．台湾智慧制造关键能力调查［R］．台北：勤业众信联合会计师事务所，2020．

31. 简祯富．台积电以大数据提升制造智慧，哈佛教你精通大数据［M］．台北：哈佛商业评论出版社，2014．

32. 施鑫泽，杨乃仁．建构决策型组织 助力产业数字化转型［J］．CIO IT经理人，2021：53–55．

33. 简祯富．企业新五四运动［J］．哈佛商业评论，全球繁体中文版，2019，32．

34. 黄秀媛，周晓琪，译．蓝海战略：再创无人竞争的全新市场（增订版）［M］．台北：天下文化出版社，2015．

第10章 高筑墙 广积粮 缓称王

1. Kim, W.C., and Mauborgne, R. (2021), "Eight Key Points of Blue Ocean Strategy," *INSEAD Knowledge*.

2. Kim, W.C., and Mauborgne, R. (2021), "Eight Key Points of Blue Ocean Strategy," *INSEAD Knowledge.*

3. 简祯富. 决策分析与管理：紫式决策分析以全面提升决策品质［M］. 2 版. 台北：双叶书廊，2014.

4. Shih, W., Chien, Chen-Fu, Shih, C., and Chang, J. (2009), *The TSMC Way: Meeting Customer Needs at Taiwan Semiconductor Manufacturing Co.*, Harvard Business School Case Study (9-610-003).

5. Chien, Chen-Fu, and Zheng, J.-N. (2012), "Mini-Max Regret Strategy for Robust Capacity Expansion Decisions in Semiconductor Manufacturing," *Journal of Intelligent Manufacturing*, 23(6), 2151-2159.

6. 简祯富，彭金堂，许嘉裕. 产学合作模式之研究 – 以科学工业园区固本精进产学合作计划为例［J］. 管理与系统，2013，20（1）：27-54.

7. Fine, C.H., and Whitney, D.E. (1996), *Is the Make/Buy Decision Process a Core Competence*? Working Paper of Sloan School of Management, Massachusetts Institute of Technology, Boston, MA.

8. Christensen, C.M., Raynor, M.E., and Verlinden, M. (2001), "Skate to Where the Money Will Be," *Harvard Business Review*, 79(10), 72-83.

9. Simon, H. (2009), *Hidden Champions of the 21st Century: Success Strategies of Unknown World Market Leaders*, Springer, London, UK.

10. Simon, H. (2009), *Hidden Champions of the 21st Century: Success Strategies of Unknown World Market Leaders*, Springer, London, UK.

11. 台湾经济事务主管部门中小企业处. 2020 年中小企业"白皮书"［R］. 台北：台湾经济事务主管部门，2021.

12. 简祯富. 台湾清华大学讲座教授对于本土科技设备之发展建议：聚焦工业 3.5 着力蓝湖市场，创造创兆：台湾面板与半导体设备发展史［R］. 台北：台湾经济事务主管部门工业局，2020.

13. 简祯富. 台湾清华大学讲座教授对于本土科技设备之发展建议：聚焦工业 3.5 着力蓝湖市场，创造创兆：台湾面板与半导体设备发展史［R］. 台北：台湾经济事务主管部门工业局，2020.

14. 简祯富. 台湾清华大学讲座教授对于本土科技设备之发展建议：聚焦工业 3.5 着力蓝湖市场，创造创兆：台湾面板与半导体设备发展史［R］. 台北：台湾经济事务主管部门工业局，2020.
15. 台湾集成电路制造股份有限公司年报［R］. 新竹：台湾集成电路制造股份有限公司.

结　语　念念不忘 必有回响

1. Chien, Chen-Fu (2007), "Made in Taiwan: Shifting Paradigms in High-Tech Industries," *Industrial Enginner*, 2007 February, 47-49.
2. O'Meara, S. (2020), "From Plastic Toys to Industry 4.0: How Taiwan is Using Science to Upgrade its Manufacturing," *Nature*, 577, S1-S3.
3. 简祯富. "发展管理科技，驱动产业数字化转型与高值经济"，台湾地区行政管理机构第 11 次科学技术会议产学研链接引言及中区预备会议专题演讲.
4. 简祯富编. 科技魅瘾［J］. 数字季刊，2021（2）.